Edward Le Joly

Wir leben für Jesus

Edward Le Joly

Wir leben für Jesus

Mutter Teresas geistlicher Weg

Mit einem Geleitwort
von Weihbischof Julius Angerhausen

Herder Freiburg · Basel · Wien

ÜBERTRAGUNG AUS DEM ENGLISCHEN
VON MICHAEL KESSLER

Titel der englischen Originalausgabe:
We do it for Jesus. Mother Teresa and her Missionaries of Charity
Darton, Longman and Todd, London

Imprimatur. – Freiburg im Breisgau, den 30. August 1978
Der Generalvikar: Dr. Schlund
Herstellung: Freiburger Graphische Betriebe 1978
ISBN 3-451-18142-8

Geleitwort zur deutschen Ausgabe

Wenn ich Mutter Teresa begegne, von ihr höre, wenn ich beschämt an das denke, was sie tut, dann kommt mir immer wieder das Wort von Marie Noël in den Sinn: „Lieben – sein Herz zum Fenster hinauswerfen."

Mutter Teresa hat ihr Herz zum Fenster hinausgeworfen zu den Sterbenden, die auf den Straßen Kalkuttas lagen. Sie hat ihr Herz zum Fenster hinausgeworfen auf die Straßen der Welt zu den ausgesetzten Säuglingen, zu den verwilderten Kinderbanden, deren Heimat die Straße ist. Sie hat ihr Herz zum Fenster hinausgeworfen, um den vergewaltigten Frauen auf den Straßen in Bangla Desh zu helfen. Sie hat immer wieder nicht nur ein paar Geldstücke oder ein Kleiderbündel, sondern ihr Herz zum Fenster hinausgeworfen. Sie möchte all den Ungeliebten Liebe schenken, allen, die als Aussätzige von den Straßen verjagt werden, allen, die als Bettler an den Straßenecken stehen oder als unglückliche „arme Reiche" in Luxuslimousinen über die Straßen fahren.

Warum gibt sich Mutter Teresa in dieser Selbstlosigkeit an alle Menschen hin? Sie antwortet schlicht, wie selbstverständlich:: „Um Jesu willen." Sie erblickt in allen Menschen den Herrn und erkennt in jedem Jesu Antlitz, besonders, wenn er in Not ist.

Als ich 1966 Mutter Teresa in Kalkutta besuchte, wollte ich ihr gute Ratschläge geben und sie bewegen, ihr

Liebeswerk auf all die Armen in Indien zu beschränken. Mutter Teresa schaute mich nur ein wenig lächelnd an, und ich begriff: Die Liebe kennt keine Grenzen.

Woher schöpft Mutter Teresa die Kraft, sich so in Liebe zu verströmen? Allein aus ihrem Glauben. Prinz Philipp, der Gemahl der englischen Königin, hat gesagt: „Mutter Teresa hat durch ihr Leben gezeigt, was die Menschen tun können, wenn ihr Glaube stark ist.“

Wer liebt, will Mitliebende, will viele teilnehmen lassen an der Freude, sich in Liebe an die Menschen, an Jesus zu verschenken. So hat Mutter Teresa neue Gemeinschaften gegründet: die Missionarinnen der Nächstenliebe und die Missionsbrüder der Nächstenliebe, die in der ganzen Welt in ihrem Geist tätig sind. 1976 gründete sie den kontemplativen Zweig der Schwestern vom Wort und 1978 den Zweig der Brüder vom Wort. Mutter Teresa wollte Mitliebende jeden Standes, jeder Religion bei allen Völkern, und darum gründete sie die Internationale Gemeinschaft der Mitarbeiter Mutter Teresas. In den Satzungen dieser Mitarbeiter heißt es: „Die Internationale Gemeinschaft der Mitarbeiter Mutter Teresas besteht aus Männern, Frauen, Jugendlichen und Kindern jeder Religion und Herkunft in der ganzen Welt, die Gott in ihren Mitmenschen lieben möchten durch einen Dienst, der aus ganzem Herzen unentgeltlich für die Ärmsten der Armen aller Kasten und Klassen erfolgt, und die sich selbst im Geiste des Gebetes und Opfers mit dem Werk Mutter Teresas und den Missionaren der Liebe vereinen möchten.“ Von ihren Schwestern, den Brüdern und Mitarbeitern verlangt Mutter Teresa viel. Sie ruft ihnen zu, unromantisch und realistisch: „Man kann Gott nur auf eigene Kosten lieben!“

Mutter Teresa hätte allen Grund, in bescheidenem Stolz auf das hinzuweisen, was durch sie, ihre Schwestern und Brüder und Mitarbeiter in der weiten Welt geschieht. Aber:

„Die Liebe prahlt nicht" (1 Kor 13,4). Trotz aller Ehrungen, trotz aller Publicity in der ganzen Welt ist Mutter Teresa die einfache, bescheidene „kleine" Frau geblieben trotz ihrer von aller Welt anerkannten Größe. Als man ihr nach einer großen Versammlung in einer deutschen Kirche zum Schluß einen Blumenstrauß überreichte, stand sie einen Augenblick steif und unbeholfen da; dann ging sie zum Altar, kniete nieder und legte den Blumenstrauß auf die Stufen – vor das Allerheiligste.

Essen, am 27. September 1978

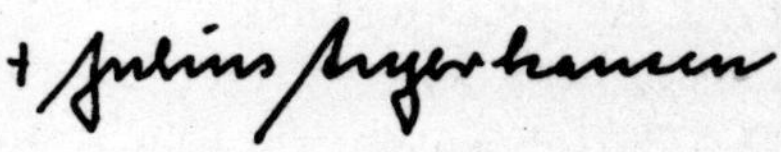

Schirmherr der Mitarbeiter
Mutter Teresas in Deutschland

Anschriften

Internationale Vereinigung der Mitarbeiter Mutter Teresas
Landesvertreterin für die Bundesrepublik Deutschland:
Frau Josepha Gosselke
Dusternweg 55
D-4780 Lippstadt

Landesvertreterin für Österreich:
Frau Johanna Tschebull
Töschling 55
A-9210 Pörtschach

Landesvertreter für die Schweiz:
Herr Eugen Vogt
Seeburgstraße 14
CH-6006 Luzern

Landesvertreter für Luxemburg:
Herr Joseph Probst
1, Rue de la Montagne
Junglinster

Bankverbindung:
Darlehnskasse im Erzbistum Paderborn e.G., 4790 Paderborn, Kto.-Nr. 7799 0700 (BLZ 472 603 07) für Mutter Teresa oder über das Postscheckkonto der Darlehnskasse im Erzbistum Paderborn, Postschecknummer 1686 86-300 Hannover (BLZ 250 100 30) für Konto 7799 0700 Mutter Teresa als Verwendungszweck.

Inhalt

Vorwort

Dies ist keine Lebensbeschreibung der Mutter Teresa. Sie möchte nicht, daß so etwas gemacht wird. Es ist auch keine umfassende Geschichte der „Missionarinnen der Nächstenliebe", jener religiösen Gemeinschaft, die sie in göttlichem Auftrag gegründet hat. Eine solche kann erst in einem späteren Stadium geschrieben werden; dann, wenn alle wichtigen Dokumente einmal greifbar sein werden.

Dieses Buch versucht vielmehr, die Anfänge, die Ziele und den Geist der Missionarinnen der Nächstenliebe so zu schildern, wie sich dies jemandem darstellt, der lange Jahre mit der Gründung Mutter Teresas in engster Verbindung gestanden hat.

Anregung und Titel von „Wir leben für Jesus" verdanken wir Mutter Teresa selbst. Als einziges Buch wurde dieses auf ihren ausdrücklichen Wunsch hin geschrieben mit dem Ziel, ihren zahllosen Freunden und Helfern in aller Welt ihre Vorhaben zu erläutern.

Dieser Bericht stützt sich wesentlich auf Mutter Teresas eigene Aussagen, seien sie nun öffentlich oder im privaten Gespräch gemacht worden. Des weiteren stützt er sich auf ihre Briefe und auf die Regeln, die sie für ihre Gemeinschaft entworfen hat, ferner auf Berichte von Augenzeugen, die, besonders während der heroischen Jahre des Aufbaus, mit ihr zusammengearbeitet haben.

Bedanken möchte ich mich bei Pater Céleste van Exem,

Pater Julien Henry, Herrn Michael Gomes, Monsignore H. Eric Barber, Bruder Andrew und bei einer ganzen Reihe von Oberinnen, die es nicht schätzen würden, durch namentliche Nennung aus dem Kreis der Schwestern herausgehoben zu werden. Den mündlichen Berichten all dieser Gewährsleute, die ausnahmslos aktiven Anteil an der Gründung der Gemeinschaft der Missionarinnen der Nächstenliebe hatten, verdanke ich viel.

Des weiteren möchte ich danken Frau Ann Blaikie, Fräulein Jacqueline de Decker, Pater Gorrée und Herrn John J. McGee, die mir wertvolle Daten und Informationen zur Verfügung gestellt haben.

Kaum in Worte zu fassen vermag ich meinen Dank gegenüber Mutter Teresa. Ich habe ihr zu danken für die Ehre, mit ihr zusammen meinen bescheidenen Beitrag zur geistlichen Prägung und Bildung einiger hundert frommer Schwestern leisten zu dürfen, die nun Tag für Tag auf allen Kontinenten Gottes Liebe verbreiten.

Als ich Mutter Teresa von der Fertigstellung dieses Buches berichtete, machte sie eine einzige Bemerkung, die gleichwohl die Quintessenz ihrer Haltung und Geistigkeit darstellt: „Wenn auch nur ein einziger Mensch durch dieses Buch bewegt werden kann, ein Werk der Liebe für Gott zu verrichten, dann waren die Mühe und die Schwierigkeiten beim Schreiben nicht umsonst."

Herzlichen Dank, Mutter Teresa.

Kalkutta, Ostern 1977 *Edward Le Joly, S. J.*

1 *Pater, machen Sie ihnen klar …*

> Ich hörte hinter mir eine laute Stimme, es war wie ein Posaunenstoß. Sie rief: „Was du da siehst, das schreibe in ein Buch und sende es an die sieben Gemeinden."
> (Offb 1,10–11)

„Ich möchte Sie sehen", sagte Mutter Teresa. „Ich muß mit Ihnen reden." Sie war gerade von Mexiko zurückgekommen, wo sie als Delegierte des Vatikan an der Weltfrauenkonferenz teilgenommen und über die Rolle der Frau in der Gesellschaft gesprochen hatte. Sie führte ungefähr achtzig amerikanische Touristen in den Hof des Mutterhauses. Ich freute mich auf das Wiedersehen. Gefolgt von den Touristen, betraten wir den Hof.

Die Inderin, die als offizielle Führerin die Touristen zu betreuen hatte, ging auf Mutter Teresa zu und bat sie: „Könnten Sie sie bitte begrüßen? Sie möchten etwas über Ihre Arbeit hören."

Mutter Teresa war dazu bereit. Als erstes wurde ihr ein Zugeständnis an ihre eigene Berühmtheit abverlangt: als sie vor die Gruppe trat, wurden die Kameras gezückt. Dann setzte sich Mutter Teresa auf den Betonboden. Einige Touristen folgten ihrem Beispiel. Die übrigen bildeten einen Halbkreis um sie. In einer Ecke des Hofes füllten Schwestern Wassereimer aus einer Handpumpe. In einem Klassenzimmer saßen andere über ihren Büchern. Von der Kapelle her ließ sich Psalmengesang vernehmen.

Mutter Teresa sprach in ganz einfachen Worten von der Arbeit der Schwestern und von der Liebe zu Jesus, die ihnen die Kraft dafür gibt. Sie erzählte von den Armen, die so geduldig und freundlich seien und voller Freude, und von den gelähmten Kindern, die sie gepflegt hatte und deren Namen sie kannte. Auch von Gott sprach sie und von dem Glück, ihm durch Hingabe an die Armen zu dienen. All dies erzählte sie in bescheidenen, schlichten Worten. Es klang wie ein Echo der Bergpredigt. In ihren Worten wurde das Evangelium lebendig: selig die Armen, selig die Sanftmütigen, selig jene, die an den Lippen dessen hängen, der ihnen von Gott redet.

Nach ihrer Ansprache zog sich Mutter Teresa in ihr winziges Empfangszimmer zurück. Auf den einfachen Holzstühlen vor dem kleinen Tisch hatten schon Minister, Kardinäle und Bischöfe gesessen und mit einem der ganz großen geistlichen Erneuerer unserer Zeit gesprochen. Wandkarten gaben Aufschluß über Ziele, Aktivitäten und Niederlassungen der Missionarinnen der Nächstenliebe, jener religiösen Gemeinschaft also, die sie gegründet hatte.

„Wie war es in Mexiko, Mutter Teresa?“ fragte ich.

„Zuviel Politik“, erwiderte sie. „Ich war enttäuscht. Denn von Gott war nicht die Rede.“ Aus Besorgnis, jemandem Unrecht zu tun, fügte sie hinzu: „Möglich, daß jemand von ihm gesprochen hat. Aber ich hörte niemand seinen Namen nennen.“ Keine Frage, wäre sein Name genannt worden, er hätte eine Saite in ihrem Herzen zum Klingen gebracht.

„Das ist seltsam“, meinte ich, „wenn man bedenkt, daß doch viele bedeutende muslimische Frauen an dieser Konferenz teilnahmen.“

Sie fuhr fort: „Ich sprach über die Würde der Frau, über ihre gottgegebenen Pflichten und Rechte. Als Mütter und Ehefrauen sind sie doch dazu aufgerufen, lebendige Mitte eines Heims zu sein, dem Gatten und den Kindern ein glückliches Heim zu bereiten. Es ist eine ganz hohe Berufung, Mütter des Menschengeschlechts zu sein! Ich sagte ihnen, daß das Gebendürfen sie auszeichne, ein großzügiges Schenken und Sichverschenken, vergleichbar der Güte Gottes gegenüber seinen Kindern."

„Hat der mexikanische Präsident Sie in seinem Palast empfangen?"

„Ja. Er möchte, daß wir in Mexiko ein eigenes Haus errichten. Im Palast traf ich mit ihm, seiner Frau und dreien seiner acht Kinder zusammen. Ich erzählte ihnen von unserer Arbeit und von der Liebe Jesu. Als ich anfing, von Jesus zu sprechen, kamen seiner Frau die Tränen."

„Nun ja. Frauen sind eben empfänglicher für das Religiöse als Männer."

„Nein, so war es nicht. Der Präsident ist aufrichtig. Er machte mir den Eindruck tiefen, aufrichtigen Empfindens. Er bestand darauf, daß wir ohne Aufschub kommen sollten. Ein Haus wolle er uns zur Verfügung stellen und im Rahmen des Möglichen werde er sich um die Fahrtkosten für die Schwestern kümmern. Ich muß ihm einige meiner besten Schwestern schicken. Für die Errichtung eines Hauses in seiner Erzdiözese brauchten wir als religiöse Gemeinschaft die Erlaubnis des Kardinals, sagte ich ihm. Das sollte nicht schwierig sein, da der Kardinal uns selbst bereits gebeten hatte, nach Mexiko zu kommen. Meines Erachtens gibt es dort fast keine Zusammenarbeit zwischen den staatlichen und den kirchlichen Kräften. Mir bot sich da eine ausgezeichnete Gelegenheit, beide zusammenzubringen. Der Präsident nahm selbst mit dem Kardinal Kontakt auf und besorgte mir dessen Einwilligung in die Errichtung eines Hauses in Mexiko. Ich hoffe, daß ich im Oktober mit einigen Schwestern dorthin zurückkehren und ohne Verzögerung mit der Arbeit beginnen kann."

Dieses Tempo ist typisch für Mutter Teresa. Manchmal

eröffnet sie ein Haus wenige Wochen nach der offiziellen Aufforderung. Als Generaloberin braucht sie sich dabei weder beraten zu lassen, noch muß sie irgend jemand dafür um Erlaubnis bitten. Das wird sich eines Tages ändern, da die Gründung zahlenmäßig stark wächst.

„Von Mexiko fuhr ich nach Lima in Peru, wo wir unlängst ein Haus eröffnet haben. Und von dort ging es über New York, London und Rom schließlich zurück nach hier."

„Lima, wie war das?"

„Lateinamerika stellt ein immenses Feld gerade für die religiöse Arbeit dar und bietet viele Möglichkeiten. Was vor allem anderen da von uns gefordert wird, ist Hilfe im religiösen Bereich. Der Mangel an Priestern und Ordensfrauen ist überaus groß. Außer Beichthören und Eucharistiefeiern müssen meine Schwestern dort so ziemlich alles tun, was sonst eben der Priester tut. Sie arbeiten praktisch als Diakone. Denken Sie zum Beispiel an die Ehen: die Schwestern führen die ganze Ehevorbereitung durch und halten auch die Trauungsgottesdienste. An einem Ort wurden auf einen Schlag dreißig Paare getraut; an einem anderen konnten die faktisch bestehenden Beziehungen zwischen Partnern in Ordnung gebracht werden, die drei verschiedenen Generationen angehörten: also praktisch der Großeltern, der Eltern und der Kinder. Ein Rechtsanwalt arbeitet mit den Schwestern zusammen, damit die zivilrechtliche Seite der Eheschließungen gleich mit geregelt werden kann. Er opfert völlig uneigennützig seine Zeit für diese Aufgabe. Die Paare sind überglücklich, wenn sie das Ehesakrament empfangen haben."

„Das ist großartig, Mutter Teresa. Aber Sie werden mehr Schwestern brauchen, die dort ihren Dienst im Herrn tun. Soviel ich weiß, haben Sie eine große Zahl Bewerbungen von Mädchen bekommen, die sich Ihrer Gemeinschaft anschließen möchten."

„Das ist richtig. In letzter Zeit habe ich ungefähr fünfzig Bewerbungen von Mädchen aus Amerika, Australien, England und Afrika bekommen, die sich uns anschließen möchten. Wir haben eine Reihe hervorragender Postulantinnen aus Afrika. Auch ein japanisches Mädchen hat sich beworben, obwohl wir in Japan noch kein Haus unterhalten. Wir unterhalten derzeit drei Noviziate, in Kalkutta, Melbourne und Rom. Insgesamt haben wir im Moment zweihundertneun Novizinnen. Die meisten übrigens in Kalkutta."

„Warum schließen sie sich Ihnen an? Was bringt sie zu Ihnen?"

„Ich habe ein ganzes Bündel sehr schöner Briefe von Bewerberinnen aus Europa und Amerika bekommen. Die Mädchen sagen, sie wollen ein Leben des Gebetes, ein Leben der Armut und der Demut in der Nachfolge Jesu leben. Ist das nicht wunderbar? Und dies geschieht nun zu einer Zeit, da andere über einen Mangel an Berufungen Klage führen und behaupten, die heutige Jugend sei nicht bereit, ein Leben der Demut, der Armut und des Gehorsams auf sich zu nehmen. Mir jedenfalls ist nichts dergleichen vorgekommen. Verlangen Sie von den jungen Leuten, daß sie etwas wirklich Schweres für Jesus tun sollen. Dann werden sie sich melden. Wir brauchen viel mehr Schwestern. Es liegen achtundfünfzig Anträge auf Errichtung neuer Häuser vor. Ich werde sie nicht alle annehmen können. Der Erzbischof von Trinidad bat mich um Errichtung eines Hauses. In Neu-Guinea haben wir erst neulich eines eingerichtet. Der Bischof dort ist außerordentlich arm und kann uns kaum helfen. Da war ich der Meinung, dies sei um so mehr ein Grund, daß eben wir ihm helfen."

Achtundfünfzig Häuser sind beantragt. Mutter Teresa versieht jedes Haus mit sieben bis acht Schwestern. Also wären etwa vierhundertfünfzig Schwestern nötig, um die beantragten Häuser errichten und erhalten zu können. Derzeit sind zweihundertneun Novizinnen im zweijährigen Noviziat. Das bedeutet, daß Mutter Teresa zur Zeit mit ungefähr einhundert Schwestern pro Jahr rechnen kann. Die Kongregation besteht vorwiegend aus jüngeren Schwestern. Die Sterblichkeitsrate ist sehr niedrig. Und nur eine ganz geringe Anzahl verläßt die Gemeinschaft nach den ersten Gelübden. Trotzdem würde es ungefähr fünf Jahre dauern, bis alle Bitten um Errichtung von Häusern erfüllt werden könnten. Und während dieser Zeit werden wohl viele neue Bitten hinzukommen. Ihnen gegenüber wird sich das Defizit an Bewerbungen ständig vergrößern, wenn nicht die Neuanmeldungen merklich steigen. Dafür aber bestehen gute Aussichten.

Jetzt war es an der Zeit, meinen Wunsch vorzutragen: „Mutter Teresa, ich möchte Sie um etwas bitten. Darf ich über Sie und die Missionarinnen der Nächstenliebe ein Buch schreiben? Werden Sie mir dies wohl gestatten? Wir haben viele Jahre miteinander gearbeitet. Ich möchte beim Schreiben den Akzent auf den spirituellen Bereich legen, um so Ihre Motivation sichtbar zu machen und zu zeigen, wie Gottes Hand Ihre Gemeinschaften leitet und beschützt."

„Ja, Pater, schreiben Sie über uns. Sie kennen uns gut. Sie waren von Anfang an dabei. Wir haben dieselben Gedanken. Natürlich brauchen Sie dazu die Regeln unserer Gemeinschaft. Aber vor allem müssen Sie den Leuten sagen, was uns hierher bringt. Machen Sie ihnen klar", sagte Mutter Teresa, und hier wurde sie plötzlich beredt, eindringlich, leidenschaftlich, „machen Sie ihnen klar, daß wir nicht der Arbeit wegen hier stehen, sondern daß wir Jesu wegen hier sind. Alles, was wir tun, tun wir für ihn. Wir sind an allererster Stelle eine religiöse Gemeinschaft, nicht Sozialarbeiterinnen, Lehrerinnen, Krankenschwestern oder Ärztinnen. Wir sind Ordensschwestern. Wenn wir den Armen dienen, dann dienen wir Jesus. Ihn pflegen wir, ihm geben wir zu essen, ihn kleiden wir, ihn besuchen und trösten wir, wenn wir die Armen trösten, die Verlassenen, die Kranken, die Waisen, die Sterbenden. All unser Tun, unser Gebet, unsere Arbeit, unsere Leiden vollbringen und tragen wir für Jesus. Unser Leben hat keinen anderen Sinn und keine andere Motivation. Das ist etwas, was viele Menschen nicht verstehen können. Ich diene Jesus, vierundzwanzig Stunden am Tag. Was immer ich tue, es wird für ihn getan. Und er gibt mir die Kraft dazu. Ihn liebe ich, wenn ich die Armen liebe, und durch ihn liebe ich die Armen. Zuerst kommt der Herr. Immer wenn ein Besucher dieses Haus hier betritt, führe ich ihn zuerst in die Kapelle, damit er da eine Weile bete. Ich sage zu ihm: entbieten wir zuerst dem Herrn des Hauses unseren Gruß. Jesus ist hier. Für ihn arbeiten wir. Ihm weihen wir uns. Er gibt uns die Kraft, dieses Leben zu führen und darin Glück und Erfüllung zu finden. Ohne ihn könnten wir das nicht tun, jedenfalls nicht ein Leben lang. Vielleicht ein Jahr oder zwei, aber nicht ein Leben lang, ohne einen anderen Lohn erwarten zu können, als den, mit dem leiden zu dürfen, der uns so sehr geliebt hat, daß er sein Leben für uns hingab. Ohne Jesus wäre unser Leben bedeutungslos und unverständlich. Jesus ist die Erklärung für unser Leben."

Mutter Teresa holte tief Atem. Dann faßte sie ihren Lebensplan mit der strengen Anweisung zusammen: „Machen Sie ihnen klar, Pater, *wir leben für Jesus*."

Auf dem Heimweg ging mir plötzlich ein Licht auf. In ihren Worten erkannte ich Paulus, der den Kolossern schreibt: „Da ist nur mehr Christus, alles und in allen" (Kol 3, 11). Und Mutter Teresas Anweisung klang mir im Ohr: „Machen Sie ihnen klar: wir leben für Jesus."

2 *Die Berufung*

Während sie dem Herrn den heiligen Dienst verrichteten und fasteten, sprach der Heilige Geist: „Sondert mir den Barnabas und Saul für die Aufgabe aus, zu der ich sie berufen habe.“

(Apg 13, 2–3)

Pater Henry erinnert sich

Pater Julien Henry empfing mich in seinem kleinen Büro im Pfarrhaus von St. Teresa. Der Raum war vollgepackt mit Schachteln, Büchern, allerhand Kleinkram und verschiedenen Gerätschaften. Nicht einmal einen Stuhl gab es da. So unterhielten wir uns etwa eine Stunde lang im Stehen. Der Pater arbeitet auch sonst meistens am Stehpult. Ich fing an zu fragen.

„Pater Henry, Sie kennen Mutter Teresa am längsten und am besten von uns allen. Was hat Sie am meisten an ihr beeindruckt? Worin sehen Sie ihre größten Vorzüge? Und worauf ist ihr großer Erfolg zurückzuführen?“

Wie im Gebet versunken verharrte Pater Henry einige Zeit in nachdenklichem Schweigen. Schließlich antwortete er in bewegten und tief empfundenen Worten:

„Am meisten läßt mich erstaunen, wieviel Gutes der Allmächtige durch dieses schwache Instrument gewirkt hat. Gott hat diese Frau mit all ihren Fähigkeiten und Schwächen, ja, auch Schwächen – man denke nur an ihre ganz unzulängliche Ausbildung –, benutzt für das Werk, das er vollbringen wollte, weil sie ihm total ergeben ist. Sie gehorcht seinen Eingebungen und Weisungen, ohne zu fragen. Sie denkt überhaupt nicht an sich selbst. Alles, was sie tut, tut sie für ihn. Und sie tut es mit einem solchen Vertrauen in seine Allmacht, daß ihr nichts unmöglich scheint. In all ihren Interviews – auch mit Nichtglaubenden und Nichtchristen – besteht sie darauf, daß alles, was sie und ihre Schwestern tun, für Gott, für unseren Herrn Jesus Christus getan wird. In ihrer Liebe zu Jesus, in ihren Gebeten, in der Verehrung der Heiligen Eucharistie findet sie die Kraft, den Armen zu dienen.

Sie kommt aus bäuerlichen Verhältnissen. Aus einer albanischen Bergbauerngemeinde in Jugoslawien. Daher ist sie zäh. Und sie ist revolutionär. Wenn einen die Strukturen an der Verwirklichung seiner Ideen hindern, dann bleibt nur eines: sie zu verändern, sie zu zerstören, sie zu ignorieren. Und genau das war bei ihr der Fall. Gott hat von ihren geistlichen und menschlichen Fähigkeiten *und* Schwächen Gebrauch gemacht und auf ganz außergewöhnlich fruchtbare Weise. Sie hat sich von ihm formen lassen. Sie steht unter seinem Schutz. Ihre Ideen hat sie nach und nach entwickelt. Das Ziel wurde immer klarer. Und eines Tages nahm es in einer tiefen geistlichen Erfahrung konkrete Gestalt an. Das war unterwegs, im Zug nach Darjeeling. Sie unterrichtete damals bengalische Mädchen an der St. Mary's High School in Entally. Die geistliche Unterweisung der Mädchen lag ihr ganz besonders am Herzen, genau wie Mutter Cenacle, mit der sie dort tätig war.

Man muß sich daran erinnern, warum und wie Mutter Teresa gerade nach Indien gekommen ist. Als sie noch zur Schule ging, wurde Agnes, das war ihr Taufname, von jener Welle der Begeisterung erfaßt, die damals die missionarische Arbeit trug und begleitete. Diese Begeisterung für die Ausweitung der Königsherrschaft Christi, eines wahrhaft geistlichen Königreiches, das ,nicht von dieser Welt' ist, ging aus und wurde genährt durch die Schriften Pius' XI. und fand in der Einrichtung des Christkönigsfestes ihren Höhepunkt. Im Schwesternkonvent wurden ihr diese Gedanken vertraut durch Betrachtung und Gebet. Und schließlich entbrannte ihr Herz in dem Wunsch, sich selbst für die Sache Christi und des Evangeliums, die allen Menschen bekannt gemacht werden sollen, hinzugeben. Durch die Zeitschrift der Marianischen Kongregation erfuhr Agnes schließlich von der Missionsarbeit in Indien.

Eine Reihe jugoslawischer Jesuiten war nach Bengalen gekommen und arbeitete im Gangesdelta, südlich von Kalkutta. Einer von ihnen, Anthony, der noch am St. Mary's College von Kurseong im Himalayagebiet Theologie studierte, verbreitete regelmäßig Informationen über die Missionsarbeit in Bengalen und bei den Nepalesen des Darjeeling-Gebietes. Er verschickte Hunderte von Briefen an Freunde in Jugoslawien und in anderen Ländern. Durch ihn erfuhr Agnes von der Arbeit, die die Missionare in Bengalen auf den Gebieten der Glaubensunterweisung, der Bildung und der Nächstenliebe leisteten. Sie beschloß, ihr eigenes Leben diesem Apostolat zu widmen, und erkundigte sich, was man tun müsse, um nach Indien gehen zu dürfen. Man riet ihr, sich um Aufnahme in den Orden der Schwestern von Loreto zu bemühen, da diese in Bengalen arbeiteten. Ihr Mutterhaus sei in Dublin. Agnes solle in den Orden eintreten, Englisch lernen und dann darum bitten, in die Missionen gehen zu dürfen. Das tat sie.

Als sie im Januar 1929 in Indien eintraf, schickte man sie ins Noviziat nach Darjeeling im Himalayagebiet. Die großartige Landschaft war gleichsam ein Zeichen für Gottes Allmacht, Herrlichkeit und Majestät. Am Ende ihres zweijährigen Noviziates legte sie ihre ersten

Ordensgelübde ab. Dann wurde sie der High School für bengalische Mädchen zugewiesen, die die Schwestern von Loreto in Entally, im Osten Kalkuttas, unterhielten. Dort unterrichtete sie etwa zwanzig Jahre lang Geographie und Geschichte. Später wurde sie Rektorin der Schule. Sie leitete auch die ‚Töchter der hl. Anna', eine indische Schwesterngemeinschaft auf diözesaner Ebene, die den blauen Sari trug und in bengalischen Volksschulen unterrichtete.

Die Schwestern von Loreto in Entally verfügen über großen Grundbesitz, den sie durch die ihnen testamentarisch vermachte Hinterlassenschaft eines reichen protestantischen Plantagenbesitzers erwerben konnten. Sie unterhalten und betreiben dort eine Oberschule nach englischem Vorbild für über fünfhundert Mädchen. Es handelt sich um ein Internat. Viele der Mädchen sind Waisenkinder. Sie brauchen keinen Pfennig zu bezahlen. Daneben wird noch ein anderes Internat unterhalten für zwei- bis dreihundert Schüler, darunter auch Tagesschüler, deren Familien über bescheidene Mittel verfügen. Durch dieses Kolleg und die sechs Oberschulen, die die Schwestern von Loreto in Kalkutta unterhalten, sind sie dort wohlbekannt. Sie werden allgemein geschätzt und respektiert als Ordensschwestern, die hart arbeiten, und als Erzieherinnen ersten Ranges. Mutter Teresa widmete sich in Entally mit ganzem Herzen der geistigen und geistlichen Erziehung bengalischer Mädchen, und zwar unter der Aufsicht und Anleitung von Mutter Cenacle, einer Schwester von Loreto aus Mauritius, einer wirklich heiligmäßigen Frau.

In Entally gab es eine eigene Marianische Kongregation für diese Schulmädchen, die dort dieselben Gedanken kennenlernten und in sich aufnahmen, die Mutter Teresa nach Indien geführt hatten."

„Sie waren der Spiritual dieser Kongregation, Pater Henry?"

„Ja. Neben den Meditationsstunden hatten wir dort eine Studiengruppe gebildet, zu der auch Hindumädchen Zutritt suchten und fanden. Daneben gab es noch eine Vielzahl anderer Aktivitäten. Jede Woche besuchte eine Gruppe der Mädchen das Nilratan-Sarkar-Hospital. Um eine gewisse Kontinuität in der Arbeit zu sichern, teilten wir die Mädchen nach einem bestimmten Zeit- und Personalplan für dieses Apostolat ein. Der Schwerpunkt lag im religiösen Bereich: es ging darum, die Kranken zu trösten, ihnen neuen Lebensmut zu spenden, kleinere Dienste für sie zu verrichten, wie z. B. Briefe zu schreiben. Die Mädchen waren mit hingebungsvoller Begeisterung bei der Sache. Eine andere Gruppe machte Besuche in den Slums. Die Slums von Motijhil fingen praktisch unmittelbar hinter dem Schulgelände an. Dort arbeiteten die Mädchen. Mutter Teresa ging aber nie mit ihnen.

Trotzdem: Mutter Teresa kannte und sah die schreckliche Armut vieler Menschen in und um Kalkutta. In ihrem Gewissen verspürte sie den Auftrag, durch ihr Tun das Los der Allerärmsten zu lindern und sie zu Gott zu führen. Geistlich wurden diese Menschen total vernachlässigt. Sie waren wie Schafe, die keinen Hirten haben. Mutter Teresa erkannte, daß sie ihr Ziel im Rahmen der vorgegebenen Strukturen organisierter Bildungsarbeit unmöglich würde erreichen können. Denn Zielgruppe dieser Arbeit, die ja auch die ihre war, war vor allem die Mittelklasse. Daher blieb ihr nichts anderes übrig, als aus diesem System auszubrechen und etwas völlig anderes anzufangen. Einige ihrer Schülerinnen, die aktiv in der Armen- und Krankenfürsorge tätig waren, vertrauten ihr damals den Wunsch an, selbst Ordensfrauen zu werden, um sich ihrer Sendung zu den Allerärmsten voll und ganz widmen zu können.

Da erging Gottes Ruf an sie. ‚Das war', so sagte sie mir, ‚am 10. September 1946. Ich war mit der Eisenbahn unterwegs nach Darjeeling, zu unserer Bergstation im

Himalayagebiet. Da erging Gottes Ruf an mich.‘ Versunken im vertrauten, stummen, betenden Zwiegespräch mit ihrem Herrn vernahm sie deutlich das, was sie später als ‚eine Berufung in der Berufung‘ empfand. ‚Der Auftrag‘, so erklärte sie, ‚war ganz deutlich: ich sollte den Konvent verlassen, den Armen helfen und bei ihnen leben und wohnen. Das war ein Befehl. Ich wußte also, wo ich hingehörte. Bloß wie ich dorthin kommen sollte, das wußte ich nicht.‘ “

Gott hat sie schon einmal gerufen: zum Ordensleben. Es hat nie zur Debatte gestanden, diese Berufung aufzugeben. Aber nun hatte sie von Gott den Auftrag erhalten, im Rahmen dieser ihrer Berufung ein anderes Werk und einen anderen Dienst zu vollbringen. Jesus wollte, daß sie ihm diene in den Ärmsten der Armen, den Hilflosen, den Slumbewohnern, den Verlassenen, den Heimatlosen. Dies hatte sie verspürt, zutiefst und unverwechselbar. Jesus selbst war es, der sie aufforderte, ihm in unmittelbarer, materieller Armut zu dienen und nachzufolgen. Er lud sie ein, einen Lebensstil und eine Lebensform zu verwirklichen, durch die sie jenen Bedürftigen gleich würde, in denen er selbst gegenwärtig war, litt und geliebt wurde.

Für sie war dies ein Damaskuserlebnis. Diese Begegnung mit Jesus erfüllte ihr Leben der Nachfolge mit einem neuen Geist und gab ihm eine neue Richtung. Das Licht von Damaskus hat sie nicht geblendet. Ihre Augen konnten es ertragen, denn sie war daran gewöhnt, den Willen Gottes zu tun. Und sie kannte das unglückliche Los jener vielen, die kaum je eine Chance haben würden, die Liebe Gottes am eigenen Leibe zu erfahren. Darüber hatte sie schon oft nachgedacht. Mutter Teresa konnte ihre Berufung annehmen, freiwillig, ohne Kampf und ohne Widerstand. Gehorsam und mit liebevoller Hingabe sagte sie ihr Ja. War sie nicht eine Braut Christi und bereit, ihm auch in seine äußerste Armut hinein nachzufolgen? Hatte sie ihm nicht schon immer vertraut? War sie nicht schon immer bereit, seinen Willen zu tun, ohne Einschränkung? Die Missionarinnen der Nächstenliebe begehen diesen Tag als „Tag der göttlichen Berufung“, denn er war sicher der Beginn ihrer Ordensgründung.

Wie die Zwölf von Christus darauf vorbereitet wurden, nicht nur seine Jünger, sondern darüber hinaus seine Apostel zu sein, so ist nach Pater Henrys Worten auch Mutter Teresa vorbereitet worden auf ihre weitergehende Berufung. Damals im Zug hat diese Berufung sich verdeutlicht und ist zum klaren und bestimmten Ausdruck für den Willen Gottes geworden.

Diese von Gott ausgehende „Berufung in der Berufung“ erinnert an Barnabas und Paulus in der Apostelgeschichte: „Während sie dem Herrn den heiligen Dienst verrichteten und fasteten, sprach der Heilige Geist: ‚Sondert mir den Barnabas und Saul für die Aufgabe aus, zu der ich sie berufen habe.‘ Hierauf fasteten und beteten sie, legten ihnen die Hände auf und entließen sie“ (Apg 13, 2–3). Die Christengemeinde damals hatte, nachdem sie der Echtheit der Berufung sicher war, die beiden freundlich ziehen lassen und ihnen ihr Gebet und ihren Segen mit auf den Weg gegeben. In unseren von Pfingsten etwas entfernteren Tagen erging der Ruf des Heiligen Geistes an eine Ordensschwester. An ihr lag es nun, der kirchlichen Autorität – dem Erzbischof von Kalkutta und ihren Ordensoberen – ihre Berufung deutlich und kenntlich zu machen und deren Zustimmung und Segen zu erlangen.

Als sie wieder in Kalkutta war, informierte Mutter Teresa einige Mitschwestern über ihr Vorhaben. Erwartungsgemäß begegneten ihr diese zunächst mit gemischten Gefühlen.

Pater Henry erinnert sich an das, was Erzbischof Périer ihm erzählt hatte, als er bereits im Ruhestand war:

„Einmal, während einer Visitation in Entally, hörte ich von einer jungen Schwester, die angeblich sonderbaren Ideen nachhing. Nun habe ich noch jedesmal, wenn ich solcherart dazu gebracht werden sollte, auf der Hut zu sein, es so gehalten, daß ich die betreffende Person ihr Anliegen ganz frei und ungehindert vorbringen ließ, denn ich hatte mich ja zu fragen, ob nicht vielleicht gerade da Gott seine Hand im Spiel haben könnte. Immerhin kann ja, wenn so eine Ordensfrau gehorsam, demütig und pflichtbewußt ist, der Anstoß tatsächlich von Gott kommen."

Der Erzbischof hielt es also ganz mit dem Rat des hl. Paulus und prüfte die Geister. Als daher die junge Schwester mit den sonderbaren Ideen ihm ihren Plan, unter den Ärmsten und Bedürftigsten zu arbeiten, zur Kenntnis brachte, hörte er sich dies freundlich und unvoreingenommen an. Daß sie dazu ihren bisherigen Orden verlassen und einen neuen gründen müßte, war klar.

Nach dem Gespräch mit dem Erzbischof wurde Mutter Teresa aus gesundheitlichen Gründen nach Asansol versetzt. Doch der Erzbischof verlangte von der Oberin, sie nach Kalkutta zurückzuholen, da sie um Erlaubnis eingegeben habe, den Konvent eine Zeitlang verlassen zu dürfen. In der Zwischenzeit hatte es – ausgelöst durch aktuelle politische Umstände – an der Schule allerhand Probleme gegeben. Der Schulleitung war es nicht gelungen, die Kontroverse mit den Schülerinnen zu schlichten. Zurück in Entally, nahm Mutter Teresa sich die Wortführerinnen vor, und binnen einer halben Stunde waren die Probleme vom Tisch. Die Mädchen konnten sich ihrem Appell an ihren gesunden Menschenverstand einfach nicht widersetzen. Dieser aus einer großen Anziehungskraft resultierende Einfluß, den sie auf die Menschen hatte, verschaffte ihr eine starke Position, als es darum ging, ihren Wunsch nach Gründung einer neuen Gemeinschaft mit Nachdruck in die Tat umzusetzen.

Viele Jahre später fragte ich Mutter Teresa:

„Hat der Erzbischof eigentlich ein göttliches Zeichen von Ihnen verlangt?“

„Nein, das hat er nicht.“

„Haben Sie ihm trotzdem eines geben können?“

„Nein, ganz und gar nicht.“

Hätte der Erzbischof so etwas verlangt, hätte er damit die Angelegenheit sofort in einen geistlichen und übernatürlichen Zusammenhang gerückt. Der Superior von Ordensleuten kann sich so verhalten; er kann ein Zeichen verlangen, besonders von einem, der seine großen Fähigkeiten für eine bestimmte Aufgabe daheim unter Beweis gestellt hat und trotzdem nicht dableiben, sondern in die Missionen gehen will. Der Betreffende wird den Superior auf irgendeine Art von seiner Sendung überzeugen müssen. Im Falle von Mutter Teresa kam es nicht dazu. Die kirchliche Autorität versuchte einfach herauszufinden, ob ihre Berufung nicht etwa eine Illusion sei, sondern echt, und ferner, ob ihre Pläne irgendeine Aussicht auf Erfolg haben könnten. Es muß Anzeichen gegeben haben, die den Erzbischof vom göttlichen Ursprung dieser Berufung überzeugten.

Die erste Schwierigkeit, die es gab, war politischer Art. Sie entsprang der Atmosphäre und der vorherrschenden Mentalität jener Tage unmittelbar vor und nach der Unabhängigkeitserklärung Indiens. Pater Henry erzählt:

„Eines Tages fragte mich damals der Erzbischof: ‚Was würden Sie davon halten, wenn eine Europäerin, gekleidet nach Art der Inderinnen, an der Spitze einer Gruppe bengalischer Mädchen unter den Allerärmsten in den Slums arbeiten würde? Könnte sie Erfolg haben? Würde man sie überhaupt akzeptieren?‘ “ (Das Problem war damals, als der Nationalismus hohe Wellen schlug, wie eine nachdenkliche Öffentlichkeit auf einen solchen Schritt reagieren würde. Denn immerhin gingen damals, noch bevor Indien die Unabhängigkeit erlangte, Kongreßmitglieder, die von Gandhis Geistigkeit inspiriert waren, hinaus zu den ärmeren Schichten der Bevölkerung und betätigten sich als Sozialarbeiter.) „Meine Antwort war: ‚Auf jeden Fall wäre dies ein Spiel mit sehr ungewissem Ausgang. Es besteht ein echtes Risiko, dadurch Widerstand hervorzurufen. Aber man könnte ja den Versuch wagen, vor allem, wenn sich die richtige Person dafür findet. Sie müßte sich so verhalten, daß die städtische und staatliche Regierung sie akzeptieren könnte. Auf seiten der Armen gibt es da weniger Probleme. Die könnten gewonnen werden durch die Barmherzigkeit und Güte dessen, der sich zu ihrem Elend niederbeugt, ganz gleich, woher der Betreffende kommt.‘ Da ließ der Erzbischof sich auf das Spiel ein und gab Mutter Teresa ihre Chance.“

Die zweite Schwierigkeit lag darin, daß Rom kein besonderes Interesse an einer unnötigen Vermehrung von Frauenorden haben konnte. Es gab schon mehr als genug kleiner und kleinster Gemeinschaften. Wenn ein Erzbischof um die Approbation für einen neuen Orden in seiner Diözese eingab, dann mußte er den strengen Nachweis führen, daß für die spezielle Arbeit und Zielsetzung, deretwegen diese neue Gemeinschaft gegründet werden sollte, keine der bereits bestehenden in Frage kam. Nun gab es in der Erzdiözese Kalkutta bereits einen solchen der Jurisdiktion des Erzbischofs unterstehenden Orden, die Töchter der hl. Anna. Sie hatten sich der Pflege und Erziehung der Armen in Kalkutta und auf dem Lande geweiht. Sie trugen indische Gewänder, hatten eine gemeinsame Schlafstätte, ernährten sich höchst einfach, lebten so, wie man es in Indien tut, sprachen Bengali und arbeiteten unter den armen und einfachen Leuten.

Der Erzbischof hätte es gern gesehen, wenn Mutter Teresa den Versuch gemacht hätte, ihre Pläne zunächst einmal mit deren Mithilfe zu konkretisieren. Aber sie sah alsbald, daß das nicht ging. Diese Schwestern hatten ihre eigene Tradition, ihre eigene Art des Wirkens und ihre eigene Art, wie sie die Dinge anpackten und vorantrieben. Mutter Teresa dagegen wollte eine ganz spontan bewegliche Gruppe von Mitarbeiterinnen, die hinausgehen und die Leute aufsuchen würden. Sie sollten nicht unter den Armen, sondern unter den Ärmsten der Armen arbeiten. Daher konnte Mutter Teresa nicht bereits gebahnte Wege gehen. Sie wollte ganz von vorne, ohne jede Vorgabe beginnen, in der Erziehung der Novizinnen ihre eigenen Wege gehen und sie dazu bringen, ihren Geist in sich aufzunehmen und zu entwickeln. Die Zukunft sollte ihr recht geben.

Nun gehörten die Töchter der hl. Anna demselben Ordensverband an wie Mutter Teresa, und sie unterrichteten an der Schule, deren Rektorin Mutter Teresa gewesen war. Sie machten sich daher verständlicherweise Sorgen um die Zukunftsaussichten ihrer eigenen Gemeinschaft. Da ich seinerzeit ihr Spiritual war, wollten sie von mir etwas darüber hören, was wohl aus diesem neuen Orden sich entwickeln werde. Besondere Sorge machte ihnen die Aussicht auf ein mögliches Gerangel um die ohnehin wenigen bengalischen Mädchen, die sich einem Orden anschließen wollen. Dies müsse eine Herausforderung und ein Ansporn für sie sein, sagte ich ihnen... Sie haben tatsächlich zahlenmäßig zugenommen. Und ihr Orden hat an Kraft, Initiative, Verschiedenheit der Dienste und Selbstvertrauen gewonnen. Inzwischen haben sie ihre eigene Generaloberin, haben eigene Schulen und Waisenhäuser, die sie mit großem Erfolg führen. Der Wettbewerb hat sich als äußerst befruchtend erwiesen.

Es bedurfte vieler Gebete um Klarheit und Erleuchtung und einer Vielzahl von Gesprächen und Beratungen, bis der Erzbischof schließlich bereit war, in Rom die Erlaubnis einzuholen für die Errichtung eines neuen Ordens in seiner

Diözese. Mindestens zehn Novizinnen hatten sich Mutter Teresa anzuschließen. Ordensregeln mußten entworfen und von Rom gebilligt werden. Der erste Schritt war der Antrag auf Exklaustration. Dabei geht es darum, von Rom die Erlaubnis zu erhalten, daß eine Ordensschwester, die durch ewige Gelübde gebunden ist, eine Zeitlang außerhalb eines Konvents leben darf und nicht mehr ihrem Ordensoberen, sondern direkt dem Bischof untersteht. Mutter Teresas Gesuch um Exklaustration wurde im Februar 1948 in aller Form in Rom eingereicht. Sobald es genehmigt war, bereitete sie ihren Austritt vor.

In den Tagen des Jubiläums fragte ich sie, ob sie jemals vor ihrem Weggang Schwierigkeiten mit ihren Oberen gehabt habe.

„Überhaupt keine", sagte sie. „Im Gegenteil, sie waren ganz verständnisvoll und hilfsbereit."

So verließ Mutter Teresa, gehorsam ihrem göttlichen Auftrag, am 16. August 1948 den Konvent. Die Tür schloß sich hinter ihr. Da stand sie nun, draußen auf einer Straße in Kalkutta, im Dunkeln.

Gott hatte sie auf besondere Weise in seinen Dienst genommen. Siebenundzwanzig Jahre später sagte sie mir im Vertrauen:

„Daß ich Loreto verlassen mußte, das war mein größtes Opfer, das Schwerste, was ich jemals habe tun müssen. Es war viel schwerer als damals, als ich doch meine Angehörigen und meine Heimat verlassen mußte, um in den Orden einzutreten. Loreto war einfach mein ein und alles. Dort habe ich meine geistliche Ausbildung bekommen. Dort wurde ich eine Ordensfrau. Dort habe ich mich Jesus zugeeignet. Die Arbeit, den Unterricht, habe ich geliebt."

Als heranwachsendes Mädchen wurde Mutter Teresa von Gott berufen, und sie ist seinem Ruf gefolgt. Dazu mußte sie alles verlassen: ihre Angehörigen, ihr Vaterhaus, ihren Kulturkreis, ihre Heimat, alles, was ihren Augen und Ohren vertraut gewesen war, alles, was sie lieb hatte. Und sie mußte in ein fremdes Land gehen. Allein, im ersten Anflug jugendlicher Begeisterung und Großzügigkeit war dies nicht *zu* schwer. Die ersten Ausbildungsjahre sollten ihr schon mehr Selbstverleugnung abverlangen.

Nach und nach bereitete Gott sie zu größerer Hingabe, bewegte sie noch einmal zu einer Hinwendung zu ihm, getragen und begleitet von einem in die Tiefe wachsenden Glauben und dem immer stärker werdenden Verlangen, nur noch seinen Willen zu tun. Diese Gnade muß ihr nach einigen Jahren des Ordenslebens zuteil geworden sein, als es ihr zur Gewohnheit geworden war, das Schwierige und Schwere in seinem Namen zu tun, als der Entschluß in ihr gewachsen war, Jesus das Kreuz tragen zu helfen, als sie an nichts anderes mehr zu denken vermochte denn an ihn. Nun fing sie an, die Welt in Gott zu sehen und Gott in der Welt. Manchem, der auf die Güte Gottes vertraut und der zu großen Opfern bereit ist, wird diese Gnade gewährt oder angeboten. So auch ihr. Einmal, vielleicht zweimal mag es solche Momente geben in einem Leben. Wer ein solches Angebot annimmt, findet sich auf dem Weg zur Heiligkeit.

Die großen Meister des geistlichen Lebens beschreiben den Weg dieser großen Seelen. Antwortend auf den mächtigen Ruf der Gnade, von der sie geneigt und gestärkt werden, wenden sie sich ihm zu in einem heroischen Prozeß der Selbstüberlieferung und halten mit unbeugsamer, völliger innerer Hingewendetheit an ihm fest. Mutter Teresa hat diese geistliche Erfahrung selbst durchgemacht.

„Es war viel schwerer als damals, wo ich meine Angehörigen verlassen mußte. Ich verließ den Orden ja schließlich nicht etwa als jemand, der wegläuft, um für sich selbst größere Freiheit zu gewinnen."

Was sie hinter sich zurücklassen mußte, war die Sicherheit, die die Gemeinschaft gewährt, ihre freundliche und freudvolle Atmosphäre, ihre geistliche Hilfe, ihren besonderen Lebensstil. An die Stelle all dessen trat ein blindes Sich-Anvertrauen aus reinem Glauben, der nicht fragt, nicht wissen will, nicht herumrätselt, sondern rückhaltlos auf Gottes führende Hand sich verläßt. So stand sie auf der Straße: schutzlos, ohne Gefährtin, ohne Helfer, ohne Geld, ohne Beschäftigung, ohne ein Versprechen, eine Garantie, eine Sicherheit von irgend jemand.

„Mein Gott, dein bin ich. Auf dein Wort, auf deine Berufung vertraue ich. Du wirst mich nicht fallenlassen."

Patna

Der Form nach hatte sie nun mit ihrem bisherigen Leben gebrochen. Es folgte eine kurze Periode des Sich-Vorbereitens auf das neue, gleichzeitig eine willkommene Übergangsphase des Nachdenkens und der Besinnung. In Patna, wohin sie von Kalkutta aus zunächst gegangen war, machte Mutter Teresa einen Schnellkurs für ambulante Krankenpflege und eine Hebammenausbildung unter Anleitung der Misssionskrankenschwestern Mutter Dengels. Diese Schwestern unterhalten dort am Gangesufer ein außerordentlich effizient geführtes Krankenhaus, zu dem auch eine häufig frequentierte, bestens ausgestattete Ambulanz gehört. Außerdem führen die Schwestern hervorragend gründliche Hebammenkurse durch. Im Juli 1969 hatte ich selbst als Patient auf der dortigen chirurgischen Station Gelegenheit, mich nach der ehemaligen Schwesternschülerin aus Kalkutta zu erkundigen. Man erinnerte sich noch an sie und sprach von ihrer Lernbegier, mit der sie in den wenigen Monaten, die sie da war, an Wissen und Erfahrung verschlungen hatte, was immer einer in so kurzer Zeit überhaupt aufzunehmen imstande ist.

In Patna wurden übrigens Mutter Teresas Pläne und Ideen in bezug auf die Lebensform, die sie und die Mädchen, die sich ihr anschließen würden, praktizieren sollten, zum erstenmal über den Haufen geworfen. Sie hatte ja in völliger und rückhaltloser Armut leben wollen. Sie und ihre Schwestern sollten als leidende Glieder am Leibe Christi in allem den Ärmsten gleich sein, unter denen sie arbeiten und die sie zu Gott führen wollten. Daher sollten sie so wie sie leben, sich kleiden und essen.

Mutter Dengel, von Geburt Österreicherin, eine Frau mit grenzenloser Energie und unendlicher Einsatzfähigkeit, hatte für ihre Schwestern vom Heiligen Stuhl die Erlaubnis erhalten, in selbst geführten Krankenhäusern sowohl Chirurgie als auch Geburtshilfe zu praktizieren. Das war damals ein Novum in der Kirche. Sie konnte daher eine Schwester, die neue Wege und Aufgaben für das Ordensleben suchte, voll verstehen und mit ihr fühlen.

Mutter Teresa machte sie und ihre Schwestern mit ihren Plänen vertraut. Es sollte eine Gemeinschaft werden, die nicht nur *bei* den Ärmsten lebte, sondern auch *wie* diese. Ihre Kost sollte nicht einmal aus Reis und Hülsenfrüchten bestehen dürfen, was doch bescheiden genug gewesen wäre. Nein, es sollte nichts weiter geben als Reis und ein bißchen Salz. Das lag noch um einiges unter dem für die armseligsten bengalischen Verhältnisse bekannten Maß.

„Reis und Salz werden wir essen“, sagte Mutter Teresa mit Bestimmtheit.

Mutter Dengel konterte: „Wenn Sie ihre Schwestern dazu zwingen, dann begehen Sie eine schwere Sünde. Die Mädchen würden in allerkürzester Zeit eine Beute der Tuberkulose werden und sterben. Wie sollen sie denn arbeiten können, wenn ihr Körper nicht gekräftigt wird? Die Ärmsten der Armen arbeiten sehr, sehr wenig, aus Mangel an Kraft, sie fallen jeder beliebigen Krankheit zum Opfer und müssen in den meisten Fällen ganz jung sterben.

Wollen Sie ihren Schwestern dieses Schicksal zumuten? Oder möchten Sie lieber, daß sie stark genug sind, um für den Herrn ihre harte Arbeit tun zu können?"

Mutter Teresa akzeptierte dies als den Rat eines Experten. Was hätte sie sonst auch tun sollen? Sie konnte doch Gott nicht versuchen und von seiner Vorsehung erwarten, daß er ihr zuliebe die Naturgesetze außer Kraft setzte und ihren Schwestern durch ein fortdauerndes Wunder die Gesundheit erhielt, wenn Lebensmittel beschafft werden konnten. Demütig änderte sie ihre Pläne. Die Schwestern sollten bekommen, was sie für ihre Gesundheit brauchten. Die Kost würde einfach sein, ohne Luxus. Gehorsam würden sie die Mahlzeit nehmen, die man ihnen reicht.

Viele Jahre später erzählte mir Mutter Teresa: „Die Missionskrankenschwestern von Patna haben mir gesagt, ich würde meine Schwestern ausreichend verköstigen müssen. Ich habe mich an ihren Rat gehalten." Ein paar Jahre zuvor hatte in Indien tatsächlich eine Reihe von Bischöfen Probleme mit unterernährten Schwestern und Seminaristen gehabt, die an Tuberkulose und anderen Krankheiten litten. Sie mußten etwas dagegen unternehmen, damit sich diese Probleme bei der jüngeren Generation nicht wiederholen.

Im Spital „Zur Heiligen Familie" in Patna lernte Mutter Teresa auch Fräulein Jacqueline de Decker kennen und weihte sie in ihre Pläne ein. Die junge Belgierin hätte sich gerne der in Aussicht genommenen Gründung angeschlossen. Aber dazu hätten die gesundheitlichen Voraussetzungen gefehlt. Gleichwohl sollte sie später ihr zweites Ebenbild werden und die Gemeinschaft der Kranken und Leidenden zusammenbringen, die für den Erfolg der Gemeinschaft und ihrer Sendung beteten und ihre Leiden aufopferten.

Im gleichen Krankenhaus verlor Mutter Teresa später

die erste ihrer Schwestern. Sie verließ diese Welt und machte sich auf nach der anderen. Es war eine ihrer Novizinnen, die dort starb, nachdem sie auf dem Totenbett die Gelübde abgelegt hatte. Die Saat war aufgegangen. Es war gleichsam die erste Frucht, die der neue Orden dem Herrn der Ernte anbieten durfte.

Bald war der Aufenthalt in Patna vorüber; ein kurzes Zwischenspiel. So wie ihr Herr aus der Wüste zurückkehrte, nachdem er sich durch Gebet und Fasten auf seine öffentliche Wirksamkeit vorbereitet hatte, konnte nun auch Mutter Teresa sich an die Verwirklichung der Aufgaben machen, die Gott ihr zur Verherrlichung seines Sohnes übertragen hatte. Sie ging zurück nach Kalkutta. Dort fand sie vorübergehend Unterschlupf bei den Kleinen Schwestern der Armen.

Erste Anfänge

„Irgendwann im Dezember des Jahres 1948", so erinnert sich Pater Henry, „kurz nach ihrer Rückkehr aus Patna, erschien Mutter Teresa im Pfarrhaus von St. Teresa. Sie trug einen weißen Sari mit blauer Bordüre.

‚Kennen Sie mich noch?' fragte sie mich.

‚Natürlich, Mutter Teresa.'

‚Wo ist Motijhil?'

‚Wie? Das wissen Sie nicht? Es fängt da an, wo das Gelände der Schule, an der sie unterrichteten, aufhört.'

Ich beauftragte eine Frau, sie hinzuführen. Da gingen sie miteinander. Kurze Zeit später erfuhr ich, daß Mutter Teresa in den Slums eine Unterkunft gefunden habe.

‚Was kostet die Miete?' fragte sie.

‚Fünf Rupien im Monat', antwortete der Vermieter.

‚Also gut. Ich nehme es.'

Am nächsten Tag", erzählt Pater Henry weiter, „kam

ich durch Motijhil, ein außerordentlich armes Slumviertel, in dem einige unserer Katholiken wohnten. Da hörte ich plötzlich eine Stimme die ersten Buchstaben des bengalischen Alphabetes hersagen. Als ich neugierig in die Hütte trat, sah ich Mutter Teresa mit ein paar Kindern beim Unterricht. Ohne Tisch, ohne Stuhl, ohne Tafel oder Kreide. Mit einem Stecken kratzte sie die Buchstaben in den Lehmboden."

Später besuchte sie Straßenkehrer in ihren Unterkünften, erkundigte sich nach den Familien, den Kranken, den Kindern. Über Nacht blieb sie im St.-Josephs-Haus, einem Altenheim, das die Kleinen Schwestern der Armen für mittellose, alleinstehende ältere Leute unterhielten. Von da geht man zu Fuß über eine Stunde nach Motijhil.

Jeanne Jugan, die den Orden der Kleinen Schwestern der Armen 1839 in Frankreich gegründet hat, ist Mutter Teresa in vielem ähnlich. Auch sie bestand auf äußerster Armut. Ihre Häuser sollten ohne Stiftungen, ohne regelmäßiges Einkommen, ja sogar ohne ein Bankkonto auskommen. Die Schwestern gingen und gehen noch täglich durch die Straßen und betteln sich das zusammen, was sie für den Unterhalt der Häuser und ihrer Bewohner brauchen. Ihre Spiritualität konzentriert sich auf Demut und Nächstenliebe, eine kostbare, durchgeistigte und vollkommene Form der Nächstenliebe. In St. Josef war eine Schwester, die vierzig Jahre lang die Küche leitete: eine wundervolle Seele, eine echte Mystikerin, die zu ihrem Beichtvater gesagt haben könnte, ihre Liebe zum Herrn sei so groß, daß sie darüber fast den Verstand verliere. Sie hat ihm ihr ganzes Leben lang gedient, und er hat viel von ihr verlangt.

Die Schwestern kümmerten sich um etwa zweihundert alte Leute, die völlig mittellos waren. Mutter Teresa blieb für einen kürzeren Zeitraum bei ihnen in St. Joseph. Bald würde sie sich ihrer Erwählung vergewissern können.

Ganz am Anfang, als sie noch allein war, nahm Mutter Teresa mich mit und zeigte mir, was und wo sie arbeitete. (Später tat sie dies mit vielen Besuchern.) Wir kamen an den Unterkünften der Straßenkehrer vorbei, überquerten die Bahnlinie und gingen durch das Slumviertel. Niemand nahm von ihr Notiz, keiner schien sie zu kennen, niemand grüßte. Noch war sie nicht zu einem festen Bestandteil des Lebens der Menschen dort geworden. Dann traten wir in eine Lehmhütte.

„Dies ist unsere Schule", sagte Mutter Teresa.

„Wie viele Schüler haben Sie denn?"

„So ungefähr fünfunddreißig, wenn alle kommen. Aber meistens sind einige krank oder haben diesen oder jenen Grund zum Fehlen. Ich bringe ihnen das Alphabet bei und zeige ihnen, wie man sich wäscht und sich das Haar kämmt. Wenn sie regelmäßig kommen, aufmerksam und reinlich sind, schenke ich ihnen zur Belohnung ein Stück Seife."

Ich dachte insgeheim, daß ihnen Süßigkeiten wohl lieber wären, sagte aber nichts.

„Mittags verteile ich Milch."

Sie hatte den falschen Begleiter. Als Professor der Ökonomie, dem bekannt war, wie man maximale Resultate von den bescheidensten Voraussetzungen aus erzielt, konnte mich das nicht beeindrucken. Das Ganze kam mir übertrieben und ziemlich uneffektiv vor. Da stand nun die Rektorin einer recht guten Oberschule und wollte Kindern das Alphabet beibringen, die nie in die Verlegenheit kommen würden, etwas lesen zu müssen. Sie lehrte Kinder den Gebrauch von Seife, die nie in ihrem Leben es sich würden leisten können, Seife zu kaufen. Sie machte eine verzweifelte Anstrengung, diese Ärmsten der Armen vom Boden aufzuheben, versuchte, in ihnen den Sinn für Anstand und Selbstwert zu entwickeln und ihnen zu zeigen, daß Gott sie liebt. All diese Anstrengungen würden ergebnislos bleiben, wenn es ihr nicht gelänge, ein Team zusammenzubringen. Aber gab es überhaupt jemand, der da mitmachen wollte? Oder würde sie andere Mittel und Wege finden, der leidenden Menschheit zu helfen?

„Nicht gerade viel", kommentierte sie ihre Arbeit.

Trotzdem gaben wir, die wir angenehmeren Tätigkeiten nachgehen durften, ihr alle denkbare Ermunterung und redeten ihr zu. In dem Tagebuch, das sie damals führte, hatten diese Tage, einer um den anderen, ihre kleinen Vermerke. Viele Jahre später durfte ich darin lesen. Keine Geheimnisse, keine Offenbarungen, nur kurze Bemerkungen über die Menschen, die sie getroffen hatte, oder über alltägliche Zufälle und Begebenheiten. Manches davon blieb mir fünfundzwanzig Jahre lang im Gedächtnis.

„Heute traf ich N. Daheim habe man nichts zu essen. Ich gab ihm das Straßenbahngeld. Das war alles, was ich hatte. Heim ging ich zu Fuß."

In den Tagen des Jubiläums fragte ich nach dem kleinen Notizbuch. Ob sie es noch habe. Sie zuckte die Schultern: „Nein. Wahrscheinlich habe ich es weggeworfen." So sollte es wohl sein.

Gott nahm sie ziemlich hart in seine Schule. Sie kam sich wohl völlig nutzlos vor und schien ihrer Aufgabe ganz und gar nicht gewachsen zu sein. Sie mußte lernen, sich auf ihn zu verlassen und sich ihm restlos zu überantworten. „Du, Herr, du allein, alles für dich; gebrauche mich. Du hast mich aus meinem Orden herausgeholt, wo man mich brauchen konnte. Nun führe du mich nach deinem Willen."

Der Herr erhörte sie. Er nahm sich ihrer an und ließ sie ein Haus finden. Er sandte ihr Helfer. Sie durfte ein Team leiten, das ihr Werk in Raum und Zeit fortsetzen würde, wie sie selbst das Werk Christi fortsetzte. Das sollte ihre erste große Aufgabe sein: ein Team aufzubauen und es auf seinen Dienst vorzubereiten.

3 *Das Obergemach*

Jesus sagte zu ihnen: „Seht, wenn ihr in die Stadt kommt, wird euch ein Mann mit einem Wasserkrug begegnen. Folgt ihm in das Haus, in das er geht, und sagt zu dem Herrn des Hauses: ‚Der Meister läßt dich fragen: Wo ist das Gemach, in dem ich mit meinen Jüngern das Ostermahl halten kann?‘ Er wird euch ein großes Obergemach zeigen, das mit Polstern ausgestattet ist; daselbst bereitet es.“

(Luk 22, 10–12)

Michael Gomes berichtet

„Bitte, Bruder Michael, berichten Sie mir möglichst umfassend über Ihre Erinnerungen an die Zeit, während der Mutter Teresa in Ihrem Haus lebte.“

Ich redete ihn mit „Bruder“ an, weil wir viele Jahre gemeinsam in der Legio Mariae gearbeitet haben. Während des Gesprächs saßen wir in einem jener Räume, die Mutter Teresa seinerzeit in dem dreigeschossigen Haus der Familie Gomes zur Verfügung gestanden hatten.

„Das will ich gern tun, Pater. Aber zuerst muß ich etwas wiederholen, was zu sagen ich kürzlich Anlaß hatte. Der Vorsitzende einer Gruppe von Mitarbeitern der Missionarinnen der Nächstenliebe wollte mich loben. Er sagte, sie seien sehr glücklich, jenen Mann in ihrer Mitte zu haben, der so viel für Mutter Teresa getan habe, indem er ihr freie Unterkunft in seinem Haus gewährt und ihr einen Großteil seiner Zeit geschenkt habe und ihr in jeder Hinsicht behilflich gewesen sei. Da gab ich ihnen zur Antwort: ‚*Wir* waren die Beschenkten. Vielleicht haben wir viel gegeben. Aber dafür haben wir noch viel mehr empfangen. Die Anwesenheit Mutter Teresas in unserem Haus war für uns eine wunderbare Quelle des Segens.‘

Mutter Teresa bewohnte den zweiten Stock. Die Treppe führt vom Erdgeschoß direkt in den Raum, den die Schwestern als Kapelle benutzten. Pater Henry und seine Jugendgruppe hatten den Holzaltar, die Holzleuchter und die Bänke getischlert. Über dem Altar hing ein Gemälde, das unbefleckte Herz Mariens, ein Geschenk von Pater van Exem, der damals Rektor der Sieben-Schmerzen-Kirche war. Das Bild befindet sich jetzt in der Kapelle des Mutterhauses. In den Anfangsjahren kam Erzbischof Périer ein paarmal und las für die Schwestern die Messe. Auch Kardinal Spellman hat Mutter Teresa hier besucht.“

„Wie kam sie überhaupt zu Ihnen?“

„Meine drei Brüder und ich lebten zusammen in dem Haus. Zwei von ihnen entschieden sich damals, zur Zeit der Teilung Indiens, für Ostpakistan, heute Bangladesh, und zogen weg. Wir anderen zwei blieben in Kalkutta. Da kam eines Tages Pater van Exem und fragte, ob wir Mutter Teresa helfen könnten, irgendwo in der Nähe eine einfache Unterkunft zu finden, irgendeine Lehmhütte oder so etwas. Auf einmal sagte da meine achtjährige Tochter: ‚Vater, die Räume im Obergeschoß sind doch leer. Da wohnt niemand. Mutter Teresa könnte doch zu uns kommen.‘ Pater van Exem meinte: ‚Nein, das kommt nicht in Frage. Sie will keine so gute Wohnung. Sie sucht etwas viel Armseligeres.‘ Aber wir bestanden darauf, daß sie kommen solle. ‚Schicken Sie sie her zu uns, Pater. Sie ist eine Ordensfrau und verdient etwas Besseres, sie arbeitet ja für Gott.‘ Und dann kam sie, im Februar 1949, und bezog den zweiten Stock.“

„Allein?"

„Nein, eine Frau war bei ihr, eine Witwe, Charur Ma mit Namen, die an der St. Mary's High School als Dienstbote arbeitete.

Auf ihren Gängen in die Slums nahm Mutter Teresa zuweilen meine achtjährige Tochter mit. Eines Tages brauchten sie Arzneimittel. Da ging ich auch mit, um ihr betteln zu helfen. Einmal gingen wir mit unserer Arzneienliste in eine große Drogerie. Der Geschäftsführer war offenbar sehr beschäftigt. Mutter Teresa hielt ihn auf, zeigte ihm die Liste und bat ihn, ihr die Medikamente kostenlos abzugeben. ‚Gute Frau, da sind Sie aber am falschen Platz. Lassen sie mich in Ruhe. Ich habe zu arbeiten.' Wir hockten uns hin. Mutter Teresa zog ihren Rosenkranz heraus und fing an zu beten. Als sie fertig war, kam der Geschäftsführer wieder. ‚Also gut. Hier sind drei Pakete mit den Medikamenten, die Sie brauchen. Betrachten Sie dies als eine Spende unserer Firma.' "

Im März 1949, am Josefstag, klopfte jemand an die Tür zu Mutter Teresas Wohnung. Sie öffnete und starrte regungslos auf das schwächliche Geschöpf vor ihr. Das Herz drohte ihr zu zerspringen, als sie es sagen hörte: „Mutter, ich bin gekommen, um mich Ihnen anzuschließen."

„Da erwartet dich ein schweres Leben. Bist du darauf vorbereitet?"

„Ja. Ich weiß, daß es hart sein wird. Ich bin bereit." Das Mädchen blieb.

Dankbar wandte sich Mutter Teresa an den Herrn: „Mein Jesus, ich danke dir für deine Güte, dafür, daß du mir dein Versprechen gehalten hast und mir Mitarbeiter schickst." So wurde Schwester Agnes Mutter Teresas erste Postulantin; als Schwesternnamen wählte sie Mutter Teresas Taufnamen. Beim Abendgebet gab Mutter Teresa ihrer Dankbarkeit und Freude und ihrem neu gestärkten

Vertrauen zu Gott Ausdruck. Er hielt ja seine Hand über sie und segnete ihr Werk. Da konnten sie an die Arbeit gehen.

Ich habe Mutter Teresa nie gefragt, was sie in jenem Moment empfunden habe. Denn ich kannte diese Empfindungen aus eigener Erfahrung. Mir war es genauso gegangen, als der erste meiner ehemaligen Schüler gesagt hatte, er wolle Christ werden. Auch ich hatte ihn gefragt, ob er wisse, wie schwer dies für ihn sein werde und ob er den Mut dazu aufbringe. Und auch er hatte mit „ja" geantwortet. „Herr, ich danke dir", hatte auch ich gebetet. „Gegen alle, die von falschen Hoffnungen und von Zeitverschwendung geredet haben und mir beibringen wollten, daß gebildete Menschen sich nicht zum Christentum bekehren würden, hast du mir recht gegeben und hast mein Gebet und das meiner Eltern und Freunde erhört."

Mutter Teresa hat es Schwester Agnes nie vergessen, daß sie die erste war, die ihrer Sendung vertraut und an „die Sache" geglaubt hat. So entwickelte sich zwischen ihnen eine Vertrautheit besonderer Art, die jedermann akzeptierte und verstand. Schwester Agnes wurde Mutter Teresas zweites Selbst. Eine Zeitlang trat sie als Novizenmeisterin an ihre Stelle. Dann wurde sie Leiterin des Mutterhauses und hatte Mutter Teresa zu vertreten, da diese häufig abwesend sein mußte, wenn neue Häuser zu errichten waren.

Einige Wochen nach Schwester Agnes kam eine neue Bewerberin. Dann eine dritte. Mutter Teresa konnte voller Freude vom Wachsen der Gemeinschaft berichten.

Im Mai 1949 schreibt sie an einen Freund in Europa: „Es wird Dich freuen zu hören, daß ich jetzt drei Mitarbeiterinnen habe. Alle drei sind voller Eifer und leisten ein immenses Arbeitspensum. Wir arbeiten in fünf verschiedenen Slumvierteln. Welche Not und welche Sehnsucht nach Gott! Dabei sind wir doch nur ein paar, die ihnen den

Herrn bringen. Du solltest ihre erwartungsvollen Gesichter sehen, das Leuchten darin, wenn sie die Schwestern kommen sehen. Mögen sie schmutzig sein, arm und nackt, ihre Herzen sind voller Sehnsucht. Ich vertraue auf Dein Gebet. Bitte Unsere Liebe Frau, daß sie uns noch mehr Schwestern schicke. Selbst wenn wir zwanzig wären, wir hätten allein in Kalkutta allesamt vollauf zu tun."

Sie waren jetzt also zu viert. Und sechs Monate später konnte Mutter Teresa berichten, daß sie nun zu fünft seien. Langsam wuchs die Gemeinschaft. Aber was wären selbst zwanzig Schwestern bei sechs bis sieben Millionen Menschen in Kalkutta? Mutter Teresa schien es nicht in den Sinn zu kommen, daß sie eines Tages nicht zwanzig, sondern zweihundert Schwestern sein würden und trotzdem noch nicht genug, um mit allen Aufgaben fertig zu werden.

Im November 1951 schreibt sie: „Höre nicht auf, darum zu beten, daß unsere kleine Gemeinschaft zunehmen möge an Heiligkeit und an Zahl, wenn es so Gottes Wille ist. Oh, es gibt so ungeheuer viel zu tun. Jetzt sind wir zu fünft. Aber wenn es Gott gefällt, werden es mehr werden. Dann werden wir einen richtigen Ring der Nächstenliebe in Kalkutta bilden können, und von unseren Zentren in den verschiedenen Slumvierteln aus wird die Liebe des Herrn ungehindert in diese Großstadt Kalkutta ausstrahlen können." In diesem Brief gibt sie ihrer Zielsetzung deutlichen Ausdruck gegenüber einem Menschen, der sie versteht und der an ihrem Lebensziel, daß die Ärmsten der Armen Jesus kennen- und liebenlernen, regen Anteil nimmt.

Nachdem sie erreicht hat, daß die Kinder sonntags zur Kirche kommen, schreibt sie: „Du wirst Dich freuen, wenn ich Dir mitteile, daß wir nun in Boitakhana Sonntagsgottesdienste für die armen Slumkinder abhalten. Wir führen die Kinder und ihre Mütter zur Kirche; zur Zeit etwa einhundertzwanzig Frauen und um die dreihundert Kinder. Als wir damit anfingen, im letzten Mai, waren es nur sechsundzwanzig Kinder." Es ist Mutter Teresa bereits gelungen, sich der aktiven Mitarbeit vieler Laien zu versichern. Sie ist voll des Lobes für ihren aufopferungswilligen Einsatz. „Die katholischen Ärzte und Krankenschwestern in unserer Armenklinik arbeiten großartig. Man könnte meinen, sie hätten es mit dem Adel des Landes zu tun, so hingebungsvoll kümmern sie sich um die Kranken. Sie praktizieren eine bewundernswerte Nächstenliebe." Und Mutter Teresa fügt eine erhebende Beobachtung hinzu: „In den Slums kann man jetzt die Kinder singen hören. Ihre kleinen Gesichter strahlen, wenn die Schwestern kommen. Auch haben die Eltern aufgehört, ihre Kinder zu mißhandeln. Ich habe mich so danach gesehnt, daß es einmal so sein möchte bei den Armen. Danke Gott für all dies."

Ein Jahr nachdem in der Creek Lane Nr. 14 ein Hort des Friedens und der Liebe entstanden war, konnte Mutter Teresa berichten, daß der Herr ihr jetzt sechs Jüngerinnen geschickt habe. Sie schreibt ihrem Freund in Europa: „Wir sind jetzt zu siebt, und in ein paar Tagen werden wir acht sein. Am 18. Dezember wurde unsere kleine Kapelle eingeweiht. Unsere Arbeit fängt an, ein Gesicht zu bekommen. Bitte den Herrn, daß er mir hilft, seinen Plan in die Tat umzusetzen."

Michael Gomes spricht vom Wachstum der Gemeinschaft und zieht eine Parallele zu Abraham, dem Vater des Glaubens, an dem Gott seine Verheißung erfüllt habe. Ihm sei Mutter Teresa ähnlich geworden in ihrem Gottvertrauen: „Nach ein paar Monaten kamen die Schwestern zu Mutter Teresa. Als erste kam Schwester Agnes, die noch bei ihr in der Schule gewesen war und die ihr voll vertraute. Mutter Teresa hat nie vergessen können, daß Schwester Agnes ihren Geist in sich aufnahm. Sie war von ganz einfacher Art und ziemlich schwächlich. Trotzdem durfte sie immer den zweiten Rang einnehmen und Mutter Teresa vertreten, wenn sie nicht in der Stadt war.

Nach ihr kam Schwester Gertrude, und dann, eine um die andere, Dorothy, Margarete, Maria. Maria kam aus Bangladesh. Als sie von dem Unternehmen gehört hatte, konnte sie nichts mehr zurückhalten. Dabei konnte sie damals nicht einmal Englisch. Viele Jahre später kehrte sie als Oberin der dortigen Niederlassung nach Bangladesh zurück. Sie hatte die Hilfsmaßnahmen gegen den Notstand zu organisieren. Darauf war sie gut vorbereitet. Eines Tages traf eine Ladung guter französischer Decken ein. Sie sollten unter die Armen und Flüchtlinge verteilt werden. Ein Minister schickte seinen Dienstboten, ein Bischof seinen Fahrer um eine Decke. Die Schwester schickte sie mit leeren Händen zurück: ‚Die Decken sind für die Armen. Ihr seid keine armen Leute. Ihr habt Arbeit und ein ordentliches Einkommen.‘ “

„Wie viele Schwestern waren da, als Mutter Teresa umzog?“

„Dreißig oder zweiunddreißig.“

Frau Gomes mischte sich ein und erklärte mit Bestimmtheit: „Nein. Es waren achtundzwanzig.“ Sie hatte das bessere Gedächtnis.

Dann fuhr er fort: „Mutter Teresa beanspruchte erst einen, später zwei Räume für die Schwestern. Aber dann wurden einige krank und mußten isoliert werden. So bat mich Mutter Teresa um einen zusätzlichen Raum für die Kranken. Als immer mehr Schwestern hinzukamen, brauchte sie schließlich das ganze Stockwerk und später sogar noch den Anbau. Zuerst gab es nur zwei Waschgelegenheiten auf ihrem Stock. Das machte Schwierigkeiten, sobald die Zahl der Schwestern größer wurde. Denn die mußten sich ja in aller Frühe fertig machen. Daher richtete schließlich Pater Henry mit seiner Jugendgruppe über dem Anbau noch einen Raum mit Waschgelegenheiten ein.

Morgens um acht waren alle Schwestern bereits unterwegs. Zum Mittagessen kamen sie dann wieder. Nachmittags herrschte absolute Ruhe. Da hatten sie ihren Unterricht, studierten sie und wurden in ihre Aufgaben eingewiesen. Nach dem Abendessen ging es meistens lustig zu. Die Schwestern sangen, rannten auf der Terrasse herum, veranstalteten Tauziehen oder andere Spiele, daß das Haus bebte. Ihre Fröhlichkeit war wohltuend und ansteckend. Nach dem bißchen Erholung kam die Zeit für das Abendgebet. Und danach war völlige Stille. Sie waren wirklich Kinder Gottes."

Pater Henry weiß noch, daß die ersten Postulantinnen befürchteten, es werde entsetzlich hart sein und unzureichende Kost geben. Als bei der ersten Mahlzeit Mutter Teresa ihnen einen wohlgefüllten Teller vorsetzte, hätten sie bloß so gestaunt. „Eßt es ruhig, das steht euch zu", habe sie gesagt. Sie mußten erst noch lernen, daß Gott den Gehorsam seiner Diener lieber sieht als Opfer. Wie Christus sich gesandt wußte, nicht seinen Willen zu tun, sondern den des Vaters, so wollten auch sie dem gehorsam sein, der sie berufen hatte und sie aussenden würde.

Pater Henry fügte hinzu: „Ganz am Anfang sagte ich in einer meiner ersten Exhortationen: ‚Jetzt gibt es genug zu essen; es herrscht keine Not. Es kann aber sein, daß Sie eines Tages von der Arbeit nach Hause kommen und nichts zu essen vorfinden.' Da unterbrach mich Schwester Dorothea: ‚Den Tag wird es nie geben.' Sie sagte dies in vollem Vertrauen auf den, der für die Seinen sorgt, ganz im Geiste Mutter Teresas."

Das Haus der Brüder Gomes hatte nun auch seinen Abendmahlssaal, vergleichbar jenem Obergemach im Hause eines Jüngers, in dem Jesus mit seinen Aposteln das Letzte Abendmahl feierte. Auch dieser Raum wurde durch die Gegenwart des Herrn geheiligt. Jeden Tag feierten die Schwestern hier die Erneuerung des Letzten Abendmahles, und der Geist Jesu blieb bei ihnen. In diesem Obergemach wurden sie so eins, wie es der Herr selbst erbeten hatte, und sie wurden sich dort ihrer Einheit im Herrn bewußt. Hier bekannten sie ihren Glauben, hier beteten, studierten, aßen und schliefen sie, redeten und sangen miteinander und erholten sich gemeinsam. Hier kochten, wuschen, putzten und flickten sie. Hier lernten sie die Grundsätze und die Praxis des geistlichen Lebens kennen, eines in der Vereinigung mit Jesus gottergebenen Lebens. Durch den Zustrom an Novizinnen wuchs die Gemeinschaft, sammelte Kraft und gewann an Profil.

Mutter Teresa vertrat gleichsam die Stelle Christi in ihrer Mitte. Sie gab ihnen Unterricht und führte sie in die Ziele der Gründung ein. Die Novizinnen hörten ihr voll Bewunderung zu. Der Wunsch, sich selbst für Jesus dahinzugeben, brannte in ihnen. Am Abend, nach einem Tag voller Mühe und Gebet, zogen sie sich hierher zurück, um sich auszuruhen. Es dauerte meist nur wenige Minuten, bis die meisten von ihnen tief schliefen. Mutter Teresa arbeitete dann noch weiter an ihrem kleinen Schreibtisch. Es waren Briefe zu schreiben an Postulantinnen. Sie mußte sie informieren über das harte Leben, das sie erwarten würde. Sie schrieb an Priester und Helfer in Indien und in anderen Ländern. Sie entwarf die einzelnen Artikel für die Regel der Gemeinschaft. So blieb sie meist noch lange auf. Wenn sie dann mit dem Dringendsten fertig war, faltete sie die Hände, kniete nieder und betete zum Herrn. In der durch die eucharistische Gegenwart geheiligten Atmosphäre dieses Hauses und in Verantwortung gegenüber Gott für die Gefährtinnen, die er ihr geschickt hatte, erwog sie den Zweck und Sinn ihres Hierseins. Mit ihrem Herrn weihte sie sich dem Dienst des Vaters, bereitete sich auf das große und vollständige Opfer vor, das er von ihr erwartete, und sprach in vollem Vertrauen auf seine Hilfe, seinen Schutz und seine Güte:

„Vater, verherrliche deinen Sohn, damit dein Sohn dich verherrliche. Gib, daß er durch uns, deine unwürdigen Geschöpfe, verherrlicht werde, denn dafür, für seinen Ruhm, für seine Verherrlichung sind wir hierher gekommen, dafür arbeiten, leiden und beten wir. Was wir tun, tun wir für Jesus. Unser Leben hat keinen Sinn, wenn es nicht ganz für ihn da ist. Gib, daß die Menschen ihn kennenlernen und so das ewige Leben erlangen, das er uns gebracht hat. Das, Vater, ist das ewige Leben, dich, den allein wahren Gott, zu erkennen und den, den du gesandt hast, Jesus Christus. Gib, daß wir den Armen dieses ewige Leben nahebringen dürfen. Mögen sie, die sonst bar jeglicher Tröstung und jeglichen Besitzes leben müssen, dich finden, dich lieben, an dir und deinem ewigen Leben Anteil finden. Denn du bist der Gott und Vater aller Menschen und unseres Herrn Jesus Christus, Ursprung und Quell aller Wahrheit, aller Güte und aller Glückseligkeit. Gib, daß wir alle zu dir führen können, denen wir begegnen, für die wir arbeiten, die unsere Helfer sind, denen wir im Tode beistehen, die zu uns kommen wie die Kinder zu Jesus, die er gesegnet, wie die Kranken, die er geheilt, wie die Leidenden, die er getröstet hat.

Vater, ich bete zu dir für diese Schwestern, die du dir erwählt hast zu deinem Dienst und die dein eigen sind. Dein waren sie, und mir hast du sie gegeben, damit ich sie zu dir zurückführe. Du willst, daß sie ein Bild des Sohnes, deines vollkommenen Bildes, sind, damit die Menschen glauben, daß du ihn gesandt hast und damit sie ihr Werk sehen und anerkennen, daß du es bist, der Christus gesandt hat. Du hast sie mir gegeben, und ich bringe sie zu dir zurück. Du hast sie von der Welt und ihrem Geist abgesondert, damit sie Jesus angetraut leben in dieser Welt, ohne ihr anzugehören und ohne ihren verderbten Wegen zu folgen.

Heiliger Vater, ich bitte für sie, daß sie sich deinem heiligen Namen weihen, sich heiligen für dich, sich deinem Dienste widmen, sich dir darbringen im Opfer. Dafür weihe auch ich mich dir und liefere mich dir aus als Opfergabe mit Jesus Christus, der Opfer ist und Opfergabe zugleich.

Guter Vater, nicht allein für diese meine Schwestern bitte ich, sondern auch für alle, die sich ihnen anschließen werden und die du durch sie an dich ziehst, so daß sie an dich glauben. Vater, gib, daß alle meine Schwestern eins sind, wie du und Jesus eins sind, damit sie leben durch deinen Geist und damit die Liebe, mit der du uns geliebt hast, in ihnen bleibt und damit Jesus in ihnen bleibt."

Langsam ließ sie den Kopf in ihre Hände sinken. Sie brauchte nun den Schlaf. Morgen oder vielleicht schon heute wartete eine Menge Arbeit. Sie legte sich hin und schlief gleich ein, nahe bei den Schwestern, die sie für den Dienst Gottes auszubilden hatte.

Sie waren in der Welt, aber nicht von der Welt – sie hatten sich fernzuhalten von weltlicher Gesinnung, von Habgier, Hochmut und Sinnlichkeit. Sie trugen bescheidene, aus rauhem Stoff verfertigte Saris wie die Armen. Von der linken Schulter hing ein kleines Kruzifix. Das Kreuz mußte in ihrem Leben gegenwärtig sein; angeheftet an ihrem Arm, sollte es die Gesinnung ihres Herzens bezeichnen, sie wachhalten und mahnen und sie an das Kreuz Christi erinnern, der es aus Liebe für sie und alle Menschen getragen hat. Für den Rest ihres Lebens sollten sie Paulus ähnlich werden, der von sich sagt: „Durch ihn ist mir die Welt gekreuzigt und ich der Welt." Bräute Christi wollten sie sein und ihrem himmlischen Bräutigam ähnlich.

Mutter Teresa bereitete ihre jungen Schwestern durch das Wort und durch das Beispiel, das sie ihnen gab, auf ihren Dienst vor. Sie zeigte ihnen selbst den Umgang mit den Ärmsten der Armen, in denen sie Jesus, ihren Herrn und Meister, den menschgewordenen Sohn Gottes erkennen sollten.

Im Evangelium wird berichtet, wie Jesus seinen Jüngern das Beispiel demütiger Liebe gab: „Während des Mahles erhob sich Jesus, legte seine Oberkleider ab, nahm ein Linnentuch und legte es sich um. Dann goß er Wasser in ein Becken und begann den Jüngern die Füße zu waschen und sie mit dem Linnentuch, das er sich umgebunden hatte, abzutrocknen“ (Joh 13, 2–5). Jesus hat dabei das Gewand der Sklaven angelegt und deren Arbeit verrichtet. Ein Jude hätte einen jüdischen Diener gar nicht um diesen Dienst bitten können. Nur einem Sklaven hätte er es befehlen können.

Nachdem er dies getan hatte, erklärte Jesus den Jüngern sein Tun: „Versteht ihr, was ich euch getan habe? Ihr nennt mich ‚Meister‘ und ‚Herr‘, und ihr habt recht; ich bin es. Wenn ich euch nun die Füße gewaschen habe, ich, euer Herr und Meister, dann müßt auch ihr einander die Füße waschen. Ich habe euch ein Beispiel gegeben, damit ihr so tut, wie ich an euch getan habe. Wenn ihr dies versteht und danach handelt, dann seid ihr selig“ (Joh 13, 12–17). Dies ereignete sich unmittelbar vor der Einsetzung des Heiligen Abendmahls, des größten Zeichens der Liebe Jesu zu den Menschen. Aber wenn es die Menschen danach verlangt, dann wird er ihnen seine geistliche Speise nicht nur einmal, sondern tausendmal gewähren. Daher wollte er auch, daß seine Jünger das Werk der Liebe und der Demut nicht einmal, sondern oft und immer wieder vollbringen.

Mutter Teresa zeigte ihren Schwestern, wie sie die Bedürftigen waschen sollten, wie sie ihre Wunden reinigen und verbinden sollten. All dies galt es nicht nur ein paarmal, sondern tausendmal und öfter zu tun. Der Dienst der Liebe, dem sie sich geweiht hatten, sollte nicht nur ein paar Tage oder ein, zwei Jahre, sondern ein Leben lang dauern, so lange, wie es ihrem Herrn gefiele, sich durch sie in ihren Brüdern dienen zu lassen. Die Armen würden kommen. Abgezehrt, voller Wunden und Geschwüre, mit Elefantiasis, mit Geschlechtskrankheiten, mit Krebs oder Lepra.

„Manchmal sind sie in einem entsetzlichen Zustand. Voller Wunden und Geschwüre, halb aufgefressen von der Syphilis. Wir waschen und pflegen sie. Natürlich, wenn es wirklich ganz schlimm kommt, dann tu ich es selbst“, sagte mir Mutter Teresa.

„Natürlich.“ Jeder Ordensobere, der den Namen verdient, würde so handeln. Trotzdem tat es gut, sie dies in aller Einfachheit und Bescheidenheit sagen zu hören.

Ihrer Oberin bei dieser Arbeit zuzusehen bedeutete für die Schwestern auch, daß sie in aller Deutlichkeit erkannten, was später, wenn sie einmal selbst hier oder in einem fremden Land eine Gemeinschaft zu leiten hätten, von ihnen erwartet werden würde. Man würde die Kranken und die Sterbenden zu ihnen bringen. Ohne Ansehen der Person, der Herkunft, der Familie würden sie ihnen beistehen müssen mit ihrer Liebe.

„Christus selbst pflegt ihr, wenn ihr die Armen pflegt“, erklärte ihnen Mutter Teresa. „Seinen geschundenen Körper badet ihr, seine Wunden wascht ihr aus, seine Glieder verbindet ihr. Seht durch das hindurch, was sich unmittelbar euren Augen darbietet und seid eingedenk des noch heute wirkenden und lebendigen Wortes unseres Herrn: ‚Was ihr dem Geringsten meiner Brüder tut, das habt ihr mir getan.‘ So dient auch ihr unserem Herrn Jesus Christus, wenn ihr den Armen dient.“

Am Morgen, auf dem Weg in die Armenklinik, in die Pflegestätten für die Sterbenden, in die Kinderheime, waren die Schwestern sich bewußt, daß sie in der Heiligen Eucharistie den Herrn selbst empfangen hatten und daß sie jetzt auf dem Wege waren, um in seinen leidenden Schwestern und Brüdern ihn selbst zu versorgen, zu pflegen und zu bedienen mit aller Liebe, deren sie fähig waren. Die Augen des Glaubens würden in den Armen Christus selbst gegenwärtig sehen und sie ihm in reiner Ehrfurcht dienen lassen. Ein Vergnügen war dies sicher nicht, höchstens vielleicht für einige ganz wenige, denen eine besondere Gnade zuteil geworden war. Aber der Glaube half ihnen, ihre Arbeit tun. Sie vertrauten dem Wort des Herrn: „Wenn ihr dies versteht und danach handelt, dann seid ihr selig.“ So gingen sie, entsprechend der Bitte Mutter Teresas, ihren vielfältigen Aufgaben mit hingegebener Freundlichkeit nach. Vielleicht erfuhren sie auf dem Heimweg die Freude, die der Heilige Geist denen ins Herz gießt, die Gott ergeben sind und nur ihm dienen.

Mutter Teresa war indessen eifrig bestrebt, die Regel zu entwerfen für den Orden, den sie zu gründen beabsichtigte. Diese mußte dann zur Approbation nach Rom gesandt werden. Struktur, Ziel und Regeln des neuen Institutes mußten niedergelegt und genehmigt sein, bevor die Gemeinschaft ins Leben gerufen werden durfte. Pater van Exem war dabei von unschätzbarem Wert. Er half Mutter Teresa, ihre Sache vorzubringen und focht beim Erzbischof ihren Plan durch. In den Tagen des Jubiläums, als Mutter Teresa sich an diese schweren ersten Jahre erinnerte, sagte sie, sie danke Gott dafür, daß er ihr so gute Priester an die Seite gegeben habe, die sie bei allem unterstützten, Pater van Exem, Pater Henry und noch zwei andere.

Pater Céleste van Exem hat Mutter Teresa außerordentlich viel geholfen. Er war ein belgischer Jesuit, der besonders darauf vorbereitet war, Verbindung mit der muslimischen Bevölkerung aufzunehmen. Er hatte selbst Arabisch gelernt und eine Zeitlang unter Beduinen gelebt, um mit ihrer Geistigkeit vertraut zu werden, sich ihre Sprache und Kultur anzueignen und mit ihren religiösen

Gewohnheiten vertraut zu werden. Dann lernte er Mutter Teresa kennen, machte ihre Sache zu der seinen und lieh ihr alle erdenkliche Unterstützung. Er war maßgeblich beteiligt am Entwurf der Regel für die Kongregation der Missionarinnen der Nächstenliebe. Als Kenner des kanonischen Rechts wußte er abzuschätzen, was in die Regel aufgenommen werden konnte und was die Genehmigung Roms nicht finden würde. Daher mußte er, bei aller Gewogenheit gegenüber Mutter Teresa und ihren Ideen, sich einer Reihe beabsichtigter Bestimmungen widersetzen, die vor der Römischen Kongregation für das Ordenswesen keine Chance gehabt hätten. Gegenüber dem Erzbischof machte er sich zum Fürsprecher Mutter Teresas. Sein Wissen, seine Erfahrung und seine Beharrlichkeit gewannen einen derart günstigen Einfluß, daß die Schwestern selbst ihn später als „Mitgründer“ oder einfach als „Kardinal“ bezeichneten. Geistliche würden in diesem Fall ironisch vom „Kardinalprotektor“ sprechen.

Der zweite Geistliche, der Mutter Teresa ungeheuer viel geholfen hat, war Pater Julien Henry. Der Superior der Jesuiten in Kalkutta, Pater Moyersoen, hatte beim belgischen Provinzial des Ordens um Priester gebeten, die bereit und fähig seien, sofort mit der Arbeit in Bengalen zu beginnen. Pater Julien Henry bot sich dazu an. Kurze Zeit später kam er nach Kalkutta und arbeitete dort eine lange Reihe von Jahren in der Pfarrei St. Teresa. Er kennt Mutter Teresa wohl am besten von allen, denn er war ihr Beichtvater und geistlicher Ratgeber und unterstützte sie weitestgehend bei der Ausbildung der Schwestern. Und er kennt auch das wunderbare Echo auf die Werke der Gottesliebe und der christlichen Nächstenliebe, die die Missionarinnen der Nächstenliebe an den Bedürftigsten und Ärmsten tun.

„Wer hat die Ordensregel entworfen, Pater Henry?“ fragte ich.

„Das ist keine leichte Frage“, meinte er. „Der erste Entwurf geht ausschließlich auf Mutter Teresa selbst zurück. In den Satzungen, die sie den Missionarinnen der Nächstenliebe gegeben hat, finden ihre eigensten Bestrebungen und ihre eigene spirituelle Herkunft ihren Niederschlag. Sie atmen den Geist leidenschaftlicher Begeisterung für die Ausbreitung der Königsherrschaft Christi und für die Verkündigung des Evangeliums, damit alle Menschen Christus kennen- und liebenlernen, sind geprägt von einer tiefen Verehrung des Heiligsten Herzens Jesu, Unserer Lieben Frau und der Heiligen Eucharistie und zeugen von tiefstem Vertrauen in Kirche und Papst.

Pater van Exem hat Mutter Teresa dabei tatkräftig unterstützt, besonders, wo es um juridische und organisatorische Probleme ging. Als Theologe und Kanonist konnte er beurteilen, was für Rom akzeptabel war und was nicht. Mutter Teresa kam es zweifellos darauf an, Maßstäbe zu setzen. Aber manches ging einfach nicht. So sollte zum Beispiel nach ihrer Vorstellung die Gemeinschaft ohne jeglichen Eigenbesitz auskommen. Nicht einmal die ordenseigenen Häuser sollten dem Orden gehören. Die Eigentümerschaft sollte der Kirche übertragen werden. Aber das war rechtlich völlig unmöglich, denn die römische Kirche oder der Vatikan sind in Indien nichts weiter als eine ausländische Körperschaft.“

Franz von Assisi hatte einst Ähnliches gewollt. Auch sein Orden sollte nicht zugleich Eigentümer der Häuser sein, in denen die Brüder leben und arbeiten würden. Auch er wollte völlige Armut. Aber Rom war aus praktischen Erwägungen heraus nicht bereit, dies zu gestatten.

In manchen Detailfragen waren Mutter Teresa und Pater

van Exem durchaus verschiedener Meinung. Trotzdem führten die, man muß wohl sagen, fruchtbaren Spannungen, die es zwischen diesen beiden starken Charakteren gab, zu einem bemerkenswert ausgeglichenen Ergebnis.

Der erste, noch ganz aus Mutter Teresas Feder geflossene Entwurf der Regel wurde Pater de Gheldere zur Verbesserung übergeben. Er hat hier und da den Wortlaut etwas verändert, im wesentlichen aber alles gelassen, wie es war. „Der Finger Gottes hat hier führend gewirkt", pflegte er zu sagen, um seine Ehrfurcht vor einem Werk auszudrücken, von dessen Inspiriertheit er überzeugt war.

Der Geist Christi erleuchtete, leitete und stärkte Mutter Teresa, als sie die Regel für diesen Orden entwarf, dessen Werk ganz in den Dienst der Verherrlichung des Herrn gestellt sein sollte. Diese Regel ist das Werk einer Frau, die selbst die Länge und Breite, die Höhe und Tiefe der Liebe Christi erfahren hat, jener Liebe, die alles menschliche Verstehen übersteigt, die aus dem Herzen des Erlösers hervorströmt und die sein Geist all denen ins Herz gießt, die sich zu ihrem Empfang geöffnet haben.

An den Anfang stellt Mutter Teresa das Ziel, das ihr selbst in einer besonderen Berufung enthüllt worden war und für alle gelten soll, die dem Orden beitreten werden.

„Es ist unser Ziel, dem unstillbaren Verlangen unseres Herrn Jesus Christus nach Liebe zu genügen durch getreue Befolgung der evangelischen Räte und durch freien und ungeteilten Dienst an den Ärmsten der Armen gemäß den Worten und dem Leben unseres Herrn, der einzigartigen Offenbarung des Reiches Gottes durch das Evangelium.

Unsere besondere Mission besteht im Wirken für die Erlösung und Heiligung der Ärmsten der Armen.

Wie Jesus von seinem Vater gesandt wurde, so sendet er auch uns und erfüllt uns mit seinem Geist, damit wir seine Gute Botschaft der Liebe und des Mitleidens unter den Allerärmsten auf der ganzen Welt verkünden.

Unsere ganze Mühe soll darauf gerichtet sein, Menschen aus allen Völkern Kunde von Jesus Christus zu geben. Ganz besonders aber wollen wir ihn bei denen verkünden, die direkt unserer Sorge anvertraut werden.“

Nun folgt eine genaue Bestimmung der Hauptaufgabe der Schwestern. Diese Aufgabe ergibt sich aus dem Wesen Gottes selbst, der die Liebe ist, aus der Absicht, die ihn leitete, als er alles ins Leben rief, und aus dem Grund, aus dem er die Schwestern zum Ordensleben berufen hat. Der Name des Ordens selbst steht für diese Aufgabe:

„Wir heißen *Missionarinnen der Nächstenliebe*. ‚Gott ist die Liebe.‘ Also muß eine Missionarin der Nächstenliebe Bote dieser Liebe Gottes sein. Ihr Herz muß erfüllt sein von Nächstenliebe. Mit ihr, durch sie kann sie Seele und Herz der Mitmenschen erreichen, der Christen und der Nichtchristen.“

Mutter Teresas Vision umspannt die ganze Welt, getragen von dem leidenschaftlichen Wunsch, sie zur Antwort auf die Liebe Gottes und Jesu Christi zu bewegen. Es gibt Anklänge an die großen Regeln von Benedikt, Bernhard, Franziskus und Ignatius. Ihre Regel beeindruckt durch Freundlichkeit, Sanftheit, Ausgeglichenheit und Mäßigung, ohne daß dies den leidenschaftlichen Ausbruch der Liebe zu Gott und seinen Kindern hemmen oder abschwächen könnte. Man spürt wohltuend Takt und Feingefühl: sie ist von einer Frau verfaßt.

Im Oktober 1950, am Rosenkranzfest, erhielt Mutter Teresa von Rom die Erlaubnis, eine neue Schwesternkongregation ins Leben zu rufen, deren besondere Aufgabe es sein sollte, unter den Ärmsten der Armen zu arbeiten. Aus diesem Anlaß feierte Erzbischof Périer mit den Schwestern einen Gottesdienst in der kleinen Kapelle. Pater van Exem verlas die römische Bulle, die das Bestehen des Ordens rechtskräftig macht und das Ziel, auf das hin der Orden der Missionarinnen der Nächstenliebe gegründet wurde, billigt und bekräftigt. Von diesem Tag an wuchs der Orden kontinuierlich. Immer mehr Kandidatinnen meldeten sich. Sie kamen aus Bengalen, aus Chota Nagpur, von der Ostküste, aus Südindien, aber auch aus dem Ausland.

Schwester Eugenie berichtet

Die erste Postulantin aus Kerala kam von Shillong, einer Bergstation im Nordosten des Landes. Im Juni 1976 traf ich sie wieder in Darjeeling. Inzwischen war sie Oberin des dortigen Hauses geworden. Ich fragte sie nach ihren Erinnerungen an die Tage des Anfangs.

„Schwester, bitte erzählen sie mir, was sie damals, ganz am Anfang, als die Schwestern noch im Obergemach bei den Brüdern Gomes waren, am stärksten beeindruckt hat."

„Ich war die einundzwanzigste. Wir bekamen ja alle Nummern, ganz in der Reihenfolge des Eintritts. Ich war damals erst fünfzehn und ging noch in Shillong zur Schule. Da habe ich während der Ferien immer bei den Schwestern mitgearbeitet. Die Arbeit nahm mich gefangen, ich liebte sie. Also blieb ich da. Die erste Zeit konnte ich mir keine genaue Vorstellung vom Ordensleben machen. Ich diente eben den Armen. Das hat mich beflügelt. Was es heißt, eine Ordensfrau zu sein, wurde mir eigentlich erst bei der Profeß so richtig klar. Am meisten beeindruckt hat mich damals der Geist des Glaubens, der tiefe und außerordentliche Glaube, den Mutter Teresa uns vorlebte und in dessen Atmosphäre auch wir lebten. Wir haben ganz einfach vorbehaltlos auf Gott vertraut und uns in allem auf ihn verlassen. Ein- oder zweimal, daran kann ich mich noch erinnern, herrschte ganz akuter Mangel an lebensnotwendigen Dingen. Wir hatten nichts mehr zu essen. Mutter Teresa sagte einfach: ‚Sorgt euch nicht, es wird sich schon etwas finden.' Und in der Tat, bis zum Abend brachte irgend jemand, was fehlte: ganz unerwartet. Tagsüber arbeitete ich auf den Armenstationen oder in den Slumschulen."

„Zu wievielt waren Sie, als Sie von Creek Lane wegzogen?"

„Wir waren sechsundzwanzig."

„Also mit Mutter Teresa siebenundzwanzig. Ich meinte, es waren achtundzwanzig?"

„Das kann sein. Ich weiß das nicht mehr genau. Wir beteten damals, vor meinem Weggang, flehentlich um ein Haus in Kalighat und um ein neues Haus, in dem das Noviziat untergebracht werden sollte. Etwa drei Monate lang zogen wir allabendlich zur Fatimakapelle, die Pater Henry errichtet hatte."

„Ach richtig. Die Kapelle war etwa zwei Kilometer von der Pfarrkirche entfernt. Heute steht dort eine Kirche, die Unserer Lieben Frau von Fatima geweiht ist!"

„Ja. Pater Henry hielt also allabendlich mit uns eine Prozession. Wir zogen durch die Straßen Kalkuttas und beteten laut den Rosenkranz, und er begleitete uns. Auch ein paar Laien schlossen sich der Prozession an. Jeden Abend zwischen sechs und neun Uhr zogen wir so durch die Straßen, von der Creek Lane zur Pfarrkirche St. Teresa, von dort zur Fatimakapelle und zurück. Wir beteten und legten Unserer Lieben Frau unsere Sorgen und Wünsche ans Herz, baten sie um ein Haus, das wir für die Erweiterung des Noviziates so dringend brauchten, und um ein Heim für die Sterbenden von Kalighat. Tagsüber hatten wir hart zu arbeiten, am Abend zogen wir im Gebet durch die Straßen. Wir bestürmten den Himmel. Die Begeisterung für unsere Arbeit hielt uns so gefangen, daß wir ganz vergaßen, wie müde wir waren. Wir wußten, Gott würde uns nicht vorenthalten, was wir so dringend brauchten. Unsere Liebe Frau würde uns ihre Fürsorge nicht entziehen. Und unsere Gebete wurden erhört. Wir konnten das Heim in Kalighat einrichten und fingen sofort mit der Arbeit an. Ich ging täglich dorthin, auch als ich noch nicht im Noviziat war."

„Ging Mutter Teresa eigentlich jeden Tag mit?"

„Sie ging mit uns und arbeitete mit uns. Aber natürlich nicht jeden Tag. Auch die Schwestern wechselten sich turnusmäßig ab, einmal diese, einmal jene. Frau Chater, eine Chinesin, hat uns außerordentlich viel geholfen."

„Ja, ich kannte sie gut. Sie war sehr hilfsbereit und großzügig und hatte ein hervorragendes Organisationstalent. Die Effizienz, mit der sie arbeitete, und die Perfektion, mit der sie etwas aufzuziehen verstand, paßten hervorragend zum Stil Mutter Teresas."

„Anfangs, als wir Kalkutta noch kaum kannten und ziemlich unsicher waren, mit welcher Straßenbahn oder mit welchem Bus wir nach Kalighat zu fahren hatten, das ja ziemlich weit weg war, nahm sie uns täglich im Auto mit und brachte uns hinaus. Morgens um acht holte sie uns ab, mittags gegen drei brachte sie uns zurück. Essen konnten wir an Ort und Stelle. Ich fütterte die Kranken im Heim, wusch ihnen das Gesicht. Häufig stiftete Frau Chater auch die Lebensmittel für den Unterhalt der Kranken im Heim. Oder sie schickte uns ihren Koch, und der bereitete dann die Mahlzeiten zu. Er war Muslim. Aber mit der Zeit entwickelte er eine so starke Bindung zum Heim, daß er sogar dort übernachtete und schließlich, nach einer gewissen Zeit, nur noch für das Heim arbeitete. Zu Unserer Lieben Frau hatte ihn eine tiefe Verehrung ergriffen. An ihren Festtagen schmückte er selbst den Marienaltar."

„Hatten Sie von irgendeiner Seite Schwierigkeiten?"

„Wen meinen Sie?"

„Die lokalen Behörden oder irgendwelche örtlichen Gruppen." (Mutter Teresa hatte mir einmal gesagt, es habe am Anfang gewisse Schwierigkeiten gegeben.)

„Zu uns hat Mutter Teresa darüber nicht gesprochen.

Wir taten einfach unsere Arbeit und gingen am Abend nach Creek Lane zurück. Auch als wir in das neue Haus umgezogen waren, gingen wir weiter nach Kalighat. Der Umzug selbst ging nur langsam vonstatten. Ich ging dann ins Noviziat. Kalighat war unsere erste große Aufgabe."

„Das war zweifellos etwas ganz Neues. Denn vorher hatten Sie doch nur Armenstationen und kleine Schulen wie andere Orden auch."

„Ganz richtig. Kalighat war sicherlich das Resultat von Mutter Teresas unerschütterlichem Glauben und von unser aller Gebet."

„Vielleicht muß man sagen, daß Unsere Liebe Frau den Missionarinnen der Nächstenliebe mit dem Heim in Kalighat ein ganz besonderes Geschenk gemacht hat. Denn hier sollten die Schwestern sich ganz dem Dienst der Verherrlichung ihres Sohnes widmen dürfen."

Der zweite Stock in der Creek Lane Nr. 14, das Obergemach, wurde allmählich eng. Mutter Teresa hatte nach und nach allen verfügbaren Raum belegt, sogar im Anbau. Aber es kamen immer mehr Bewerberinnen. Die Arbeit machte Fortschritte, sie gedieh und wurde vielgestaltiger. Es war an der Zeit, die Geborgenheit und die freundliche Atmosphäre des Obergemachs zu verlassen und unter der Führung des Geistes in die offene See hinauszufahren. Das Apostolat der Schwestern sollte auf die ganze Welt ausgedehnt werden. Mit allem Nachdruck wiederholte Mutter Teresa bisweilen das Wort des Apostels Paulus, und die Schwestern, die von Anfang an dabei waren, konnten ihre Worte leicht bestätigen: „Ich weiß in Niedrigkeit zu leben, ich weiß auch Überfluß zu haben; in alles und jedes bin ich eingeweiht, sowohl satt zu sein als zu hungern, sowohl Überfluß zu haben als Mangel zu leiden. Alles vermag ich durch den, der mich stark macht" (Phil 4,12–13).

4 *Pfingsten*

> So war das Pfingstfest herangekommen. Alle waren an demselben Ort beisammen. Plötzlich erhob sich vom Himmel her ein Brausen, als ob ein gewaltiger Wind daherkäme, und erfüllte das ganze Haus, in dem sie saßen... Alle wurden voll des heiligen Geistes und begannen in fremden Sprachen zu reden, wie es der Geist ihnen verlieh zu sprechen.
> (Apg 2, 1–4)

Im Februar 1953 zog Mutter Teresa mit ihren Novizinnen und Postulantinnen um in ein größeres Gebäude, das noch heute dem Orden als Mutterhaus dient. Das Bild des Unbefleckten Herzens Mariens, das in der Kapelle im Haus der Brüder Gomes den Altar geziert hatte, nahmen sie mit.

Der Geist von Pfingsten hielt auch im neuen Haus bald Einkehr. Wie die Apostel, so scharten sich auch die Schwestern betend um Maria, die Mutter des Herrn. Sie waren voller Zuversicht und Freude. Der Herr ist ja auferstanden, ist dem Petrus erschienen und hat sich seinen Jüngern gezeigt. Und auch uns heute gibt er Zeichen seiner Macht und Herrlichkeit. Gott, der das Opfer Christi angenommen und ihn von den Toten erweckt hat, hat auch das Opfer Mutter Teresas und ihrer Mitschwestern belohnt. Der Orden und seine Regeln sind von der kirchlichen Autorität approbiert worden. Im April 1953 legte die erste Gruppe von Schwestern in der Rosenkranzkathedrale ihre ersten Gelübde und Mutter Teresa ihre ewige Profeß im neuen Orden ab.

Die Schwestern hatten jetzt also ein eigenes Haus. Postulantinnen konnten aufgenommen, Novizinnen ausgebildet werden. Es liegt in der Lower Circular Road, Nr. 54a, unweit der Pfarrkirche St. Teresa, in deren Umgebung Mutter Teresa ihre erste Armenstation errichtet hatte. Auch zum „Abendmahlssaal" im Hause der Familie Gomes war es nicht weit. Das Gebäude hat drei Stockwerke und gehört zu einem kleinen Gebäudekomplex, der um einen Innenhof herumgebaut ist. Die Schwestern stellten dort eine Marienstatue auf.

Da Mutter Teresa das Geld zum Erwerb des Anwesens nicht selbst aufbringen konnte, schoß ihr der Erzbischof die erforderliche Summe vor. Indem er so das Risiko übernahm, bekundete er dem Orden Gewogenheit und Unterstützungsbereitschaft. Noch hatte die Phase großzügiger Stiftungen ja nicht begonnen. Die Schwestern lebten aus dem Glauben; das Morgen war ungewiß. Mutter Teresa meint heute dazu, die Schulden, die sie sich damals in Gottes Namen aufgeladen habe, hätten ihr nie sonderlich Sorgen gemacht. Sie sei zuversichtlich gewesen, denn es sei ja zu seiner Verherrlichung geschehen und im Dienst an seinen Kindern.

Als das Haus gekauft worden war, sträubte sie sich zunächst: „Was sollen wir mit einem so großen Anwesen?" Aber der Herr sorgte dafür, daß es sich alsbald mit Postulantinnen und Novizinnen füllte.

Durch das stetige Wachstum des Ordens konnte auch das Werk der Nächstenliebe vergrößert und vervielfältigt werden: Besuche in den Slums, Slumschulen, Krankenstationen, Heime für die Sterbenden, alsbald auch ein Heim für verlassene und behinderte Kinder, Betreuung von Tuberkulose- und Leprakranken, Ausbildung armer Mädchen, Planung zur Adoption von Waisenkindern. Der

Beistand Gottes und seines Geistes, den er ihnen sandte, stimmte die Schwestern hoffnungsvoll und machte aus ihnen eine dynamische Gruppe voll ansteckender Begeisterung. Der Geist von Pfingsten schenkte ihnen jene Universalität, aus der heraus sie am weltweiten Missionsauftrag der Kirche mitarbeiten konnten. Schwestern aus den verschiedensten Regionen Indiens und aus den unterschiedlichsten Sprachgemeinschaften schlossen sich dem Orden an.

Unterstützung kam von überall her. Vom Erzbischof von Kalkutta, von vielen Geistlichen, vom ranghöchsten Minister Westbengalens, später sogar vom indischen Ministerpräsidenten, von zahllosen indischen Freunden, Christen und Nichtchristen, und von amerikanischen und englischen Frauenverbänden. Zahlreiche Hilfsorganisationen stellten Lebensmittel und Medikamente zur Verfügung. Die Lokalpresse wie überhaupt die indische Presse war voll des Lobes. Und selbst internationale Presseorgane nahmen wachsenden Anteil an dem jungen Orden.

Gleich den Aposteln geben die Schwestern Zeugnis vom Tod, von der Auferstehung und von der Erhöhung des Herrn. Ihr Leben, ihre Arbeit verkündet ihn als den Herrn, als den, der die Menschheit am Kreuz erlöst und ihr als der zum Leben in Herrlichkeit Erstandene seinen Geist gesandt hat. Aus seiner Kraft tun sie ihren Dienst für Gott und an den Menschen. Sie könnten daher auch sagen: „Diesen Jesus hat Gott auferweckt; dessen sind wir alle Zeugen. Er ward erhöht, empfing vom Vater den verheißenen Heiligen Geist, den er ausgegossen hat, wie ihr jetzt sehen und hören könnt“ (Apg 2, 32 f.).

Sie sind Zeugen Christi vor den Völkern. Viele, die das sehen, sind von dieser Tatsache verwirrt und fragen uns: „Wie können sie dieses Leben bei den Ausgestoßenen überhaupt aushalten?“ Darauf gibt es nur eine Antwort: „Sie tun es aus der Kraft Jesu.“ Wie dessen erste Jünger, so halten auch die Schwestern „fest an der Lehre der Apostel und an der Gemeinschaft, am Brotbrechen und am Gebet. Sie hielten alle zusammen und betrachteten all ihre Habe als gemeinsames Eigentum. Voller Freude und Großzügigkeit teilten sie das Mahl, sie priesen Gott und waren beim ganzen Volke beliebt" (Apg 2,42–47).

Eine Gemeinschaft dieser Art, die zugleich eine Gemeinschaft des Glaubens, der Überzeugung sein soll, bedarf eines gemeinschaftlichen Zweckes, der die Mitglieder beisammenhält, und erfordert Rücksichtnahme auf die ärmeren Mitglieder in der Weise, daß man alles gemeinschaftlich teilt. Darin liegt gerade der Beweis rückhaltloser Nächstenliebe.

Bei den jungen Missionarinnen wurden so jene ersten Jahre der frühen Kirche noch einmal lebendig durch ihren Glauben, ihren Optimismus, ihre Freude. Sie waren stark in dem Glauben, Jesus anzugehören, der sie gesandt hat, allen Menschen die Frohe Botschaft von Gottes Liebe und Versöhnung zu bringen. Der Heilige Geist gab ihnen den Geist der Nächstenliebe ein, einer ganz aktiven Nächstenliebe, die sich in dem unstillbaren Verlangen kundtut, die Mitmenschen zu Gott zu führen.

Die Gruppe lebte aus einer gesunden Begeisterung heraus, die der Überzeugung entsprang, daß ihr Werk das Werk Gottes sei, und die in der Gewißheit gründete, daß der Herr selbst der jungen Gemeinschaft seinen Geist gegeben hatte und davon auch in Zukunft nicht ablassen werde. Daher beobachten wir bei ihnen dieselbe Freude am Wachsen ihrer Gemeinschaft, die wir schon bei der jungen Kirche finden können. Denn jeden Tag führte ihnen der Herr neue Glieder zu. Er berief sie in seinen Dienst, er schenkt die Gnade. In diesem Sinne erinnerte Mutter Teresa die Schwestern an das Wort des Herrn: „Nicht ihr habt mich erwählt, sondern ich habe euch erwählt." Durch dieses Wort sollten die jungen Novizinnen, die demnächst ihre Gelübde ablegen würden, zur Bescheidenheit gemahnt werden. Die Berufung kommt von Gott, sie ist nicht eigenes Verdienst. Solchermaßen wuchs ihnen das Vertrauen zu, daß der Herr, der sie berufen hat, ihnen auch die Gnade schenken werde, die einer braucht, um diesem Ruf Folge leisten zu können.

Beim Singen der Lieder und Psalmen, beim gemeinschaftlichen und im privaten Gebet gaben sie ihrer Freude Ausdruck. Täglich verpflichteten und weihten sie sich neu dem Herrn und beteten: „Herr, mache mich zu einem Werkzeug deines Friedens ... Ja, zu einem Werkzeug: in deiner Hand möchte ich biegsam, folgsam, willig sein." Mutter Teresa führte ihnen jene drei Tugenden vor Augen, die sie nach ihrem Wunsch auszeichnen sollten: restlose Hingabe, Vertrauen und Heiterkeit.

Da gab es noch eine Parallele zwischen der jungen Kirche und dem jungen Orden: Zur Zeit der frühen Kirche war ein Mann, Simon Magus genannt, höchst beeindruckt von den außergewöhnlichen Taten der Apostel und von ihrer Fähigkeit, den Gläubigen den Heiligen Geist zu verleihen. Das Ansehen, das die Schwestern durch ihre guten Werke erlangten, die sie in der Gnade des Heiligen Geistes übten, und ihr Beispiel brüderlicher Nächstenliebe erregten das Interesse einiger kommunistisch beeinflußter Arbeiter. Mutter Teresa berichtet darüber: „Kommunistische Arbeiter in Kalkutta, besonders im Gebiet von Entally, wollten das Geheimnis unseres Einflusses kennenlernen. Warum hörten die Armen auf die Schwestern und nicht auf die Kommunisten, die ihnen doch ein angenehmes Leben auf Erden versprechen?" Aber da gibt es kein Geheimnis. Die Schwestern predigen Liebe, indem sie sie praktizieren. Das ist alles.

Später berichtete Mutter Teresa noch von einer anderen Episode: „In Delhi traf ich mit einem Beamten des Ministeriums für Wohlfahrt und Hilfsmaßnahmen zusammen. Unsere Arbeit macht größten Eindruck auf ihn. Er unterstützt uns, wo er nur kann. Jetzt hat er mir geschrieben und fragt an, ob ich nicht ein paar von seinen Beamten ausbilden könnte. Er möchte mir eine Gruppe von etwa zwanzig Mitarbeitern schicken, die dann von uns drei Monate lang ausgebildet werden sollen. Das Ministerium wird sämtliche Unkosten tragen. Der Beamte verspricht sich davon, daß seine Mitarbeiter sich unseren Geist aneignen und nach unseren Methoden vorgehen werden. Soll ich dieses Angebot annehmen? Und könnten Sie diese Leute unterrichten, wenn sie kämen? Denn ich selbst kann ja nicht alles allein tun."

Wir diskutierten die Angelegenheit durch. Der Beamte befand sich in einem offensichtlichen Irrtum in bezug auf den Erfolg und Einfluß, den die Schwestern bei den Leuten hatten. Er schien davon überzeugt zu sein, daß sie eine neuartige Sozialtechnik entwickelt hätten, daß sie sich irgendeiner neuen Methode bedienten, von der in den Handbüchern der Sozialwissenschaft nichts zu finden war. Wie konnte man sich ihre Art, mit Menschen umzugehen, zu eigen machen und es ihnen gleichtun? Auch andere öffentliche Einrichtungen des Landes hatten nachfragen lassen, wie das eigentlich zuginge, daß die Schwestern das Vertrauen der Armen gewinnen. Warum vertrauen ihnen die Leute? Worin liegt der Grund, daß die Schwestern so hingebungsvoll ihren Dienst tun?

„Ich meine, Sie sollten diesem Herrn einmal klarmachen, daß die Schwestern von einer bestimmten Motivation her aktiv werden, die sich nicht einfach an Sozialarbeiter vermitteln läßt, wenn diese den Glauben an Christus nicht teilen. Außerdem können wir mit mehr als zehn Personen auf einmal sowieso nichts anfangen. Schicken Sie allmorgendlich zwei von ihnen mit den Schwestern an die Arbeit, beobachten Sie sie dabei und sprechen Sie alles am Abend mit ihnen durch. Trotzdem, ich glaube nicht, daß sie an unserem Programm viel Geschmack finden werden. Denn sie können Ihre Schwestern nicht nachahmen."

Ich versuchte sodann ein Programm zu entwickeln und mir ein Motivationssystem auszudenken, das sich mit den Überzeugungen und der Denkart der Beamten würde in Einklang bringen lassen. Wenn sie nur überhaupt den Geist der Hingabe würden aufbringen und an die humanitäre Sache würden glauben können, dann ließe sich ihnen auch irgendwie helfen. Wie hingegen sollten sie sich unseren Geist aneignen können ohne festen Glauben an Gott und daran, daß alle Menschen seine Kinder sind?

Eine Woche später sprachen wir nochmals darüber. Mutter Teresa informierte daraufhin den Beamten in Delhi über die Schwierigkeiten des Projekts und über das, was wir zu leisten im Stande seien. Wie erwartet, wurde unser Vorschlag nicht aufgegriffen.

Die Bestimmung des kanonischen Rechts, die es neugegründeten Orden verbietet, innerhalb der ersten zehn Jahre nach ihrer Gründung Häuser auch außerhalb jener Diözese zu eröffnen, in der sie ihren Sitz haben, war eine Quelle tiefer Enttäuschung und Entmutigung. Aber in diesem Punkt war der Erzbischof unerbittlich: „Ich werde auf gar keinen Fall zulassen, daß Sie Häuser außerhalb der Diözese eröffnen, bevor die zehn Jahre um sind."

Mutter Teresa hatte den unwiderstehlichen Drang, den Orden und seine Aktivitäten auszudehnen, sie weiterzuentwickeln, in neue Arbeitsgebiete vorzustoßen, neue Häuser zu gründen und neue Risiken einzugehen. Ihr zur Aktion drängendes Temperament paarte sich mit einer unbeugsamen Begeisterung für ihre Sache. Die Not war so groß, die Zeit knapp. Im Alter zwischen vierzig und fünfzig, in den aktivsten Lebensjahren also, in denen Entschlußkraft und Handlungswille eines Menschen normalerweise auf ihrem Höhepunkt sind, und während sie vor Produktivität und Mut zum Risiko brannte, sollte sie die Hände in den Schoß legen!

Man hatte sie beauftragt, ihre Mitarbeiterinnen gründlichst auszubilden, und zwar vor allem die zukünftigen Oberinnen. Später sollte sie die Weisheit dieses Kirchengesetzes verstehen lernen. Zehn Jahre sind keine übertriebene Forderung, wenn man ein Team aufbauen, es mit einem neuen Geist erfüllen und es auf die Einfachheit des Evangeliums einstimmen soll und wenn es darum geht, Frauen mit Charakter so auszubilden, daß sie einmal fähig sein würden, eigenständig eine neue Niederlassung zu übernehmen und zu führen.

Einmal bot sich Mutter Teresa eine Chance, außerhalb des Erzbistums Kalkutta ein neues Haus zu eröffnen. Das Angebot, die Einladung dazu kam von Pater Harrison. Er hatte ihr schon eine ganze Reihe von Kandidatinnen aus Chota Nagpur geschickt. In seiner Eigenschaft als Pfarrer von Mahuadan stand ihm ein Haus mit Garten und Brunnen zur Verfügung. Es lag in seiner Pfarrei in Daltonganj und war mit allem ausgestattet, was die Schwestern benötigt hätten. Also lud er Mutter Teresa ein, sofort mit ihrer Arbeit zu beginnen. Sie ersuchte Erzbischof Périer um die Erlaubnis, dieses ideale Angebot annehmen zu dürfen. Aber er konnte das einfach nicht zulassen. Pater Harrison war ziemlich enttäuscht. Trotzdem schickte er weiterhin Mädchen aus seinen Pfarreien zu den Missionarinnen der Nächstenliebe nach Kalkutta, zunächst aus Mahuadan und später aus Noatoli, wohin er versetzt worden war. Manchmal waren es gleich zehn auf einmal. Er trug auf diese Art entscheidend dazu bei, daß der neue Orden einen gesamtindischen Charakter erhielt und die Möglichkeit, Häuser auch in Gebieten zu errichten, in denen Hindi gesprochen wird.

Endlich war die zehnjährige Wartezeit um. Noch am gleichen Tag richtete Mutter Teresa in den Erzdiözesen

Ranchi und Delhi sowie in der Diözese Jhansi neue Niederlassungen ein. Ihre aufgestaute Energie und ihre Begeisterung kamen nun voll zum Durchbruch mit der ganzen Kraft, die der Geist ihr verlieh.

Aus Gerechtigkeit gegenüber der kirchlichen Vorschrift, die diese Verzögerung erzwungen hat, muß berichtet werden, daß Mutter Teresa 1976 auf die Frage: „Was ist Ihr größtes Problem?“ antwortete: „Oberinnen, Pater. Wie findet man überhaupt geeignete Oberinnen und wie erhält man ihnen ihre Begeisterung, wenn sie einmal im Amt sind? Sobald sie Autorität ausüben, geht ihnen leicht der Geist der Armut verloren, und sie fangen an, in Eigenregie tätig zu werden.“ Tatsächlich war eine ganze Reihe von Oberinnen unter denen, die nach der ewigen Profeß ausgetreten sind.

Das Noviziat

Als ich zum Beichtvater und Spiritual der Novizinnen und Postulantinnen bestellt wurde, bat mich Mutter Teresa: „Bitte, Pater, mischen Sie sich nicht in die Führung des Hauses ein. Wissen Sie, es gibt eine Reihe von Patres, die möchten, daß ich bestimmte Dinge ändern soll. So verlangen sie zum Beispiel, ich solle doch im Gemeinschaftsraum und in der Kapelle Ventilatoren einbauen lassen. Aber genau das will ich nicht. Die Schwestern sollen den Armen dienen. Die haben auch keine Ventilatoren. Zudem kommen fast alle Mädchen hier bei uns aus Dörfern, wo es auch keine gibt. Und sie sollen es hier keinesfalls bequemer haben als daheim. Dies gilt übrigens für die Leitung des Hauses im Ganzen. Bitte, greifen Sie da nicht ein.“

Ich antwortete: „Mutter Teresa, ich werde mich bestimmt nicht in diese materiellen Belange einmischen. Ich bin zum geistlichen Leiter bestellt worden. Das ist meine Domäne, ich werde nicht darüber hinausgehen." Sie vertraute mir. Sie selbst hatte ja den Erzbischof gebeten, daß er mich mit dieser Aufgabe betraue. Unser Verhältnis war sehr gut. Ich schätzte ihr Urteil, bewunderte ihren Eifer und ihre gläubige Gesinnung und beneidete sie um ihre Demut und Nächstenliebe.

Mutter Teresa hatte selbst große Erfahrung im geistlichen Leben. Sie war vertraut mit seinen Schwierigkeiten und Erfordernissen und konnte den Schwestern beflügelnde geistliche Unterweisungen geben. Oft sprach sie vier-, fünfmal am Tag vor verschiedenen Gruppen. Sie hatte die Novizinnen fest in der Hand. Jeder von ihnen schenkte sie größte persönliche Beachtung. Mit dem Zunehmen neuer Niederlassungen mußte sie auch häufiger das Mutterhaus verlassen. Dann lag die Bürde der Novizinnenausbildung auf den Schultern von Schwester Agnes, der Novizenmeisterin, und von Schwester Friederike, ihrer Assistentin. Später hatten auch noch andere Schwestern, die einzelne Gruppen leiteten, daran mitzutragen.

Als ich seinerzeit mit meiner Arbeit anfing, hatten wir ungefähr fünfunddreißig Novizinnen und Postulantinnen. Ein, zwei Jahre später waren es bereits fünfzig, dann fünfundsechzig, schließlich hundert. Es war prachtvoll mitanzusehen, wie der Herr seinen jungen Orden schützte und förderte. Die Kandidatinnen kamen praktisch aus allen Teilen Indiens, aber auch von Übersee. Zweimal jährlich war für einige Schwestern Gelübdetag, und es dauerte selten lange, bis neue Novizinnen an ihre Stelle traten. Für mich als Beichtvater brachten die wachsenden Zahlen natürlich einiges an Mehrarbeit. Meine allwöchentlichen Pflichten begannen mit einer geistlichen Unterweisung, gefolgt von einer Stunde der Anbetung, während der ich mit dem Beichthören begann. Das dauerte dann meistens von 15–17 Uhr, manchmal auch bis 19 Uhr, da die Zahl der Novizinnen ständig wuchs. Schließlich beanspruchten sie mich so sehr, daß ich zwei volle Nachmittage pro Woche allein fürs Beichthören aufwenden mußte, um so für die geistliche Leitung der Schwestern mehr Zeit zu haben.

Für ein paar Monate mußte das Noviziat verlegt und in einem Haus in der Park Street untergebracht werden. Später kamen dann die Novizinnen wieder ins Mutterhaus. Dafür wurden die jungen Schwestern in der Park Street untergebracht. Jahrelang ging ich Woche für Woche ins Mutterhaus. Es wurde mir weder Tee noch sonst etwas angeboten. Lediglich ein Glas Wasser stand für mich in der Sakristei bereit. Ich hielt das für angemessen. Die Schwestern selbst erhielten ja auch keinerlei Erfrischungen. Warum sollte es ihrem Beichtvater da besser gehen? Die materielle Seite des Lebens, seine Annehmlichkeiten und Wohltaten galten offensichtlich nicht so viel. Ich hatte mich, bildlich gesprochen, einer Expedition, einem Unternehmen anschließen dürfen, das schwierig und aufregend war. Entsagungen gehörten da sozusagen zu den Spielregeln. Man sollte wirkliche Armut auch wirklich am eigenen Leib verspüren. Ich war daher dankbar, daß die Schwestern mich, der ich normalerweise unter komfortableren Verhältnissen lebte, trotzdem als einen der Ihren akzeptierten, mich in ihr Team integrierten und mich eine Zeitlang an ihrem Leben teilnehmen ließen. Inzwischen hat sich das etwas geändert. Die heroischen Tage des Anfangs sind vorbei. Dem armen Bruder Leib wird jetzt schon mehr Aufmerksamkeit geschenkt. Nach einem Vortrag kann es jetzt immerhin vorkommen, daß die Schwestern einen bitten, noch eine Weile zu bleiben und eine Erfrischung zu sich zu nehmen.

Neulich überraschte mich Mutter Teresa, als ich die Schuhe ausgezogen hatte und barfuß auf dem kalten Betonboden ging. Mit Bestimmtheit meinte sie: „Bitte, Pater, ziehen Sie sich Ihre Schuhe wieder an, Sie werden sich noch erkälten."

„Aber Sie selbst gehen doch auch barfuß. Warum soll ich das denn nicht können?“

„Wir sind das gewöhnt, Pater, und Sie nicht.“

So ähnlich hatte schon Paulus, der alte Kämpfer, seinem Mitarbeiter und Freund Timotheus geraten: „Trinke nicht mehr nur Wasser, sondern genieße ein wenig Wein um deines Magens und deiner häufigen Krankheiten willen.“ Man sollte heroische Hingabe und die Abtötung aller menschlichen Wünsche und Neigungen durch Freundlichkeit und Sanftmut krönen.

Die Novizinnen hier glichen weitgehend denen in anderen Orden. Sie zeigten dasselbe Streben nach Heiligung, waren genauso großzügig in ihrer Opferbereitschaft und ebenso begierig, auf dem Weg zur Vollkommenheit vorwärts zu kommen. Sie waren vom gleichen Schlag wie ihre Schwestern, Freundinnen und Nachbarn, die anderen Orden beitraten, ohne sie besser zu kennen. Aber es war bei den Missionarinnen der Nächstenliebe eine ganz bestimmte geistliche Qualität zu beobachten und zu spüren – oder war das nur Einbildung? Es gab da eine bestimmte Art von Begeisterung, Freude und Unterordnung unter die Führung des Heiligen Geistes. All dies findet sich überall, wo ein echtes religiöses Wagnis eingegangen wird, das sich auf einen tiefen Glauben und auf großes Gottvertrauen stützt.

Die Gemeinschaft lebte in Verhältnissen, die denen der Gemeinde von Pfingsten durchaus vergleichbar waren. Das Wirken der Hand Gottes in ihrem Orden war für sie etwas direkt Beobachtbares. Vielleicht bedurfte es hier eines größeren Glaubens und eines tieferen Vertrauens auf den täglichen Beistand Gottes als bei den bereits etablierten religiösen Gemeinschaften und Orden. Sie waren wohl auch zu größerer Einfachheit gezwungen, mußten den Atem haben, einfach einen Schritt vor den anderen zu setzen und doch darin Wachstum und Fortschritt sehen zu können. Daraus erwuchs aber auch ein Lohn eigener Art:

Einfachheit, Vertrauen und Freude. Die wenigen Kandidatinnen mit einem komplizierten Verstand und mit intellektuellen Problemen, die sich über das Ungenügen der gegenwärtigen politischen und sozialen Strukturen aufregten, hielten es im Orden nicht lange aus. Zum Teil aus diesem Grund, zum Teil auch aus Gründen, die mit den materiellen Lebensbedingungen zusammenhingen, machten die zahlenmäßig wenigen Postulantinnen und Novizinnen aus dem Ausland ihrem Beichtvater allein so viel Mühe wie alle indischen zusammen, obwohl diese sie an Zahl um das Zehn- bis Fünfzehnfache übertrafen.

Für eine Novizin aus Deutschland, Großbritannien oder Malta stellten bereits die klimatischen Verhältnisse und die Lebensbedingungen im Mutterhaus ganz offensichtlich eine Anforderung dar, die eine ganz gehörige Portion Mut und Selbstverleugnung abverlangte. Daher gingen auch einige wieder zurück. Aber ziemlich viele blieben trotzdem, machten die Ausbildung durch, legten die Gelübde ab und wurden ganz hervorragende Schwestern. Die indischen Novizinnen, die aus gutem Hause kamen und womöglich eine Universitätsausbildung hinter sich hatten, taten sich sicherlich genauso schwer. Allerdings konnten sie besser absehen, wie ihr Leben sich einmal gestalten würde, als die, die zum erstenmal nach Indien kamen.

Ich selbst tat mein Möglichstes, um in den jungen Anwärterinnen großherzige Bereitschaft zum Ordensleben, Gottesliebe und jenes rückhaltlose Vertrauen zu hegen und zu pflegen, mit dem sie ihm und seiner Führung sich anvertrauten und aus dem heraus sie dann voller Freude ihren Dienst anboten. Mutter Teresa kam häufig dazu, setzte sich zu den Novizinnen auf den Boden und hörte meiner Unterweisung zu. Wenn ich die Beichte hörte, dann stellte auch sie sich in der Reihe an.

Im Anschluß an die Zeit der Beichte und der Anbetungsstunde kam sie oft in mein Sprechzimmer, um Fragen des geistlichen Lebens zu besprechen und sich mit mir über das Wachstum des Ordens und seiner Arbeit zu beraten. Sie versäumte es dabei nie, Gott zu loben und ihm für alles zu danken, und niemals beklagte sie sich über irgendein Ungemach. Zwischen uns gab es weder Unstimmigkeiten noch gar Streit. Sie legte größten Wert auf eine solide und ernsthafte geistliche Unterweisung für die Schwestern, und es war Teil ihrer Verantwortung, darüber zu wachen, daß sie sie tatsächlich auch bekamen.

Ich fand es gut, wenn ich bisweilen eine der Schwestern, die schon etwas länger da waren, eine Bemerkung wie die folgende machen hörte: „Mutter Teresa sieht das nicht. Sie kann das nicht verstehen..." Sie waren ihrer Mutter durchaus gehorsam und völlig ergeben. Aber sie zeigten so auch reifes Urteil, die Fähigkeit, selbst zu denken, sowie ein lebhaftes Interesse am Wohlergehen und am Fortschritt ihres Ordens. Immerhin mußten die Schwestern sich ja darauf vorbereiten, selbst einmal Verantwortung zu tragen und eigenständig Entscheidungen treffen zu können auch auf die Gefahr, bisweilen dafür gerügt zu werden.

Es gab auch eine Reihe besonderer Probleme. Eines davon war die Verköstigung, aber anders, als wir das erwartet hatten. Mutter Teresa berichtete: „Im Spital ‚Zur Heiligen Familie' in Patna sagte mir die dortige Oberin: ‚Sie müssen Ihre Schwestern gut ernähren. Sie werden viel Arbeit haben und sich in der Nähe von Kranken in ungesunder Umgebung aufhalten müssen; um Widerstandskraft zu haben, müssen sie gut ernährt sein.' Deshalb soll die Bußübung der Schwestern darin bestehen, daß sie essen, was man ihnen gibt. Aber sie sollen nicht auf das verzichten, was sie brauchen, um ordentlich arbeiten zu können. Ihre Bußübung besteht nicht darin, etwas wegzulassen, sondern darin, daß sie die ihnen zugedachte Portion essen und gehorchen."

Für den Spiritual erwuchs genau daraus ein Problem.

Häufig suchten Novizinnen seinen Rat: „Was soll ich bloß machen? Ich zwinge einfach nicht, was man mir auf den Teller geschöpft hat. Dabei habe ich mich doch so angestrengt und wollte wirklich alles hinunterwürgen. Sie geben mir vier Chappattis, und das ist einfach zu viel für mich." Trotzdem war die Regel nur zu ihrem Besten. Sie brauchten kräftige Kost. Denn sie waren fast den ganzen Tag über auf den Beinen, machten Hausbesuche, pflegten die Kranken und mußten überhaupt oft sehr anstrengende Arbeit verrichten.

Die Schwestern hatten auch untereinander schon über dieses Problem diskutiert. Es gibt so viele Menschen, die Hunger leiden. Sollten sie da nicht ihren eigenen Verbrauch einschränken? Vielleicht könnten sie auch mit drei Fladen pro Person und Mahlzeit auskommen. Die Leiterinnen berieten darüber. Mutter Teresa argumentierte von gesundheitlichen Erwägungen her. Es war bekannt, daß in anderen Orden, aber auch schon im eigenen, immer wieder Schwestern an Tuberkulose erkrankten. Sie wollte nicht, daß dies zur Regel würde, solange sie das verhindern konnte. Ein paar Tage später meinte eine der Schwestern mit schelmischem Lächeln: „Das Pfannkuchenproblem ist gelöst. Statt der bisherigen vier geben sie uns jetzt fünf pro Nase, und wir essen sie gehorsam."

In der Zeit unmittelbar nach der Gründung des Ordens wurde Mutter Teresa in ihren Vorhaben sehr bestärkt und ermutigt durch Dr. B. C. Roy, den bedeutenden Staatsmann, der viele Jahre lang als höchster Minister über die Geschicke Westbengalens wachte. Ein Hüne von einem Mann in mehr als einer Bedeutung des Wortes, diente er diesem Problem-Staat, wie Nehru Westbengalen einmal bezeichnet hatte, mit außergewöhnlichem Geschick, unermüdlichem Fleiß und großem Sachverstand. Ganz zu Beginn ihrer Laufbahn suchte Mutter Teresa ihn einmal morgens um sechs Uhr in seinem Haus auf. Er hielt dort täglich um diese Zeit für eine Stunde kostenlos ärztliche Sprechstunden ab. Sie wollte ihn kennenlernen. Er war ein Praktiker von Rang, der schon Berühmtheiten wie Gandhi, Nehru und den König von Nepal behandelt hatte. Seine Armensprechstunden hielt er ab, um sich seine Vertrautheit mit der ärztlichen Kunst zu erhalten. Mancher, der zu ihm kam, nahm die Gelegenheit wahr, eine Bitte vorzutragen.

Man muß das gesehen haben. Der Sekretär läßt frühmorgens die Wartenden herein. Unweit vom Eingang sitzen entlang den Wänden der Empfangshalle die Patienten reihenweise auf Bänken oder Stühlen. Dr. Roy macht die Runde. Er schaut dem Patienten ins Gesicht, wirft einen prüfenden Blick auf seine Augen, läßt sich die Zunge zeigen, setzt das Stethoskop an, tastet den Magen ab und stellt ein paar Fragen. Rasch erfaßt er den Gesundheitszustand des Betreffenden. Er hat wirklich außergewöhnliche diagnostische Fähigkeiten. Dann verschreibt er etwas, gibt vielleicht einen Rat und wendet sich dem nächsten Patienten zu. Das alles vollzieht sich öffentlich. Keine Sekunde wird dabei verschwendet. Alle Anwesenden fühlen sich zu einer großen Familie verbunden und sind voller Vertrauen zu dem berühmten Arzt.

Mutter Teresa kommt nicht, um ihn wegen ihrer Gesundheit zu konsultieren. Sie will ihm über einige Fälle berichten. Es handelt sich um Arme, die Unterstützung brauchen, oder um solche, die einen Anspruch auf Wiedergutmachung haben. Sie will wissen, ob sie für ein bestimmtes Slumgebiet einen Wasseranschluß bekommen kann. Und Elektrizität für ein anderes. Der Minister macht sich eine Notiz für den zuständigen Abteilungsleiter. Das ist ungefähr gleichviel wie der Befehl: „Gehen Sie der Sache nach! Prüfen Sie diese Beschwerde!“ Nach ein paar Bittgängen dieser Art ist er auf die kleine Nonne aufmerksam geworden, die da zu ihm kommt und sich immer nur um andere kümmert, um Menschen, die keinen

Einfluß haben, um Arme. Und er erinnert sich an sie. Schon bald bestellt er sie in sein Büro. Und wenig später wird er ihr sagen, daß sie keine Termine abzumachen brauche, wenn sie etwas auf dem Herzen habe. Sie solle einfach während der Bürostunden kommen. Das war der Anfang einer echt partnerschaftlichen Zusammenarbeit zum Wohl der Armen. Auf der einen Seite er, Dr. Roy, ein Mann von großer Erfahrung, einer, der an den Schalthebeln der Macht saß in diesem Land, auf der anderen Seite sie, Mutter Teresa, ein Küken, was Organisations- und Aufbauarbeit angeht, aber stark durch die Kraft, die der Herr ihr verliehen hat.

Dr. Roy war ein Angehöriger der Brahmo-Samaj-Religion. Er glaubte an den einen Gott, verabscheute den Bilderdienst und war voll tiefster Achtung für die Person und Lehre Jesu Christi. Bald trieb er selbst Mutter Teresa an und schürte ihren Eifer.

„Dr. Roy will, daß wir Sishu Bhavan ausbauen. Er sagt: ‚Größer, Mutter, viel größer. Es gibt so viel Elend hier. Wir haben ungeheure Probleme.' "

Ein andermal berichtet Mutter Teresa: „Dr. Roy fragte mich, ob wir die Leitung und Betreuung der regierungseigenen Obdachlosenasyle in Kalkutta übernehmen könnten."

„Wie viele gibt es denn da?" fragte ich zurück.

„Vier. – Er sagte zu mir: ‚Ich vertraue Ihnen restlos und werde keinerlei Rechenschaft von Ihnen verlangen. Finanzielle Schwierigkeiten werden Sie überhaupt keine haben. Ihre Schwestern sollen einfach die Leitung übernehmen.' Aber ich mußte leider ablehnen. Ich habe nicht genug Schwestern für diese Aufgabe. Ich will auch nicht zu viele in die gleiche Arbeit stecken. Es gibt noch so viel anderes zu tun."

Das war sicher wahr. Ich vermute aber, daß sie hier sich einfach weigerte, Arbeiten an sich zu ziehen, die von anderen genausogut getan werden konnten. In diesem speziellen Fall hätte sie fürchten müssen, sich die Feindschaft einer ganzen Reihe von Beamten einzuhandeln. Das aber versuchte sie stets zu vermeiden.

„Dr. Roy hat mir übrigens nie Geld gegeben. Aber sein Schutz und seine Empfehlungen an die Behörden waren mehr wert, als man mit Geld je hätte kaufen können."

Manchmal gab es Meinungsverschiedenheiten zwischen ihnen, bisweilen auch Spannungen. Sie waren einfach beide zu charaktervoll, um leichthin nachgeben zu können. Mutter Teresa machte sich z. B. stark für ein Leprosorium, das Dr. Roy aus der Umgebung Kalkuttas verlegen wollte, da die Stadt ständig wuchs. Ich selbst glaube, daß er damit recht hatte. Er hatte das Wohl und die Interessen der örtlichen Bevölkerung im Auge. Mutter Teresa dagegen kämpfte für ihre Leprakranken. Sie wurden schließlich an einem anderen Ort untergebracht. Aber sie setzte immerhin durch, daß sie ein anständiges Heim bekamen.

An seinem achtzigsten Geburtstag erwies Dr. Roy Mutter Teresa die größte Hochachtung. Auch an diesem denkwürdigen Ehrentag ging er wie gewöhnlich zur Arbeit in sein Büro. Ein ganzer Schwarm von Reportern stürzte sich auf ihn und interviewte ihn: „Sie sind heute, mit achtzig Jahren, immer noch ranghöchster Minister. Wie fühlt und denkt man da?" Er aber schwelgte nicht in Erinnerungen an Mahatma Gandhi, mit dem er für die Unabhängigkeit Indiens gekämpft hatte, und auch nicht an seinen Freund, den Premierminister Jawaharlal Nehru. Er sagte einfach: „Als ich heute früh die Stufen zu meinem Büro hinaufstieg, dachte ich an Mutter Teresa, die ihr Leben dem Wohl und der Pflege der Armen weiht." Am nächsten Tag stand das auf der Titelseite aller Zeitungen. Jetzt konnte keiner mehr sagen, er kenne jene demütige kleine Nonne im blaugesäumten Sari nicht, die Christus in den Ärmsten der Armen sah.

5 *Der Dienst der Liebe*

> „Denn ich war hungrig, und ihr habt mir zu essen gegeben; ich war durstig, und ihr habt mir zu trinken gegeben; ich war fremd, und ihr habt mich beherbergt; ich war nackt, und ihr habt mich bekleidet; ich war krank, und ihr habt mich besucht; ich war im Gefängnis, und ihr seid zu mir gekommen ... Wahrlich, ich sage euch: Wiefern ihr es einem dieser meiner geringsten Brüder getan habt, habt ihr es mir getan." (Mt 25, 35–40)

„Bei der Auswahl der von uns zu vollbringenden Werke ließen wir uns weder von irgendwelchen Planungen noch von vorgefaßten Ideen leiten", sagte Mutter Teresa. „Wir setzten da an, wo es nötig war und wo sich Gelegenheit bot. Gott ließ uns erkennen, was wir nach seinem Willen tun sollten." So begannen sie also, indem sie Schulen für die Armenkinder aus den Slums einrichteten und Ambulanzstationen für die Kranken. In Sonntagsschulen lehrten sie die Kinder beten. In ihren Berufsschulen boten sie den Armen eine Ausbildung, die es ihnen ermöglichen sollte, selbst für ihren Lebensunterhalt sorgen zu können.

Das erste große Arbeitsprojekt, an dessen Realisierung sich die Missionarinnen der Nächstenliebe wagten, bestand in der Errichtung eines Heimes für die Sterbenden in Kalighat. Sie begannen damit bereits, als sie noch in der Creek Lane wohnten. Michael Gomes schildert aus lebendiger Erinnerung den Beginn der Suche nach einem

Ort oder Haus, wo die sterbenden und todkranken Armen beherbergt werden konnten.

„Eines Tages sahen wir in unmittelbarer Nähe des Campbell-Krankenhauses (heute heißt es Nilratan-Sakar-Krankenhaus) unweit von unserem eigenen Haus einen Sterbenden auf der Straße liegen. Mutter Teresa wurde bei der Krankenhausleitung vorstellig, aber die konnten ihn einfach nicht unterbringen. Daraufhin gingen wir in eine Apotheke und bettelten Arzneien für ihn zusammen. Bis wir zurückkamen, lag der Mann tot auf der Straße. Mutter Teresa konnte ihre Gefühle und ihre Empörung nicht verbergen: ‚Um Hunde und Katzen kümmert man sich mehr als um seine Mitmenschen!‘ “

Sie suchte das Polizeikommissariat auf und beklagte sich über diese Zustände. In diesem Moment reifte in ihr auch der Plan für die Errichtung eines Heims für Sterbende in Kalighat.

„Sind Sie da auch ganz sicher? In den Zeitungen liest man gewöhnlich eine andere Geschichte. Da heißt es, Mutter Teresa habe eine Frau auf dem Pflaster gefunden, die total zerschunden gewesen sei. Ihre zahllosen Wunden seien voller Maden gewesen. Da habe sie die ganze Nacht bei der Frau verbracht und die Ratten verscheucht. Gegen Morgen sei dann die Frau in ihren Armen gestorben.“

„Das entspricht nicht der Wahrheit. Solange Mutter Teresa in unserem Hause lebte, blieb sie nicht ein einziges Mal über Nacht außer Haus. Und von hier aus wurde das Heim in Kalighat gegründet. Ich selbst war dabei, als der Mann vor dem Krankenhaus, in das er nicht aufgenommen werden konnte, auf der Straße starb.“

Solche Vorkommnisse waren keinesfalls selten. Es ist anzunehmen, daß Mutter Teresa mehrfach diese Verlassenen auf der Straße liegen sah, schwer krank oder schon dem Tode nah. Sie hat mir selbst erzählt, daß sie ganz in der Nähe eines Krankenhauses eine Sterbende gefunden habe, die mit eiternden Wunden auf einem Stück Rupfen in der Gosse lag. Es gelang ihr, die Frau im Krankenhaus unterzubringen. Da mußte doch einfach etwas geschehen! Und sie setzte Himmel und Erde dafür in Bewegung. Es ist keineswegs übertrieben, wenn man sagt, daß sie dafür den Himmel stürmte. Denn wochenlang zogen die jungen Schwestern betend in Prozession zur Fatimakapelle. Und daß sie auch sonst alle Hebel in Bewegung setzte, ist einfach nicht zu bezweifeln. So wandte sie sich an den Polizeikommissar. Der war hocherfreut über ihre Initiative und half eifrig mit, einen Ort für ein solches Heim zu suchen. Denn es war ihm sehr daran gelegen, diesen Schandfleck für Kalkuttas Ansehen zu beseitigen. Mutter Teresa wandte sich ferner an Dr. Ahmed, den für das städtische Gesundheitswesen zuständigen Beamten, und erbat von ihm Räumlichkeiten, in denen wenigstens die völlig hoffnungslosen Fälle und die schon im Sterben Liegenden untergebracht werden könnten. „Geben Sie mir doch wenigstens irgendwo ein Zimmer", drang sie in ihn.

Kalkutta hat an sich hervorragende Ärzte und ausgezeichnete Krankenhäuser und Pflegeanstalten, wo es auch Freiplätze gibt. Aber gerade damals, zur Zeit der Teilung des Landes, wuchs die Bevölkerung durch den Zustrom an Flüchtlingen außerordentlich stark. Dazu kam noch ein großer Teil der Landbevölkerung, der aufgrund von Hungersnöten ebenfalls in die Stadt drängte. Für die so ins Unermeßliche gewachsene Zahl von Kranken erwies sich der vorhandene Bettenbestand als völlig unzureichend. Im übrigen nehmen die Krankenhäuser normalerweise lieber Patienten auf, bei denen noch Hoffnung auf Genesung besteht, als solche, die so alt oder so unterernährt sind, daß sie praktisch schon im Sterben liegen.

Mutter Teresa bot daher an, sich der Obdachlosen, Mittellosen, Kranken, Hungernden und Sterbenden anzunehmen. Dazu aber brauchte sie ein Haus. Sie hatte jedoch weder ein Einkommen noch Kredit. Schließlich kam man auf den leerstehenden Flügel eines Pilgerspitals, das an den berühmten Tempel der Göttin Kali in Südkalkutta angebaut war. Sie erhielt die Erlaubnis, sich dort „vorläufig" einzurichten. Von diesem Tag an hatte der Polizeikommissar einen Kummer weniger. Von nun an konnte keiner mehr an die Zeitungen schreiben und sich über die Zustände in dieser Stadt entrüsten, in der zugelassen werde, daß Menschen auf der Straße ohne Lebensmittel und ohne ärztliche Versorgung sterben müssen.

Die Hilfe der Polizei sollte sich auch in anderer Hinsicht als nützlich erweisen. Mutter Teresa machte sich keine Illusionen über die Folgen ihres Unternehmens. Sie war sich klar, wohin es führen würde, wenn man den Bedürftigen Kalkuttas ein Haus anbieten würde, wo sie Nahrung und Schutz fänden. Der Strom der Bittsteller wäre endlos. Daher beschloß man, nur diejenigen aufzunehmen, die von der Polizei gebracht würden.

Mutter Teresa gab dem Spital den Namen Nirmal Hriday und weihte es dem Unbefleckten Herzen Mariens. Es kann auf zwei Stationen bis zu je sechzig männliche und weibliche Patienten aufnehmen. Bisher wurden über dreißigtausend Mittellose dort aufgenommen. Ungefähr die Hälfte von ihnen starb in diesem Heim – sicherlich ein schönerer und friedlicherer Tod als der draußen auf der Straße – begleitet vom Gebet der Schwestern und ihrer Mitarbeiter, die die Kranken wuschen, fütterten, trösteten, sie aufmunterten und sie auf das Sterben vorbereiteten, so daß sie, gekräftigt durch die Hoffnung auf ein neues Leben im Himmel, einen gottbefohlenen Tod sterben konnten.

Gewisse Widerstände gegen dieses Heim waren abzusehen. Immerhin stand es auf geheiligtem Tempelgrund. Der Kalighat-Tempel ist außerordentlich populär und verfügt über einen beträchtliches Einkommen. Etwa vierhundert Hindupriester versehen dort ihren Dienst.

Michael Gomes schildert den Protest, den es anfangs in der Tat gegeben hatte:

„Einige junge Leute stellten die Behauptung auf, Mutter Teresa komme nur hierher in das Zentrum des Hinduismus, um die Menschen zum Christentum zu bekehren. Ein Politiker versprach darauf den jungen Leuten, er werde sie aus dem Tempelbezirk vertreiben. Er kam und sah sich das Heim an. Mutter Teresa bot ihm an, ihn zu führen. Er meinte, er brauche keine Führung, er könne schon selbst sehen und urteilen. Also ging er allein herum und sah die ausgezehrten Körper, die eingesunkenen Augen, sah, wie die Schwestern diesen Armen ihre Wunden auswuschen, wie sie die Hungernden fütterten, Arzneien verteilten, Injektionen verabreichten, und es blieb ihm nicht verborgen, daß sie all dies ganz sanft und liebevoll taten. Beim Verlassen des Heims traf er mit einigen der jungen Leute zusammen. Da sagte er zu ihnen: ‚Ich habe euch versprochen, daß ich diese Frau von hier wegbringen würde. Ich werde mein Versprechen halten. Aber eines kann ich euch sagen, und da hört mir genau zu: Ich werde sie nicht eher von hier wegbringen, als bis ihr eure Mütter und Schwestern dazu bringt, die Arbeit zu tun, die diese Nonnen hier leisten. In eurem Tempel verehrt ihr eine steinerne Göttin. Hier aber habt ihr eine aus Fleisch und Blut!‘ Damit brach der Widerstand, den gerade diese Gruppe organisiert hatte, in sich zusammen.

Die Schwestern fuhren fort, sich um den kranken Leib und um den mut- und kraftlos gewordenen Geist dieser Armen zu kümmern. Die Gerüchte, die von draußen hereindrangen, fochten sie bei ihrer täglichen Arbeit nicht an. Sie waren überzeugt, Gott würde ihre Arbeit gutheißen, und das genügte ihnen. Ihre Barmherzigkeit und Nächstenliebe verfehlten nicht ihren Eindruck auf viele Besucher. Sogar ein Priester des Kali-Heiligtums, der an Tuberkulose erkrankt war, suchte und fand herzliche

Aufnahme und bergende Zuflucht im Spital der Schwestern. Auf viele seiner Mitbrüder machte dieser einem der Ihren erwiesene Liebesdienst tiefen Eindruck."

Mutter Teresa sagte mir damals: „Eines Morgens, als ich gerade Kranke wusch, kam ein Priester des Heiligtums auf unsere Station. Er warf sich vor mir auf den Boden und berührte mit den Händen meine Füße. Dann faltete er sie über dem Kopf, erhob sich und sagte: ‚Dreißig Jahre lang diene ich nun schon der Göttin Kali in ihrem Tempel. Jetzt steht die Heilige Mutter in Menschengestalt vor mir. Heute ist mir die große Ehre zuteil geworden, die Mutter von Angesicht zu Angesicht verehren zu dürfen." Wenig später berichtet Mutter Teresa: „Die Frage unseres Heims für Sterbende in Kalighat soll bei einer Stadtratssitzung auf die Tagesordnung kommen. Es gibt immer noch Leute, die dagegen sind, daß wir die Verlassenen und Sterbenden hierher auf heiligen Boden bringen. Sie behaupten, das Heiligtum werde dadurch verunreinigt."

„Aber Mutter, Sie wissen doch, wie so etwas läuft und zur Entscheidung kommt. Es wird ja nur ein kleiner Punkt sein auf einer übervollen Tagesordnung. Der Vorsitzende gibt bekannt: ‚Ich rufe den Tagesordnungspunkt Nr. 67 auf: In einem Gebäude, das zur Kalighat-Tempelanlage gehört, unterhält Mutter Teresa ein Heim für Sterbende. Gibt es dazu Einwände? Soll man sie weitermachen lassen oder soll sie aufgefordert werden, das Gebäude zu räumen?' Sie brauchen also unbedingt einen einflußreichen Fürsprecher, der die Sache für Sie durchficht, und Leute, die ihn dabei unterstützen. Nur dann wird man Ihnen erlauben, daß Sie bleiben dürfen bis, man etwas Passendes findet – und das heißt dann: für immer."

Genauso lief es dann auch. Nach ein paar Tagen erzählte sie mir hocherfreut: „Bei der Sitzung haben bloß zwei Mitglieder des Stadtrates aus religiösen Gründen gegen unser Bleiben Bedenken angemeldet. Niemand konnte mit einem besser geeigneten Gebäude aufwarten. Also ging unsere Sache durch. Wir dürfen in Kalighat bleiben, bis etwas Geeignetes gefunden wird. Darüber hinaus sagten mir meine Freunde: ‚Seien Sie ohne Sorge. Der Einspruch wird gewissenhaft festgehalten und dann auf Eis gelegt.' "

Die Stadtverwaltung von Kalkutta unterstützte das Sterbeheim in Kalighat durch eine monatliche Zuwendung. Als sie dieser nicht mehr bedurfte, teilte Mutter Teresa dies der Verwaltung mit. Daraufhin wurde die Subvention gestoppt. 1975 stifteten die Imperial Chemical Industries den Missionarinnen der Nächstenliebe ein neues Gebäude in Prem Dan. Nach der Einweihung fragte ich Mutter Teresa, ob sie jetzt Nirmal Hriday von Kalighat nach Prem Dan verlegen werde. Sie meinte: „Ich werde Kalighat nie aufgeben, es sei denn, sie werfen mich mit Gewalt hinaus." Es dauerte nur kurze Zeit, bis auch das neue Heim mit Pflegebedürftigen gefüllt war. Das war in Kalkutta auch nicht schwer. Inzwischen ist Nirmal Hriday, das Sterbeheim von Kalighat, selbst zu einem Ort der Verehrung und des Gebetes geworden. Die zahllosen Akte der Liebe und Hingabe derer, die dort mit unendlicher Geduld die Kranken pflegen, haben den Ort geheiligt. Er wurde aber auch geheiligt durch die Gottergebenheit all derer, die dort im Vertrauen auf ihn ihr Leben aushauchten. Die Gläubigen betreten diese heilige Stätte so ehrfürchtig wie einen Tempel, denn, wie Mutter Teresa dies kurz und bündig ausdrückt, „hier ist Gott".

Prem Dan dient als Heim für Kranke, deren Aussicht auf Genesung und aufs Überleben größer ist. Sie können, wenn es erforderlich ist, über längere Zeit dort bleiben, im Ernstfall eben so lange, bis sie wiederhergestellt sind. Es dient gleichzeitig aber auch noch für andere Gruppen von Bedürftigen. Dagegen bleibt Kalighat ganz jenen verlassenen Sterbenden vorbehalten, die keinerlei oder fast keine Überlebenschance mehr haben.

Mit der Aufnahme der Arbeit in Kalighat war die Hoffnung verbunden, daß die ganz Verlassenen nun nicht mehr auf den Straßen Kalkuttas würden sterben müssen. Leider konnte dieser Skandal nicht völlig unterbunden werden. Es blieben zu viele in einer Stadt, deren offizielle Statistik 100 000 Obdachlose aufweist, die keine andere Bleibe als die Straßen haben.

Die Kinderheime

Schon immer haben sich religiöse Orden mit besonderer Intensität der Betreuung von Waisen und von verlassenen und behinderten Kindern angenommen. Die meisten katholischen Zentren in Indien, wie auch in anderen Ländern, unterhalten ein oder mehrere Waisenhäuser und bieten die Möglichkeit der Aufnahme von Waisenkindern in die von ihnen geführten Internate. Jesus selbst hat ja ein Beispiel dafür gegeben, wie man Kinder behandeln soll, die doch ihrem Wesen nach zutraulich, einfach und liebenswert sind: „Und er nahm ein Kind, stellte es mitten unter sie, umarmte es und sprach zu ihnen: ‚Wer ein solches Kind um meines Namens willen aufnimmt, der nimmt mich auf; und wer mich aufnimmt, der nimmt nicht mich auf, sondern den, der mich gesandt hat' " (Mk 9, 36–37). Und wenig später fährt Markus fort: „Und sie brachten Kinder zu ihm, damit er sie anrühren möge. Die Jünger aber schalten die, welche sie brachten. Als Jesus dies sah, wurde er unwillig und sprach zu ihnen: ‚Lasset die Kinder zu mir kommen und wehret es ihnen nicht, denn solchen gehört das Reich Gottes. Wahrlich, ich sage euch: Wer das Reich Gottes nicht annimmt wie ein Kind, der wird nicht hineinkommen.' Und er umarmte und segnete sie, indem er ihnen die Hände auflegte" (Mk 10, 13–16). Es ist also nicht nur eine Pflicht, sondern zugleich eine Quelle der Freude, wenn wir den Kindern, die Jesus so liebt, helfen und ihm als unserem Herrn in ihnen dienen.

„Wie kam es denn zur Gründung des ersten Kinderheims, Bruder Michael?"

„Mutter Teresa war schon seit längerem auf der Suche nach einem Haus, in dem verwahrloste Kinder Aufnahme und Betreuung finden sollten. Eines Tages kam sie heim und erzählte: ‚Frau X. hat mich aufgefordert, dafür zu beten, daß ihr Mann das Trinken aufgibt. Er trinkt täglich eine Flasche Whisky. Der Marktpreis für Importwhisky liegt bei neunzig Rupien pro Flasche. Wenn Herr X. täglich 90 Rupien fürs Trinken ausgeben kann, dann kann ich im Monat auch 500 Rupien für die Miete des Hauses in der Lower Circular Road ausgeben. Ich werde es nehmen und dort ein Kinderheim einrichten.' "

Ich sagte zu einer Schwester: „Ich kann in dieser Art von Argumentation keine Logik entdecken. Was hat denn der Preis einer Flasche Whisky mit der Miete für ein Kinderheim zu tun?" Sie meinte: „Nun ja, bei euch Männern muß immer alles logisch sein. Wir Frauen verlassen uns auf die Intuition. Und dabei haben wir öfter recht als ihr." „Diesmal haben Sie tatsächlich recht, Schwester. Denn Ihre Intuition beruht auf der Liebe. Und die hat öfter recht als unser dürres Raisonnement."

Auch bei dieser Gründung wurde der erste Schritt im vollen Vertrauen auf Gottes Beistand unternommen. Wenn dieses Werk der Nächstenliebe wirklich seiner Verherrlichung diente, dann würde er es auch nicht an den Mitteln fehlen lassen, die zu seiner Durchführung nötig waren, sondern würde ihm seinen Beistand schenken. Also wurde das Haus gemietet. Die Probleme waren zahllos und drängend: verwahrloste Kinder, ledige Mütter, die ihr Kind nicht zu Hause aufziehen konnten, ja es nicht einmal mit heimbringen durften, Waisenkinder, körperlich und geistig behinderte Kinder, die Pflege brauchten.

Es gab schon eine ganze Reihe karitativer Aktivitäten von seiten der katholischen Kirche auf diesem Gebiet. Die Missionsfranziskanerinnen unterhielten ein Findelhaus. Die Polizei brachte die ausgesetzten und verlassenen Säuglinge und Kleinkinder zu ihnen. Da waren auch noch andere Waisenhäuser. Aber die Not in Kalkutta nahm kein Ende. Deshalb eröffneten die Schwestern ihr eigenes Waisenhaus Sishu Bhavan. Polizei und Privatpersonen brachten ausgesetzte Kinder dorthin. Manche hatte man in Mülltonnen gefunden. Doch kam dies, das kann man Gott sei Dank fairerweise sagen, nicht sehr oft vor. Andere waren vor die Tür eines Pfarrhauses gelegt worden. Wieder andere wurden von Leuten gebracht, die anonym bleiben wollten. Auch in meiner eigenen Kirche fand der Mesner eines Morgens einen Säugling, den jemand vor den Altar gelegt hatte. Das Kind weinte. Der Mesner gab ihm Milch. Alsbald schlief das Baby selig. Die Polizei wurde informiert. Dann brachten wir das Kind nach Sishu Bhavan zu Mutter Teresa. Später wurde es von einer katholischen Familie adoptiert. Es geht ihm heute gut.

Viele Kinder sind krank, behindert oder verkrüppelt. Manche von ihnen sterben bald. Aber viele bringt man durch, sie werden wieder kräftig und gesund. 1976 druckten einige Zeitungen in Kalkutta ein Foto von Mutter Teresa ab, auf dem sie einen lächelnden Säugling im Arm hält. Sie hatte fünf Kleinkinder aufgenommen, die von ihrer Mutter auf der Wöchnerinnenstation eines der großen Krankenhäuser zurückgelassen worden waren. Erst später wurde bekannt, daß die Leitung des Krankenhauses noch weitere 102 Babies hatte, die ebenfalls von ihren Müttern verlassen worden waren. Mutter Teresa erklärte, sie werde die Pflege und die Verantwortung für all diese Kinder übernehmen.

Nachdem sie auf diese Art der Stadtverwaltung in Rathäusern und Krankenhäusern bereitwillig unter die

Arme gegriffen und ihnen bei der Lösung ihrer humanitären Aufgaben und Probleme geholfen hatte, war es nicht weiter verwunderlich, daß nun diese ihrerseits Mutter Teresas Pläne zur Verbesserung des Loses der Armen voll unterstützten. Sie lädt sich die Pflicht der Nächstenliebe einfach auf, ganz gleich, ob sie dazu die Mittel hat oder nicht. Gott werde schon sorgen, meint sie. Praktisch überall, wo die Missionarinnen der Nächstenliebe sich niedergelassen haben, bringt man ihnen verwahrloste oder behinderte Kinder.

Sishu Bhavan in Kalkutta war jahrelang Mittelpunkt vielfältiger Aktivitäten. Neben der Betreuung von verwahrlosten, ausgesetzten, verkrüppelten und behinderten Kindern gab es auch Möglichkeiten zur Unterbringung lediger Mütter, die dort ihre Kinder zur Welt bringen konnten. Außerdem wurden Lebensmittelvorräte angelegt, die kostenlos an die Armen verteilt werden konnten.

Geht man am Nachmittag dort vorbei, so sieht man oft fünfzig oder gar achtzig Frauen, die mit ihren kleinen Kindern den Beginn der Essensverteilung abwarten. Für viele von ihnen ist dies hier praktisch die einzige Nahrungsquelle: könnte man nichts verteilen, dann hätten sie an diesem Tag auch nichts zu essen. Gleichwohl ist die kostenlose Essensverteilung mit Risiken und Gefahren verbunden. „Ich habe Mutter Teresa mit einer Kraft, die ihr kein Mensch zugetraut hätte, eine ganze Schlange von Frauen zurückdrängen sehen, die losgestürzt waren, um ihre Portion zu ergattern", erzählt Michael Gomes. Auch für die anderen Schwestern gab es unerfreuliche Momente bei diesem Dienst. Eines schönen Tages war einmal einfach nichts da, was man an die Menschen, die Essenskarten hatten, hätte verteilen können. Die Hilfsorganisation, die normalerweise die Schwestern belieferte, hatte ihre Lieferungen nach Kalkutta eingestellt, weil aus irgendwelchen Gründen die Lieferung in ein anderes Gebiet für dringlicher erachtet worden war. Die Schwestern konnten also der Menge, die vor dem Tor wartete, einfach nichts geben, weil nichts da war. Lautstark machte die Menge ihrem Unmut Luft. Einige versuchten sogar, das Haus in Brand zu setzen. Andere beschimpften die Schwestern auf unflätige Weise und beschuldigten sie, ihnen ihr tägliches Brot zu stehlen, um es für sich selbst zu verwenden. Nach ein paar Minuten waren Polizei und Feuerwehr zur Stelle und retteten das Haus und seine Bewohner.

Es kam noch zu anderen gefährlichen Zwischenfällen. In der Umgebung von Kalkutta gerieten zwei Schwestern in eine Gruppe von Leprakranken, die mit ihrer Unterbringung sehr unzufrieden waren. Sie sperrten die beiden in einen Lieferwagen und schoben diesen auf einen Kanal zu. Zum Glück hatte eine andere Schwester die Polizei benachrichtigen können. Die traf gerade noch rechtzeitig ein, um ein unfreiwilliges Bad oder Schlimmeres zu verhindern. Auch solche Erfahrungen gehören zum Alltag der Nächstenliebe. Während ihrer abendlichen Erholungspause berichten die Schwestern ihre unfreiwilligen und unangenehmen Abenteuer. Mutter Teresa verteidigt ihre Strategie: „Bei einer Aussprache in Bangalore griff eine Schwester mich an, weil wir gratis Lebensmittel an die Armen verteilen. Sie meinte, durch dieses Werk der Nächstenliebe würden die Armen verdorben. Ich konterte: ‚Wenn ich die Armen verderbe, dann verderben Sie und Ihre Mitschwestern in Ihren exklusiven Schulen die Reichen. Und der Allmächtige verdirbt dann uns alle, weil auch er uns gratis seine Liebe schenkt. Wieso soll ich denn die Liebe Gottes nicht nachahmen und genauso großzügig den Armen das geben dürfen, was ich selbst umsonst empfangen habe?‘ Darauf wußte sie keine Antwort."

Mutter Teresa hätte sich auf Paulus berufen können, der an Timotheus schreibt: „Den Reichen dieser Welt gebiete, sich nicht zu überheben und nicht auf ungewissen

Reichtum zu vertrauen, vielmehr auf Gott, der alles reichlich zum Genuß uns darreicht" (1 Tim 6,17).

Die Arbeit bei den Leprakranken

Mutter Teresa kam auf indirekte Weise dazu, sich in der Leprosenfürsorge zu betätigen. Auch hier waren es die Umstände und Verhältnisse, die sie dazu zwangen, oder, um es mit gläubigen Worten auszudrücken, die Hand Gottes, die durch Menschenhände wirken will. Viele Jahre lang hatten die barmherzigen Schwestern in Gobra ein Leprosenasyl unterhalten. Das war ein Viertel, das in den Außenbezirken Kalkuttas lag. Das Heim beherbergte ungefähr einhundertfünfzig Insassen, für die von den Schwestern bestens gesorgt wurde. Da wurde eines schönen Tages Gobra plötzlich in den Regionalentwicklungsplan von Kalkutta einbezogen. Das ganze Gebiet, einschließlich des Areals, auf dem die Leprakranken untergebracht waren, sollte enteignet werden, damit ein Bebauungsplan durchgeführt werden konnte. Niemand wäre bereit gewesen, unmittelbar neben einem Gebiet zu wohnen, das als von den Trägern der gefürchteten Krankheit verseucht galt. Daher wurde beschlossen, auch das Grundstück, auf dem das Heim lag, das die Schwestern unterhielten, zu enteignen. Die Leprakranken würden eben anderswo Zuflucht finden müssen.

Mutter Teresa, die von diesem Projekt erfuhr, war empört. Was sollte aus den armen Leidenden werden? Wo sollten sie denn hin? Wer würde ihnen einen für sie geeigneten Lebensraum zur Verfügung stellen? Sie nahm sich der Sache an und trug sie dem verantwortlichen Minister vor. Dr. Roy, ihr Gönner, hörte sich ihre Einwände an. Aber die einmal gefällte Entscheidung wollte er nicht rückgängig machen. Kalkutta mußte wachsen, das

Wohnungsproblem mußte gelöst werden. Für einige hunderttausend Menschen waren geeignete Unterkünfte zu schaffen und bereitzustellen. Das Entwicklungsprojekt für dieses an die City grenzende Gebiet konnte nicht wegen hundertfünfzig Leprakranken abgebrochen werden, die in einer kleinen Kolonie lebten und nur wenig Verbindung zur Umwelt hatten. Sie mußten einfach anderswohin verlegt werden. Mutter Teresa konnte wenigstens durchsetzen, daß die Leprakranken nicht eher weichen mußten, als bis eine andere, geeignete Unterkunft für sie gefunden war.

Der Minister bot eine Unterkunft im Bankura-Distrikt an. Mutter Teresa hielt sie aber für ungeeignet und beschwerte sich bei ihm: „Sie haben uns eine gute Unterkunft versprochen. Aber dort, wo Sie uns hinschicken möchten, gibt es keine ordentliche Wasserversorgung. Für Leprakranke ist das aber lebenswichtig."

Auf diese Weise wurde Mutter Teresa also auch in der Arbeit mit Leprakranken aktiv. Sie führte den Leprahilfetag ein. Für ihre Leprosenstiftung wurde in ganz Kalkutta gesammelt. Die Sammelbüchsen trugen die Aufschrift: „Berührt die Unberührbaren mit Eurer Freundlichkeit." So floß aus den unterschiedlichsten Quellen Geld zusammen.

„Am Leprahilfetag müssen wir die Schecks nur so in einen Korb werfen, so viele gehen da ein", erzählt die Schwester, die für Finanzfragen zuständig ist. „Man muß die Bevölkerung Kalkuttas bewundern, weil sie sich so darum sorgt, daß den Leprakranken geholfen werden kann. Wir brauchen Isolierstationen und eigene Siedlungen für alle Leprakranken in Indien. Da besteht noch großer Mangel."

Ein hoher Regierungsbeamter sagte mir vor Jahren schon: „Ihr Missionare versteht offenbar nicht, daß die Probleme, mit denen wir uns hier herumschlagen müssen, einer Größenordnung angehören, von der man in den reichen Ländern nicht einmal eine Ahnung, geschweige denn einen Begriff hat. Denken Sie doch bloß einmal an die Lepra. In einem Leprosorium können vielleicht zwei- bis dreihundert Patienten betreut und versorgt werden. Es gibt in diesem Land aber ungefähr zwei bis drei Millionen Leprakranke, also gut die Hälfte der vier Millionen Fälle, die man auf der ganzen Welt geschätzt hat. Daher ist Ihr Beitrag keine praktikable Lösung für unser Problem. Er ist nicht einmal ein Tropfen auf den heißen Stein. Wir müssen einen Weg finden, auf dem eine breite Lösung möglich wird, ein Modell, mit dem wir Hunderttausende erreichen können und nicht bloß ein paar."

Er hatte sicher recht. Genau dafür gab es aber jetzt eine Möglichkeit. Ein belgischer Arzt, Dr. Hemeryckx, der jahrelang in Zentralafrika gearbeitet hatte, war nach Indien gekommen. Er hatte eine Methode entwickelt, nach der Leprakranke in großer Zahl behandelt werden konnten. Statt sie, wie bisher, in Asylen unterzubringen, ließ er sie lieber daheim. Von dort aus konnten sie in regelmäßigen Abständen mobile Behandlungsstationen aufsuchen. Auf diese Art konnte eine beträchtliche Zahl von Kranken betreut werden. Viele, die sich sonst aus Scham nicht an die Öffentlichkeit gewagt hätten, kamen jetzt zur Behandlung. Die Eltern konnten mit ihren Kindern beisammen bleiben, solange keine akute Ansteckungsgefahr bestand. Vor seiner Abreise aus Indien wurde Dr. Hemeryckx vom damaligen Premier J. Nehru empfangen, der ihm ganz besonders für seine Arbeit dankte und vor allem dafür, daß er einen Weg hatte aufzeigen können, wie man breitenwirksam den Kampf gegen die Lepra führen konnte.

Mutter Teresa besichtigte das Zentrum, das Dr. Hemeryckx in der Nähe von Madras eingerichtet hatte. Sie bot den Ärzten und Behörden ihre Mitarbeit an. So kam es zu dem außerordentlich starken Engagement der Schwestern in der medizinischen Betreuung von Leprakranken. Diese Arbeit entwickelte sich geradezu zu einer ihrer Hauptaktivitäten in Indien.

Daneben wurden nach wie vor auch Einrichtungen alten Stils gebraucht. Dazu gehörten eigene Siedlungen, in die besonders ansteckende Fälle aufgenommen wurden und solche Kranke, die weder Angehörige hatten, die für sie sorgten, noch sich selbst versorgen konnten. Zu diesem Zweck wurde im Gebiet von Burdwan Shanti Nagar, die „Stadt des Friedens", gegründet, eine Kolonie für Leprakranke und ein Rehabilitationszentrum in einem.

Manchmal vertraute mir eine Schwester an, sie fürchte, sie habe sich angesteckt, und fragte, was sie denn tun solle. Sie waren ja noch so jung und hatten eben etwas Angst, obwohl sie bereit waren, dieses Los zu tragen. Immerhin hätte dies genau das sein können, was Gott eben von ihnen verlangte. Die Ärzte sind äußerst vorsichtig und geben den Schwestern und Brüdern, die bei ihnen arbeiten, strikte Anweisungen. Eine Schwester erbat meinen Rat. Der Arzt hatte ihr ausdrücklich verboten, bestimmte Kranke zu berühren, da sie akut ansteckend seien. „Folgen Sie dem Arzt, Schwester. Sie dürfen kein unvernünftiges Risiko eingehen und sich womöglich anstecken. Beachten Sie alle Vorsichtsmaßnahmen, die der Arzt angeordnet hat. Dann werden Sie den Kranken besser und länger helfen können."

Gleichwohl wissen diese opferbereiten Dienerinnen des Herrn, daß, wenn der Orden sich in großem Umfang auf einen solchen Dienst einläßt, wahrscheinlich eine ganze Reihe von Schwestern am eigenen Leib würde erfahren müssen, was es bedeutet, ein Opfer der Lepra zu werden. Aber sie erblickten gerade darin eine besondere Chance, den Leprakranken als Ordensfrauen zum lebendigen Zeugnis werden zu können, indem sie ihrem Herrn bereitwillig auch das Kreuz dieser Krankheit nachtrugen. Eine ganze Reihe von Schwestern unserer Kongregation ist in der Tat an Lepra erkrankt, und manche von ihnen leiden noch immer unter der Krankheit, die sie sich in Ausübung ihres Liebesdienstes an den Leprakranken zugezogen haben. Sie danken ihrem Herrn für diese Gnade.

Mutter Teresa weiß wohl, daß gerade die Armen des Glaubens noch mehr bedürfen als alle anderen. Sie sind auf Hoffnung angewiesen, das heißt, sie brauchen Gott. Wer ihnen diese Hoffnung nimmt, jenen einzigen Trost, der ihnen geblieben ist, der begeht ein Verbrechen gegen die Menschlichkeit. Wenn andere autonom bleiben und sich nicht an eine unendliche Wahrheit, Güte und Schönheit halten wollen, dann ist das ihre Sache. Sie sollen tun, was sie für richtig halten, und dabei für sich bleiben. Man kann jedenfalls nicht dulden, daß sie hingehen und anderen ihre Hoffnung rauben.

Mutter Teresa und ihre Schwestern bieten den Armen ganz bewußt eine solche Hoffnung an, von der sie überzeugt sind, daß sie nicht zuschanden wird, und sie vermitteln ihnen den Glauben an die Güte Gottes. Diese jungen, gebildeten Schwestern beugen sich zu ihrem Elend hernieder. Sie waschen ihnen ihre Wunden, schenken ihnen ein Lächeln, mit dem sie sie trösten und aufmuntern, ohne auch nur ein einziges Mal Unmut zu zeigen oder die Beherrschung zu verlieren. Warum begegnen sie Menschen, die sie gar nicht kennen, wie ihren eigenen Brüdern und Schwestern? Und dabei tun sie dies nicht bloß ein paar Jahre, was doch schon genug wäre, sondern ihr ganzes Leben lang! All diese einfachen Menschen sind keine Narren. Sie lassen sich auch nicht ohne weiteres zum Narren halten. Ihr Blick für die Wirklichkeit ist von keinem Intellektualismus gestört. Gerade ihr einfacher Verstand entdeckt die Wahrheit: diese Frauen spiegeln die Liebe Gottes zu den Menschen wider. So gelangen sie gerade durch ihr Leiden hindurch zu Gott.

6 *Zeugen Christi vor den Völkern*

„Ihr werdet jedoch Kraft empfangen, wenn der heilige Geist über euch herabkommt, und ihr werdet für mich zu Zeugen werden in Jerusalem, in ganz Judäa und Samaria, ja, bis an die Grenzen der Erde." (Apg 1,8)

Seit der Orden der Missionarinnen der Nächstenliebe von Rom die Approbation erhalten hatte, waren zehn Jahre ins Land gegangen. Die Schwestern hatten ihre Ausbildung hinter sich gebracht. Gemeinsam hatten sie und Mutter Teresa gebetet, gearbeitet und gelernt. Der Geist Gottes hat seine Gaben über sie ausgegossen.

Getreu dem Vorbild ihres Herrn Jesus Christus und ihm sich anverwandelnd, lebten sie sein Leben und nahmen teil an seinem Leiden zum Heile aller Menschen. Sie hatten in ihren Herzen sein vertrautes Freundeswort vernommen, hatten seine tiefsten Gedanken und Wünsche an sich selbst erfahren. Und gleich den Aposteln vertrauten sie der Zusage, daß er ihnen seinen Heiligen Geist senden werde, und nahmen seinen Auftrag ernst, seine Zeugen vor aller Welt zu sein. „Wenn der Beistand kommt, den ich euch vom Vater senden werde, der Geist der Wahrheit, der vom Vater ausgeht, so wird er Zeugnis über mich ablegen. Und auch ihr sollt Zeugnis ablegen, weil ihr von Anfang an bei mir seid" (Joh 15,26–27).

Die Schwestern waren bereit, hinauszugehen und

Zeugnis für ihren Herrn zu geben. Kalkutta war ihr Jerusalem. Hier fing ihr Zeugendienst an, hier hatten sie ihre Wurzeln. Aber der Baum sollte wachsen, seine Äste sollten sich weit ausbreiten und reiche Früchte tragen in vielen Ländern der Erde. Ihr Ziel, ihre Aufgabe war identisch mit der der Apostel: allen Menschen Zeugnis zu geben von der Liebe des Vaters, der uns so sehr geliebt hat, daß er seinen einzigen, geliebten Sohn für uns hingab; Zeugnis von der Liebe Jesu Christi, der am Kreuz für unsere Sünden gestorben ist, damit wir mit ihm und durch ihn Kinder des einen Vaters werden; Zeugnis von der Liebe des Geistes, der uns seine Gaben – Liebe zu Gott und allen Menschen – ins Herz gibt.

Durch die Ordensregel waren sie gehalten, den Armen, den Ärmsten der Armen die Frohe Botschaft zu verkünden. Denn dies sollte ja ein Zeichen sein für das Gekommensein des Erlösers, ein Zeichen dafür, daß das Reich Gottes unter den Menschen erschienen ist: „Den Armen wird die frohe Botschaft verkündet.“ Das Leben des jungen Ordens trat in eine neue, seine dritte Phase ein. Mutter Teresa ließ nicht einen Tag ungenutzt verstreichen. Es gab eine ganze Reihe von Bischöfen, die die Arbeit der Schwestern in Kalkutta mit eigenen Augen gesehen hatten und daher wünschten, daß sie auch in ihrer Diözese tätig würden. Daher baten sie Mutter Teresa um die Errichtung von Niederlassungen.

Indien

Als erstes gingen die Schwestern nach Ranchi, dann nach Delhi, schließlich nach Jhansi. Die Station in Ranchi, Chota Nagpur, hatte früher zur Erzdiözese Kalkutta gehört. Die Gemeinde, die da entstanden war, war wohl die lebendigste junge Gemeinde in ganz Nordindien. Eine große Zahl von Kandidatinnen aus dieser Diözese waren den Missionarinnen der Nächstenliebe beigetreten. Da war es nur selbstverständlich, daß sie auch als erste Diözese den Dank empfangen sollte für die großzügigen personellen Opfer, die sie dem jungen Orden gebracht hat. Daher reagierte Mutter Teresa auch sofort auf die Einladung des Erzbischofs und eröffnete eine Niederlassung des Ordens in Ranchi.

Dann folgte Delhi. Erzbischof Joseph Fernandes kannte Mutter Teresa bereits von seiner langjährigen Tätigkeit als Generalvikar und Weihbischof von Kalkutta her. Der Pronuntius, Erzbischof Knox, nahm ebenfalls regen Anteil an der Arbeit Mutter Teresas. Da der Anteil der Katholiken an der Einwohnerschaft Delhis bescheiden war, folgte man der Methode, Orden aus anderen Gebieten Indiens nach Delhi zu ziehen. Diese gründeten und unterhielten dort ihre Schulen und etliche sonstige Einrichtungen zum Wohle der Bevölkerung. Dadurch sollte die Präsenz des Katholizismus in der Hauptstadt gestärkt werden.

Mutter Teresa erkannte den Vorteil einer Präsenz im Regierungszentrum des Landes. Hier konnte sie sozusagen unter den Augen der Ministerien, Behörden und Institutionen, die die Mittel für die Wohlfahrts- und Sozialarbeit zu bewilligen und zu verteilen hatten, ihrer Arbeit nachgehen. Also ging sie hin. Delhi war damals die am raschesten expandierende Stadt Indiens mit einem jährlichen Zustrom von Menschen, der in die Hunderttausende ging.

Ranchi, Delhi und Jhansi wurden so neue Felder für den Apostelдienst der Schwestern. Gleichzeitig verstanden sie diese Gründungen als sichtbares Zeichen dafür, daß die Ausdehnung ihrer Arbeit auf ganz Indien dem Willen ihres Herrn entspreche. Das Arbeitsmodell, das auch in den neuen Niederlassungen zur Anwendung kam, war bereits in Kalkutta erprobt worden. Die Schwestern würden den von allen verlassenen Sterbenden Zuflucht bieten, sie würden sich der behinderten Kinder und der Waisen annehmen. Ferner sollten durch sie die Menschen beten lernen, Sonntagsschulen würden eingerichtet und die Kinder auf den Empfang der Sakramente vorbereitet werden. Sie würden in den Slums arbeiten, den Töchtern der Ärmsten einige handwerkliche Fähigkeiten vermitteln und sie auf das Ehe- und Familienleben vorbereiten.

Mutter Teresa war überglücklich, daß sie nun auch in der Hauptstadt arbeiten konnte. Es dauerte nicht lange, und sie erhielt Unterstützung von allen Seiten. Herr Cuttat, der schweizerische Botschafter in Neu-Delhi, ein gelehrter Mann und ein frommer Katholik, half an allen Ecken und Enden und ermöglichte durch die Zusicherung der finanziellen Unterstützung seines Landes die Errichtung eines Kinderheims.

Mutter Teresa wurde von vielen für eine Sozialarbeiterin gehalten, der es vorrangig um die Gesundheit und die Versorgung der Ärmsten mit dem Nötigsten ginge. Daher war ihr die Einweihungszeremonie eine willkommene Gelegenheit, den Premierminister darüber aufzuklären, daß es ihr in erster Linie um das geistige Wohl der Armen gehe. Kurz nach dieser denkwürdigen Gelegenheit berichtete sie mir darüber:

„Bei der Einweihung unseres neuen Kinderheims in Delhi waren Herr Nehru und der Schweizer Botschafter zugegen. Als der Premierminister in Begleitung von Herrn Krishna Menon eintraf, sagte ich zu ihnen: ‚Wir wollen zuerst dem Herrn dieses Hauses unseren Gruß entbieten‘, und ich führte sie in die Kapelle und kniete zum Gebet nieder. Nehru, der im hinteren Teil der Kapelle stehengeblieben war, verbeugte sich mit gefalteten Händen zum *pranam*. Krishna Menon stieg die Altarstufen empor, um die Inschrift zu lesen. Er fragte mich nach ihrem Sinn. Während der Einweihungszeremonie saßen wir alle auf dem Fußboden. Die Kinder legten dem Premier einen Blütenkranz um den Hals und überreichten ihm ein Bukett.

Ich erklärte, daß dies bedeuten sollte, sie hätten zu Gott gebetet und ihm ihre kleinen Opfer dargebracht, damit er dem Premier Anteil an seiner Gnade gebe. Danach fragte ich: ‚Darf ich Ihnen von meiner Arbeit erzählen?' Nehru antwortete: ‚Nein, Mutter Teresa, das ist nicht nötig. Ich kenne Ihre Arbeit. Deswegen bin ich ja gekommen.' "

Dieses schlichte und doch uneingeschränkte Wort des Lobes war die vornehmste Anerkennung für all die Dienste, die Mutter Teresa und ihre Missionarinnen der Nächstenliebe den Armen erwiesen hatten. Sie kam von jenem Mann, der über siebzehn Jahre lang der Mund war, aus dem die Überzeugung des ganzen indischen Volkes sprach.

Bombay

Mutter Teresa wollte unbedingt auch in Bombay eine Niederlassung gründen. Denn von der großen, lebendigen und bestens betreuten Gemeinde dort versprach sie sich zahlreiche gute Berufungen. In dieser Industriestadt gibt es vor allem viele Mühlenbetriebe. Die Arbeiterschaft wohnt in Mietskasernen. Es würde dort Arbeit die Fülle für die Schwestern geben. Bombay rühmt sich, die bedeutendste Stadt Indiens zu sein. Es ist das Handels- und Bankenzentrum des ganzen Landes, die Märchenstadt aus dem Kino mit einer traumhaften Uferpromenade, luxuriösen Villen und palastartigen Landsitzen oben auf dem Cumbala Hill. Zugleich leben in dieser Stadt die meisten Katholiken. Sie ist überdies Sitz des ersten Kardinals von Indien. Das Netz katholischer Schulen, Hochschulen und sonstiger sozialer und karitativer Einrichtungen in dieser Stadt ist besonders dicht.

„Ich habe verschiedentlich Einladungen von Bischöfen bekommen, nicht aber aus Bombay, obwohl doch der

Kardinal unsere Arbeit kennt", beklagte sich Mutter Teresa.

„Ich bin der Meinung, Sie sollten nicht warten, bis man Sie ruft", gab ich zur Antwort. „Der Kardinal ist eine Persönlichkeit von Rang, ein Kirchenfürst. Sie sollten nicht darauf warten, daß er zu Ihnen kommt und Sie um etwas bittet. Bieten Sie ihm von sich aus Ihren Dienst an, und Sie werden sehen, daß er ‚ja' sagt."

Zwei Wochen später strahlte sie: „Pater, ich habe an den Kardinal geschrieben. Nur ein, zwei Sätze. Ob es ihm recht sei, wenn wir auch in seiner Erzdiözese arbeiteten. Und denken Sie, es kam postwendend Antwort. Es sei ihm eine große Freude, wenn wir in Bombay arbeiten würden."

Kurze Zeit darauf ging sie selber hin. Kardinal Gracias besorgte den Schwestern ein Haus. „Er ist sehr liebenswürdig", erzählte Mutter Teresa. „Er sagte zu mir: ‚Ich werde Ihnen einen meiner besten Priester als Spiritual für Ihre Schwestern zur Verfügung stellen.' "

Bald darauf ging sie noch einmal nach Bombay. Diesmal nahm sie eine Gruppe von Schwestern mit. Die Arbeit konnte beginnen.

Zuerst wurden sie von vielen ziemlich schief angesehen. Mutter Teresa hatte mit einer ungeschminkten Bemerkung, ausgesprochen nach einem einzigen kurzen Informationsbesuch, großes öffentliches Ärgernis erregt. Sie hatte die Meinung geäußert: „Die Slums von Bombay sind noch schlimmer als die von Kalkutta."

Die Presse war empört, die Bevölkerung entrüstet. Eine ganz schöne Beleidigung war das. Kalkutta, das war doch etwas ganz anderes. Jedermann wußte, daß es eine dreckige, gemeine, ungepflegte Stadt war. Aber doch nicht Bombay, der Stolz ganz Indiens! Wie konnte eine Nonne, die gerade erst ein paar Tage in der Stadt war, sich zu einem derart verallgemeinernden und ungerechtfertigten Urteil hinreißen lassen!

Mutter Teresa machte indessen ihre Kritiker verstummen. Sie konnte die Situation in den Slums auf Anhieb beurteilen und richtig einschätzen. Die Kriterien, die es zu beobachten galt, waren ihr längst bekannt: Licht- und Wasserversorgung, Müllabfuhr, Grad der Luftverschmutzung, Windverhältnisse und Entfernung zum Markt. Sie brauchte nicht mehr als ein paar Minuten, um auf dies alles zu achten, die Bedingungen zueinander in Beziehung zu setzen, abzuwägen und sich auf dieser Grundlage ein Urteil zu bilden.

„Die Häuser in Kalkutta sind größtenteils eingeschossig", erwiderte sie. „Daher kann Frischluft bis in die Wohnungen vordringen. Auch sind die Wohnungen nicht so überbelegt wie hier. Die Kinder haben viel größere Bewegungsfreiheit. Bombay dagegen ist eine Insel. Die Mietskasernen liegen größtenteils in der Nähe der Fabriken. Wegen der allgemeinen Bodenknappheit und der extrem hohen Grundstückspreise stehen sie eng beisammen und sind meist drei bis vier Stockwerke hoch. Das Wasser muß durch enge Treppenhäuser oft über mehrere Etagen hinaufgetragen werden. Es findet kein Luftaustausch statt. Und für die Kinder gibt es kaum unverbaute Flächen mit frischer Luft und ausreichendem Platz zum Spielen."

Die Zeitungen sahen schnell ein, daß Mutter Teresa über die Bedingungen des Elends und der Armut offenbar besser informiert war als sie selbst. Die Kritik wich der Hochachtung. Das änderte allerdings nichts daran, daß die Atmosphäre im ganzen noch für länger um einiges unfreundlicher blieb als in Kalkutta.

Im November 1963 hielt ich in Bombay im Exerzitienhaus von Bandra Einkehrtage für den Klerus der Diözese. Als ich eines Morgens am Zeitungsstand die Schlagzeilen überflog, sprang mir sofort eine Überschrift in die Augen: „Tote Frau auf der Queens Road gefunden." Der

Leichnam hatte mehrere Stunden auf der Straße gelegen. Die Zeitung brachte ein Foto. Der Artikel war eine scharfe Anklage für eine Stadt, in der es offenbar möglich war, daß jemand auf der Straße sterben und mehrere Stunden dort liegenbleiben mußte, ehe der Leichnam entfernt wurde.

Ich hielt den Priestern eine Ansprache über das Apostolat der Nächstenliebe und berichtete ihnen von der großartigen Arbeit, die Mutter Teresa mit ihren Schwestern leistete. Jedenfalls hätten die Zeitungen in Kalkutta keinen Anlaß mehr, über vernachlässigte Einsame zu berichten, die man auf der Straße sterben ließe. So bringe die Kirche Jesu Christi allen deutlich vor Augen, was es bedeute, dem Herrn in den Brüdern zu dienen. Die Priester waren sichtlich beeindruckt. Einer von ihnen meldete sich nachher bei mir: „Ich bin Pfarrer einer großen Pfarrei. Wir haben in unserer Gemeinde ein Haus, das nicht benutzt wird. Vielleicht erlaubt mir der Kardinal, daß ich es Mutter Teresa zur Verfügung stelle. Sie könnte dann dort ein Sterbeheim einrichten.“ Ein paar Wochen später dankte mir Mutter Teresa überschwenglich. „Ihnen haben wir es zu verdanken, daß wir dieses Haus in Bombay bekamen. Ein Pfarrer hat es uns angeboten. Jetzt können wir dort ein Heim für die Sterbenden einrichten.“ Das war bald geschehen. Ähnlich wie in Kalkutta entwickelte sich auch hier diese Arbeit zu einem der charakteristischsten Dienste des Ordens.

Ein Jahr später fand in Bombay der Eucharistische Weltkongreß statt. Der Staatspräsident Indiens, Dr. Radhakrishnan, empfing den Heiligen Vater. Papst Paul VI. hielt einen triumphalen Einzug durch die Straßen Bombays. Er wurde in einem weißen Lincoln-Kabriolett gefahren, das ihm ein amerikanischer Wohltäter eigens dafür geschenkt hatte. Die Begeisterung der Bevölkerung war unbeschreiblich. Nicht nur Tausende, sondern tatsächlich Millionen Menschen säumten den vierundzwanzig

Kilometer langen Anfahrtsweg vom Flughafen zu den Anlagen, in denen der Kongreß stattfand. Nie zuvor war irgendwo auf der Welt eine so große Menschenmenge zusammengekommen, um einen Papst, der einen Kongreß besuchte, zu begrüßen. In diesem tiefreligiösen Land verlangte es Angehörige aller Religionen nach einem „darshan", einer geistlichen Berührung, mit dem großen heiligen Mann der Christenheit. Sie wollten diesen einflußreichsten religiösen Führer der Welt sehen, ihn hören und mit ihm in Kontakt kommen. Wohin der Papst auch ging, überall drängte sich ihm eine Woge von Menschen entgegen und erwartete seinen Segen. Nicht einmal die Organisatoren hätten ein solches Ausmaß des Respekts und der Freundschaft für möglich gehalten.

Der Papst hatte den Wunsch geäußert, auch die Armenviertel Bombays besuchen zu dürfen, um wenigstens einigen der Bewohner begegnen zu können. Niemand sollte sagen können, der Papst sei nur zu den Wohlhabenden des Vaterlandes von Mahatma Gandhi gekommen, jenem Manne und Vater der Nation, der all seine Reisen dritter Klasse und großenteils sogar zu Fuß gemacht hatte. Der Papst wollte den Ärmsten seine Anteilnahme bezeugen und sie da besuchen, wo sie lebten. Die Behörden hingegen wußten es nicht ohne Grund zu verhindern, daß er sich unter die Slumbewohner begab. Hunderte von Journalisten und Kameraleuten wären ihm auf den Fersen geblieben und hätten die am wenigsten attraktive Seite vom Leben der Nation vor den Augen der Weltöffentlichkeit enthüllt. Das Organisationskomitee löste das Problem dadurch, daß es den Papst eine Reihe karitativer Einrichtungen besichtigen ließ. Unter den Kindern eines Waisenhauses durfte er sich frei bewegen. Er freute sich mit ihnen und teilte ihr einfaches Frühstück, das aus Brötchen und Obst bestand. Er sprach all denen, die voller Hingabe dieses und ähnliche Häuser betreuten, seine Hochachtung aus.

Bevor er Indien wieder verließ, schenkte Paul VI. Mutter Teresa seinen weißen Lincoln. Er sollte verkauft, der Erlös für die Werke des Ordens verwendet werden. Die Weltpresse spendete Beifall und verbreitete Fotos, auf denen der Papst zusammen mit Mutter Teresa zu sehen war. Freunde Mutter Teresas kamen auf die Idee, das Auto durch eine Art Lotterie zu verkaufen. Sie vertrieben Lose zu je hundert Rupien. Das Geschenk des Papstes war der einzige Preis, der zu gewinnen war. Der Losverkauf brachte alles in allem 450 000 Rupien ein, die nun für die Werke der Nächstenliebe zur Verfügung standen. Ein Nichtchrist war der glückliche Gewinner des Autos.

Venezuela

Ganz aufgeregt erzählte Mutter Teresa: „Ein Bischof hat uns nach Venezuela gerufen. Ist das nicht wunderbar?“

„Ja, das ist ausgezeichnet. Wohin sollen Sie gehen? Nach Caracas?“

„Nein, nicht Caracas. Es ist irgendein kleinerer Ort in der Nähe der Hauptstadt. Das gibt unsere erste Niederlassung in Lateinamerika.“

Wir verschafften uns einen Überblick über die großen Möglichkeiten, die dieser ungeheure Kontinent, auf dem bald die Hälfte aller getauften Katholiken der Welt lebt, für unsere Arbeit bot. Hier würden die Schwestern wirklich im religiösen Bereich tätig werden können. Es gab dort Arbeit die Menge für sie, so viel, wie sie nur zu tun in der Lage wären. Denn dort lebten Millionen getaufter Katholiken, die gleichwohl gar nicht oder kaum praktizierten, weil es überall an Priestern und Ordensfrauen fehlte, die sie im Glauben hätten unterweisen und stärken können.

„Sie müssen in dieser Richtung einen gewaltigen Vorstoß machen, Mutter Teresa. Nehmen Sie jedes

Angebot an, das Ihnen die Bischöfe machen werden. Es kann dort noch so viel getan und für Christus gerettet werden. Aber Eile tut not. Denn allein weil es an der geistlichen Betreuung fehlt, verliert die Kirche in Südamerika Tag für Tag ungezählte Gläubige."

Sie war auch dieser Meinung: „Ich werde meine besten Schwestern hinüberschicken, wenn wir dort beginnen." Sie hoffte auch auf Berufungen aus dem Land selbst. Dann könnten sie sich von Venezuela aus auch in andere südamerikanische Länder begeben. Wenig später war sie bereits unterwegs nach Südamerika. Sie wollte bei ihren Schwestern bleiben, bis diese Fuß gefaßt und sich eingerichtet hätten. Außerdem wollte sie den zuständigen Bischof kennenlernen und sich der Hilfe und Unterstützung der zuständigen Behörden und der Freunde aus dem Kreis der Laien versichern. Im Juli 1965 kam es so zur Gründung der ersten Ordensniederlassung außerhalb Indiens. Hocherfreut kehrte sie nach Indien zurück. Die Leute waren freundlich. Man hatte die Schwestern freundlich aufgenommen.

Aber das war nur der Anfang. Nicht lange danach wurden zwei weitere Häuser in Venezuela eröffnet. Dann auch eines in Lima in Peru. Alles in allem breitete sich der Orden jedoch langsamer aus als erhofft. Er stieß dort nicht auf dieselbe begeisterte Bereitwilligkeit wie in Indien. Gleichwohl kamen Anfang 1975, also nach zehnjährigem Wirken, mehrere Anfragen von Bischöfen aus verschiedenen Ländern, so daß nun Niederlassungen in Kolumbien, Bolivien und Brasilien geplant werden konnten. Die Bischöfe brauchten offenbar eine gewisse Zeit, bis ihnen klar wurde, welch unschätzbare Hilfe die Arbeit der Missionarinnen der Nächstenliebe gerade für die geistliche Aufrichtung der Armen darstellte.

Schwester Dorothy, die als Oberin drüben war, berichtete bei ihrer Rückkehr nach Kalkutta: „Wir tun praktisch die Arbeit von Diakonen. Im allgemeinen sind die Leute zwar getauft. Aber viele von ihnen haben noch nie einen Priester oder eine Ordensschwester zu Gesicht bekommen, denn der Mangel ist einfach ungeheuer groß. Deshalb wissen sie oft so gut wie nichts von Jesus. Wir müssen sie von Grund auf unterweisen. Den Kranken bringen wir die Kommunion. Gelegentlich spenden wir die Taufe. Die Armen leben in Favelas. Und wir leben mitten unter ihnen. Ich konnte erst überhaupt nichts verstehen, denn sie sprechen natürlich nur spanisch. Aber nach etwa zwei Monaten lief es dann. Ich lernte die Sprache einfach durch den Umgang mit den Kindern und durch ihre Hilfe. Es dauerte nicht sehr lange, bis sich uns auch einheimische Mädchen anschlossen."

Eine andere Schwester erzählte mir: „In Lateinamerika sind wir hauptsächlich in der Seelsorge tätig. Wir tun dort praktisch all das, was hier bei uns normalerweise der Pfarrer tut, Beichthören und Zelebrieren ausgenommen. Es ist eine wirklich schöne Arbeit."

Die Schwestern kommen nicht mit einer intellektualistischen Begrifflichkeit der Bewußtmachung daher. Veränderung der Strukturen ist nicht ihre Sorge. Und sie haben nicht im Sinn, in der Kirche Oppositionspolitik zu betreiben. Ihre Geistigkeit, ihre Arbeitsweise, ihre ganz persönliche und liebevolle Art, mit Menschen umzugehen, entsprechen doch gerade weitgehend den Bedürfnissen der erniedrigten und geistlich total vernachlässigten Armen Lateinamerikas.

Sie gehen ganz einfach zu den Armen hin, begegnen ihnen in der Liebe Christi mit einem dienstbereiten Herzen und mit Freigebigkeit. Sie reden mit ihnen in einer Sprache, die sie verstehen können. Ihre Aktivitäten sind von ansteckender Wirkung und stecken voller Herausforderungen. So sichern sie sich die Mitarbeit derjenigen, unter denen sie wirken. Diesen Menschen, die sie vorher nicht gekannt haben, helfen sie, ein Gefühl der Selbstachtung, des Selbstwertes und des Anstandes zu entwickeln. Und dies besonders unter denen, die nicht wußten, daß sie, jedenfalls vor Gott, jemand sind, daß sie vor Christus ihren Wert haben.

Rom

Als sie mich daheim begrüßte, strahlte Mutter Teresa: „Denken Sie nur, Pater, man hat uns nach Rom eingeladen. Der Heilige Vater selbst hat uns um Errichtung eines Hauses gebeten.“ In ihrer Stimme klang, wie selten sonst, Siegesbewußtsein mit.

Also nach Rom, und auf die ausdrückliche Bitte des Heiligen Vaters hin! Welch eine Ehre für den jungen Orden! Nach Rom, wie Petrus und Paulus. Für ihre streng kirchentreue Gesinnung mußte Rom ungeheuer viel bedeuten, war es doch Herz und Zentrum der Christenheit, Sitz des Nachfolgers des hl. Petrus, des Stellvertreters Christi auf Erden. Ganz bescheiden und nachdenklich fügte Mutter Teresa hinzu: „Da erwartet uns eine Menge Arbeit. Denn in den römischen Vorstädten gibt es sehr viele Arme. Viele verlangen nach den Sakramenten. So viele Kinder dort haben bisher noch nicht beten gelernt. Und es wird ziemlich viel Stimmung und Propaganda gegen Gott gemacht. Wir aber werden dort, in der Nähe des Heiligen Vaters und im Schatten von St. Peter, arbeiten dürfen.“

Da bedurfte es keines langen Nachdenkens mehr, und es wäre müßig gewesen, andere Arbeitsmöglichkeiten dagegen abzuwägen. Hier wurde ihr vom Heiligen Vater selbst eine heilige Pflicht auferlegt, von ihm, der bereits damals in Bombay den Orden seines Wohlwollens versichert hatte. Die Schwestern würden bereit sein, seinem Ruf zu folgen, sobald alles arrangiert werden konnte. Und so gingen sie voller Freude und Begeisterung nach Rom. Auch dort konnten sie zeigen, daß sie keine Angst hatten, ihrem Herrn das Kreuz nachzutragen. In Rom wußte man besser als in jeder anderen Stadt, was Tugend, was Laster war. Die Erfahrung der Römer ist jahrhundertealt.

Unzählige Heilige waren schon nach Rom gekommen, unzählige sind dort auch begraben worden. Rom ist der Ort, an dem die Heiligsprechungen vorgenommen werden. Aber die Römer selbst haben in diesen Dingen ein untrügliches Urteil. Sie brauchen nicht zu warten, bis das Faktum der Heiligkeit offiziell festgestellt und bestätigt wird. Sie sind fähig, hinter die Kulissen zu blicken und Heiligmäßigkeit selbst zu entdecken. Der Franzose Benedikt Labre war nach Rom gekommen. Viele Jahre lebte er dort, ungepflegt, mit alten Lumpen bekleidet, nahm als Bettler seine Gaben entgegen und verbrachte seine Tage im Gebet. Als er starb, hieß es in ganz Rom: „ ‚Der Heilige' ist tot."

Die Schwestern hatten sich bald eingerichtet und gingen in ihrer Arbeit auf. Mutter Teresa sprach voller Herzlichkeit von ihrem römischen Konvent. „Die Schwestern wohnen in den Vorstädten und Armenvierteln, sie leben bei den Armen. Auf dem Markt betteln sie für sie. Und überall sind sie willkommen. ‚Die indischen Schwestern' – so werden sie von den Einheimischen genannt, obwohl ja eine ganze Reihe von Europäerinnen unter ihnen zu finden ist – betteln auf dem Markt allerlei zusammen. Sie bekommen sogar Geflügel. Die Händler schenken ihnen die Stücke minderer Qualität, die sie nicht an die Hotels und Restaurants verkaufen können. Die Schwestern lehren die Kinder beten und bereiten sie auf den Empfang der Sakramente vor. Die Kranken und Alten suchen sie in ihren Wohnungen auf."

„Unsere Werke sind Glieder einer Kette der Liebe, die die ganze Welt umspannt", schrieb Mutter Teresa bereits zu einer Zeit an ihre belgische Freundin, als sie noch im Obergemach in Kalkutta waren. Um die Präsenz des Ordens in Rom zu verstärken, verlegte sie das Noviziat, das in London eingerichtet worden war, von dort nach Rom. Hier sollten die Kandidatinnen aus Europa, Amerika und Afrika Aufnahme finden. Nur das Postulat sollte in London bleiben.

Australien

Im Juni 1969 stellte sich mir nach der Heiligen Messe ein großgewachsener Mann vor und bat: „Bitte, tun Sie mir den Gefallen und machen Sie mich mit Mutter Teresa bekannt." Ich stellte ihr also Herrn McGee vor. Sie hieß ihn willkommen.

Er öffnete seine Aktentasche, entnahm ihr ein dickes Bündel Banknoten und schob sie über den Tisch. „Dies sollte für den Anfang erst mal reichen, Mutter", meinte er. Mutter Teresa nahm das Geld wortlos entgegen. Dann fing sie an, die Möglichkeiten eines Apostolats unter den Armen Australiens mit ihm durchzusprechen. Auf Einladung von Bischof Warren hatte sie bereits im April 1969 Broken Hill in Australien besucht. Seinem Wunsch entsprechend sollten die Schwestern vor allem unter den Ureinwohnern arbeiten. Deshalb machten Mutter Teresa und Herr McGee jetzt diesbezügliche Pläne. Aufgrund seiner Kontakte zu den Ministerien und Behörden konnte er bei der Erlangung der offiziellen Genehmigung für eine Niederlassung in seinem Vaterland behilflich sein. Durch diesen ersten Besuch John J. McGees bei Mutter Teresa wurden die Weichen gestellt und der Boden bereitet für die außerordentlich segens- und erfolgreichen Aktivitäten des Ordens in Australien. An ihm hatte der Orden einen treuen Freund.

Mitte September 1969 ging dann Mutter Teresa selbst mit fünf Schwestern nach Bourke und gründete die erste australische Niederlassung. Die Arbeit bei den Ureinwohnern konnte beginnen. Erzbischof Knox, der Mutter Teresa noch von Indien her kannte, lud sie auch nach Melbourne ein. Es gab nicht wenige Gegenstimmen. Was sollten die Missionarinnen der Nächstenliebe auch ausgerechnet in Australien? Das Land war doch reich und praktizierte eine fortschrittliche Sozialpolitik und -gesetzgebung. Es gab weder Slums noch Obdachlose, noch Menschen, die auf der Straße hätten sterben müssen. Mutter Teresa wurde scharf: „Warum soll es denn dort keine Arbeit für uns geben? Was ist mit den Gewohnheitsverbrechern? Wer kümmert sich um sie, wenn sie entlassen werden? Wer kümmert sich um ihre Familien, ihre Frauen und Kinder? Und wie steht es um die Drogenabhängigen und Alkoholiker? Sind das etwa keine Kinder Gottes, die unseres Schutzes und unserer Hilfe bedürfen?“

Am 26. April 1970 flog sie mit fünf Schwestern von Madras nach Melbourne. Am nächsten Tag waren sie dort. Schwester Monika wurde Oberin. Noch am gleichen Tag machte Mutter Teresa in Begleitung der Provinzialoberin der Schwestern von Loreto ein geeignetes Haus ausfindig und nahm es. Freiwillige Mitarbeiter und Studenten halfen beim Putzen. Die Arbeit konnte sofort beginnen.

Schwester Monika schickte ihre Mitschwestern einfach auf die Straßen. Sie sollten Bedürftige suchen. Sie kamen zurück: Fehlanzeige. Dann sollten sie in den Häusern nachfragen, meinte die Oberin. Das taten sie. Sie fragten, ob da alte Menschen wohnten oder solche, die in Not seien. Die Leute schüttelten zunächst den Kopf über sie. Seltsam genug sahen sie ja aus in ihrer indischen Tracht. Viele konnten gar nicht glauben, daß diese Frauen in ihrem merkwürdigen Aufzug Nonnen waren. Aber die Schwestern gewannen allmählich durch ihre Freundlichkeit das

Vertrauen der Bevölkerung. Sie bereiteten viele auf die Sakramente vor. Manche weihten ihretwegen ihre Familien dem Heiligsten Herzen Jesu. Verschiedene Geistliche unterstützten die Schwestern durch Rat und Tat. Später kam Unterstützung auch von seiten der Stadtverwaltung. Man machte sie auf Fälle aufmerksam, die ihrer Hilfe bedurften.

Das erste große Unternehmen war die Gründung eines Rehabilitationszentrums für Alkoholiker und Drogenabhängige. 1972 konnte dann in Greenvale ein Stück Land erworben und mit dem Bau des Konvents und dieses Zentrums begonnen werden.

Mutter Teresa erhielt eine Einladung zum Eucharistischen Weltkongreß nach Melbourne. Bei der Hauptveranstaltung wurden nur drei Ansprachen gehalten. Eine davon hielt sie. Sie sprach über ihr Lieblingsthema: den Auftrag, Christus in den Armen zu dienen und in den Brüdern im Elend den leidenden Herrn zu erblicken. Ihre Worte, aber mehr noch die Überzeugung, die aus ihnen sprach, rührten an die Herzen der Zuhörer.

Im Februar 1973 weihte Kardinal Knox den Konvent ein. Vor ihrer Abreise gab Mutter Teresa ihren Schwestern einen Rat, den diese nicht vergessen sollten: „Ich will von euch nicht hören, daß ihr Wunder tut und dabei unfreundlich seid; da ist es mir schon lieber, ihr macht Fehler, seid aber freundlich.“

Der Mittlere Osten

„Pater, wir gehen jetzt auch nach Jordanien, in den Mittleren Osten”, erzählte mir Mutter Teresa voller Freude, „in die Nähe des Geburtsorts unseres Herrn. Da werden unsere Schwestern auf den Wegen gehen, auf denen er selbst gegangen ist, auf dem Boden stehen, auf dem er selbst gestanden und gepredigt und Wunder gewirkt hat. Sie werden da sein, wo er selbst aus Liebe zu uns Menschen gestorben ist. Ist das nicht wunderbar?"

Das war in der Tat eine erfreuliche Nachricht. Der Mittlere Osten war immerhin die Wiege der drei großen monotheistischen Religionen, denen die Hälfte aller an Gott glaubenden Menschen angehört: des Judentums, des Christentums und des Islam. Sie alle waren in diesem kargen Landstrich entstanden, in dem man Gottes Allmacht und Heiligkeit unmittelbarer zu verspüren vermag.

Von Jerusalem aus hatte das Christentum seinen Ausgang in die Welt genommen, hatte immer weitere und größere Kreise gezogen. Jetzt kehrte es in Gestalt dieser Schwestern aus dem Fernen Osten zu seinen Ursprüngen zurück.

Im Juli 1970 fingen die Schwestern in Jordanien zu arbeiten an. Im März 1973 ließen sie sich auch im Gaza-Streifen nieder, um die Leiden Hunderttausender von Palästinaflüchtlingen lindern zu helfen. Sie waren auf beiden Seiten der politischen Fronten zu finden. Und es brauchte nicht lange, bis Mutter Teresa voller Freude von neuerlicher Ausbreitung des Arbeitsfeldes berichten konnte: „Wir gehen jetzt auch in den Jemen, Pater. Der Premierminister selbst hat uns eingeladen. Nach 600 Jahren ohne Christentum, ohne Priester, ohne Messe, ohne Sakramente wird dort jetzt wieder für die Schwestern die Heilige Messe gefeiert werden. Nach 600 Jahren! Ist das nicht wunderbar? Der Premier versprach mir, alles für die Schwestern zu tun. Sie hätten nichts zu befürchten. Er selbst verbürge sich persönlich für ihre Sicherheit und stehe dafür ein, daß niemand ihnen etwas antun werde. Seine Regierung werde ihnen alle erforderliche Hilfe und Unterstützung gewähren. Als Zeichen des guten Willens überreichte er mir ein ‚Ehrenschwert'. „Sie lachte: „Ein Schwert – für mich!"

„Sie sind ein Stamm von Kriegern und tapfere Kämpfer, Mutter Teresa. Daraus erklärt sich, daß man Ihnen ein Ehrenschwert überreicht." Es fiel mir nicht gleich ein, daß ja auch vom Wort Gottes geschrieben steht, es sei ein ‚scharfes zweischneidiges Schwert'. Das würden die Schwestern führen müssen, wenn sie den Menschen den Frieden bringen wollten, den sie gerade dort so sehnsüchtig erwarteten – den Frieden Christi.

Jordanien
Im Mutterhaus – Februar 1976

„Wo kommen Sie her, Schwester?"

„Ich stamme aus Kerala, aus der Diözese Trichur. Jetzt eben komme ich aus Jordanien zurück."

„Kerala – dort herrscht ein wunderbarer Geist. Es gibt sehr viele Berufungen sowohl zum Priestertum als auch zum Ordensleben. Aber jetzt müssen Sie mir von Ihrer Arbeit in Jordanien berichten."

„Ich war insgesamt fünf Jahre dort, Pater. Gleich nach dem Abschluß des Noviziats und nachdem ich die ersten Gelübde abgelegt hatte, schickte man mich dorthin."

„Haben Sie Kontakte zu den Ministerien und zu anderen hohen Behörden unterhalten?"

„Nein, wir haben es nur mit den Armen zu tun gehabt."

So also sieht die Wirklichkeit, der Alltag der Nächstenliebe aus: kein Glanz, kein Ruhm fallen auf einen, es bleibt kein Raum, sich auf seine Bedeutung etwas zugute halten zu können, und es gibt keinen Anlaß, sich in öffentlicher Hochachtung zu sonnen. Es gibt nichts als die demütige, schwere Arbeit, den täglichen Umgang mit den Ärmsten der Armen.

„Was machen Sie dort konkret? Arbeiten sie nach demselben Modell, das auch in Kalkutta praktiziert wird?"

„Zuerst haben wir unter der katholischen Bevölkerung gewirkt. Etwa acht Prozent der Bevölkerung Jordaniens sind Christen, und davon sind ungefähr zwei Prozent Katholiken. Wir besuchen sie, geben Katechismusunterricht und bereiten die Kinder auf die Erstkommunion vor. Außerdem besuchen wir Armenfamilien, sowohl christliche als auch muslimische. An die Kranken verteilen wir Medikamente. Für ‚unerwünschte' alte Leute, geistig oder körperlich Behinderte und im Stich gelassene Kinder haben wir ein Heim. Sogar im Jordangebiet machen wir unsere Krankenbesuche. Das ist uns möglich, weil uns die Caritas einen Lastwagen zur Verfügung gestellt hat."

„Wie werden Sie aufgenommen?"

„Die Muslime sind sehr, sehr freundlich zu uns. Sie nennen uns Hadschis, weil wir weiße Gewänder tragen wie ihre Mekkapilger."

„Gibt es denn auch weibliche Mekkapilger?"

„Ja, schon, es gibt sie, wenn auch nicht viele. Natürlich haben die Muslime keine Vorstellung davon, was es heißt, eine Nonne zu sein. Daher bleibt ihnen unsere Lebensweise unverständlich. Aber sie achten uns."

„Wie sind Sie am Anfang mit dem Sprachproblem fertig geworden?"

„Wir mußten eben Arabisch lernen. Wir sind zu sechst. Während meiner Abwesenheit sind nur fünf Schwestern dort. In der ersten Zeit hatten wir einen Arabischlehrer, den wir bezahlen mußten. Später haben uns Schwestern einer anderen Kongregation aus Amman weitergeholfen. Sie unterrichteten uns freiwillig und unentgeltlich."

„War es schwierig für Sie, diese Sprache zu erlernen?"

„Nein. Arabisch ist viel leichter als eine ganze Reihe unserer indischen Sprachen, als Tamil oder Hindi zum Beispiel. Es gibt so gut wie keine Grammatik. Und wir lernten eben gerade so viel, daß die Menschen uns verstehen konnten. Unser Haus dort ist ziemlich weit von der Hauptstadt entfernt. Aber wir hoffen, daß wir auch in Amman bald eines werden eröffnen können. Dann wird manches einfacher sein. Wir werden nicht mehr so viel in der Gegend herumfahren müssen wie bisher."

„Eines Tages wird es wohl im Mittleren Osten eine eigene Ordensprovinz geben. Rechnen Sie denn mit Berufungen in diesem Gebiet?"

„Zunächst wohl kaum. Höchstens vielleicht aus den Reihen der Mädchen, die von uns unterrichtet werden."

„Haben Sie die geistliche Unterstützung gefunden, die Sie brauchen?"

„In Jordanien gibt es nur ganz wenige katholische Geistliche. In Amman fanden wir nur zwei oder drei, die uns halfen. Nicht einmal für unsere einmal im Jahr vorgesehenen Exerzitien konnten wir einen Priester auftreiben. Daher haben wir uns nach anfänglichem Zögern an andere Kongregationen angeschlossen und unsere Exerzitien mit ihnen zusammen gehalten."

„Wie steht es mit religiösen Büchern? Haben Sie wenigstens da, was Sie brauchen?"

„Nein. Geistliche Literatur ist bei uns Mangelware, besonders gute Meditationshilfen. Bitte schicken Sie uns etwas."

„Ich will Ihnen gern zu helfen versuchen."

„Es dürfte ja bekannt sein, daß die katholischen Wohlfahrtsverbände für die leiblichen Bedürfnisse der Menschen sorgen, weniger aber für die geistlichen. In dem viel stärker spirituell ausgerichteten Osten fällt dies den Leuten auf."

„Dann sollten Ihre Wohltäter in Zukunft mehr als bisher auch an die geistlichen Bedürfnisse der Schwestern denken."

Jemen
Im Mutterhaus – Februar 1976

Es sind gerade zwei Schwestern angekommen, um das sogenannte dritte Probejahr zu machen. Die eine stammt aus Kerala, die andere aus dem Gebiet von Ranchi. Alle beide sind zwei Jahre lang im Jemen gewesen.

„Was machen Sie dort, Schwester?"

„Wir haben ein Heim für all die, die sonst niemand mehr haben will. Es hat immerhin hundertzwanzig Insassen. Ferner geben wir Handarbeitsunterricht. Etwa hundert Schülerinnen lernen bei uns nähen und auch sonst allerlei Handarbeiten. Dazu kommt noch eine Armenambulanz. Die Patienten kommen in großer Zahl und zum Teil von weit her. Sie sollten sie einmal bei uns Schlange stehen sehen. Manchmal sind es an einem einzigen Tag bis zu sechshundert. Inzwischen ist ganz in der Nähe auch ein Krankenhaus gebaut worden. Daher kommen zu uns jetzt nicht mehr ganz so viele. Aber zwei- bis dreihundert sind es immer noch pro Tag. Sie werden von Schwester Gertrude versorgt und betreut. Sie hat ihr volles Vertrauen."

„Schwester Gertrude war doch überhaupt eine der ersten Schwestern, die sich Mutter Teresa angeschlossen haben?"

„Ja, ich glaube, sie war die zweite. Sie stammt aus dem heutigen Bangladesh und ist Ärztin. Sie hat eine tiefe Religiosität und versteht es ausgezeichnet, mit den Menschen umzugehen. Sogar aus dem kommunistischen Teil des Jemen kommen die Leute in ihre Sprechstunde."

„Wie verhalten sich die Behörden? Sind sie hilfsbereit?"

„Der Premierminister nimmt lebhaften Anteil an unserer Arbeit und unterstützt uns, wo er nur kann. Dies gilt auch für die übrigen Regierungsbeamten. Sie haben ein Haus für uns gebaut. Außerdem wollten sie eine Kirche ganz für unsere Bedürfnisse bauen. Da sie selbst keine Vorstellungen hatten, wie eine katholische Kirche aussieht, baten sie uns um einen Bauplan. Aber wir ließen sie wissen, daß wir lieber einen der Räume unseres Hauses als Kapelle benutzen würden. Immerhin hätte es als Provokation aufgefaßt werden können, wenn wir einzig für unseren Gebrauch ein eigenes großes Gebäude bekommen hätten. Denn eine gewisse antichristliche Einstellung ist immer noch weit verbreitet. Der Premier und die Behörden liefern uns einen großen Teil unseres Lebensmittelbedarfs. Zweimal wöchentlich wird uns ein Paar Ziegen geliefert, damit den Kindern und den Armen gutes Fleisch angeboten werden kann. Auch sonst werden wir von den Behörden in jeder Hinsicht unterstützt. Nach kurzer Zeit schon mußten wir ein zweites Heim eröffnen, und jetzt werden wir von ihnen bedrängt, noch ein drittes aufzumachen."

„Wo liegt eigentlich Ihre Niederlassung?"

„In Hodeida."

„Können Sie auch den kommunistischen Landesteil unbehindert betreten?"

„Wir selbst dürfen nicht nach Amman. Aber die Menschen können ohne Schwierigkeiten von einem Teil des Landes in den anderen gehen."

„Wie läßt sich die Arbeit mit den Leprakranken an?"

„Gerade da haben wir großen Erfolg. Zuerst hatte ich ziemliche Bedenken, das Dorf der Leprakranken aufzusuchen. Haben Sie seinerzeit den Film ‚Ben Hur' gesehen? So ungefähr muß man sich die Verhältnisse dort vorstellen. Zur Zeit unseres Herrn muß es ähnlich gewesen sein. Wir hatten reichlich Mühe, uns auch nur Zugang zu dem Dorf zu verschaffen. Der Weg war durch Unrat und Abfälle blockiert. Wir mußten durch knietiefen Schmutz waten. Es gab überhaupt keine Häuser dort. Die Leute wohnten in einer Art Höhlen, die in die Hügel gegraben waren. Als sie uns kommen sahen, rannten sie davon und versteckten sich in ihren Höhlen. Vor allem die völlig in ihren Burkas vermummten Frauen versteckten sich vor uns. Die Kinder rannten, als ginge es um ihr Leben. Die Männer des Dorfes waren völlig ungepflegt und heruntergekommen, die Kinder standen vor Dreck. Wir riefen ihnen zu und winkten ihnen. Aber keiner traute sich her. Erst nach und nach gelang es Schwester Gertrude, Kontakte anzubahnen. Ganz allmählich gewöhnten sich diese armen Menschen an uns, wurden freundlicher und zutraulicher.

Durch den Unrat in dieses Dorf zu gehen war für mich eine entsetzliche Erfahrung. Aber irgend jemand mußte ihnen helfen, ihre Lebensbedingungen zu verändern. Dank der Hilfe der Behörde konnten wir einen Weg bahnen und den Abfall entfernen. Dann wurden erst mal Häuser gebaut, Gärten angelegt und Blumen gepflanzt. Es gelang uns, die Frauen und Kinder zur Reinlichkeit zu erziehen. Den Arbeitsfähigen konnten wir einige handwerkliche Kenntnisse und Fertigkeiten vermitteln. Dadurch wuchs ihre Selbstachtung, und sie gewannen das Gefühl, zu etwas nütze zu sein."

„Gelang es Ihnen, die Ansteckungshäufigkeit, vor allem bei den Kindern, einzuschränken?"

„Bei unserer Ankunft litt praktisch jedermann an der Krankheit. Inzwischen haben wir jedoch Grund zu der Hoffnung, wenigstens die Kinder vor weiterer Ansteckung bewahren zu können, und zwar vor allem, weil es uns gelungen ist, bei den Leuten selbst einen Sinn für Reinlichkeit und Hygiene zu entwickeln, und weil wir besonders ansteckende Fälle isoliert haben. Das Dorf ist inzwischen wie verwandelt. Innerhalb von nur zwei Jahren ist aus einem Dreckloch eine blühende Gartenkolonie geworden. Die Kinder singen den ganzen Tag. Für uns ist das jedesmal, wenn wir hingehen, eine ganz große Freude. Sie lieben uns sehr und singen, so froh sind sie."

Eine Weile blieben wir stumm und dankten schweigend dem Herrn für all das Wunderbare, das vollbringen zu dürfen er seine schwachen Dienerinnen gewürdigt hatte.

Da die Schwestern so die geistlichen Früchte all ihrer Mühe ständig vor Augen hatten, waren sie von ihrer Berufung ganz ergriffen und gingen voll und ganz in ihr auf. Mit keinem Wort erwähnten sie die Entbehrungen, unter denen sie leben mußten, oder das rauhe Klima oder die sonstigen Schwierigkeiten, die entstehen, wenn man sich an eine nur schwer zu verstehende Tradition und Kultur, an eine fremde Sprache und an eine fremdartige Lebenseinstellung gewöhnen und anpassen muß, und womit sie fertig zu werden hatten. Alles taten sie für Jesus.

„Mutter Teresa äußerte die Hoffnung, daß auch Mädchen aus dem Lande selbst zum Orden finden möchten. Wie steht es damit?"

„Nun, es ist ja bekannt, daß dort nach wie vor die Hochzeiten von den Eltern ausgehandelt werden. Die Mädchen sollen dann junge Männer heiraten, die sie nicht kennen und vielleicht noch nie gesehen haben. Das paßt vielen gar nicht. Daher kann es vorkommen, daß sie, wenn sie uns und unser Ordensleben kennengelernt haben, sich entschließen, lieber so ähnlich wie wir zu leben, für Gott und für ihren Nächsten. Die eine oder andere macht dann tatsächlich ihren Eltern klar, daß sie nicht heiraten, sondern unsere Lebensweise wählen möchte. Wenn man sie ließe, würden sie Christen werden und das Ordensleben wählen. Verständlicherweise müssen wir selbst uns sehr zurückhaltend verhalten, denn mit massiven Reaktionen der Familien muß gerechnet werden. Und dies könnte eine ernste Gefahr für unsere Präsenz und für unsere Arbeit werden. Daher lassen wir sie nur tagsüber zu uns kommen und bei uns mitarbeiten. Über Nacht dagegen schicken wir sie wieder heim. Ihre Hilfe ist uns unersetzlich, denn es gibt so viel zu tun, was wir alleine gar nicht würden bewältigen können. Denn wir sind ja nur zu fünft."

„Gibt es denn auch einen Priester, der sich Ihrer

geistlichen Betreuung annimmt? Soviel ich weiß, sind doch auch Weiße Schwestern und Weiße Väter dort."

„Ja, das stimmt. Die Weißen Schwestern kamen schon etwas vor uns in den Jemen. Sie haben dort ein Krankenhaus aufgemacht und leisten mit ihm vorzügliche Arbeit. Inzwischen ist auch noch eine dritte Kongregation vertreten. Die Weißen Väter arbeiten vor allem in den Landgebieten. Einer von ihnen, der selbst Arzt ist, wirkt im Krankenhaus. Wir können täglich zur Heiligen Messe gehen. Das war am Anfang nicht möglich."

„Werden Sie denn wieder in den Jemen zurückgehen, wenn Ihr drittes Probejahr vorüber ist?"

„Ich denke schon. Denn ich sehne mich danach, wieder bei meinen Leprakranken arbeiten zu können und die Kinder singen und Gott danken hören zu dürfen."

Indien: Coimbatore

Coimbatore ist eine Stadt in Südindien. Sie hat eine wohlgeordnete, geregelte Entwicklung durchgemacht. Die lokale Bevölkerung findet in ungefähr fünfzig mittelgroßen, zumeist gut ausgestatteten Industriebetrieben Arbeit und Brot. Der Ort macht einen wohlhabenden und vertrauenerweckenden Eindruck. Der Bischof berichtet, daß er zu den verschiedensten öffentlichen Anlässen eingeladen werde und bei den unterschiedlichsten politischen und sozialen Gruppen und Verbänden ein gern gesehener Gast sei. Eine offene, religiös tolerante und in die Zukunft blickende Gesellschaft also. Und eines der fruchtbarsten Kaffeeanbaugebiete.

Die Missionsfranziskanerinnen, bei denen ich zu Gast bin, unterhalten drei hervorragend geführte Oberschulen. Ihr bestens betreutes Waisenhaus gilt als Modell für wirkungsvolle und engagierte Sozialarbeit und ärztliche

Versorgung. Die Schwesternkongregation der Diözese kümmert sich auch um die Armen. Man hat nicht gerade den Eindruck, als würden die Schwestern Mutter Teresas hier dringend gebraucht. Trotzdem aber hat der Bischof sie eingeladen. Unterwegs begegnen mir zwei von ihnen in ihrem blaugesäumten Sari:

„Pater, kennen Sie uns denn nicht mehr?"

„O doch. Darf ich mit euch die Messe feiern?"

„Ja, übermorgen. Wir werden Sie abholen."

Die Schwestern kommen. Es ist sechs Uhr morgens. Wir gehen die Straße hinunter. Eine von ihnen schlägt vor:

„Wir warten und nehmen den Bus."

„Aber hier ist doch gar keine Haltestelle."

„Seien Sie unbesorgt. Die Fahrer kennen uns alle. Sie halten überall an und nehmen uns mit."

Ein Bus nähert sich. Sie winken dem Fahrer zu. Er stoppt und läßt uns einsteigen. Das tut er für niemand sonst, auf der ganzen Strecke nicht. Das macht mich nachdenklich. Offensichtlich ist es diesen Schwestern gelungen, daß sie diesen Fahrern, die keine Christen sind, auffielen, obwohl sie doch erst seit kurzem in der Stadt tätig sind. Dabei stammen sie gar nicht aus dieser Region. In der Volkssprache können sie sich nicht fließend ausdrücken. Hinter ihnen steht keine bekannte Organisation. Und doch ist es bereits die allgemeine Überzeugung: Sie sind für uns da, sie arbeiten für uns. Es muß den Schwestern gelungen sein, zu diesen einfachen Menschen eine unmittelbare persönliche Beziehung herzustellen. Sie kommen anscheinend näher an diese Menschen heran als die Angehörigen anderer Orden, die sich doch nicht minder im Dienst der Nächstenliebe verzehren. „Auch auf dem Markt ist es so. Jeder dort kennt uns und hilft."

Als wir bei ihrem Haus ankommen, sehe ich auf der Veranda in die ausgezehrten Gesichter von vier Menschen, die dort auf Feldbetten oder Matratzen liegen und mit

Decken zugedeckt sind. „Sie werden bald sterben“, meint eine der Schwestern.

An der Wand der Kapelle hängt ein Kruzifix. Darunter wiederholt eine Inschrift die Worte des sterbenden Jesus: „Mich dürstet.“ Mit den Schwestern und ein paar Kindern feiere ich die Messe. Ich spreche auch über das Werk, das zu vollbringen der Herr Mutter Teresa gewürdigt hat, und davon, daß die Schwestern der Welt seine Liebe bringen müssen. Währenddessen stirbt, wie ich nach der Messe erfahre, einer der Kranken, die ich auf der Veranda gesehen hatte. Wir sprechen ein Gebet für ihn und bitten Gott, in Liebe seine Seele aufzunehmen.

Dann erzählen die Schwestern, wie sie sich hier nach und nach eingearbeitet und schließlich Fuß gefaßt hätten, wie sie gelernt hätten, die Dringlichkeiten einzuschätzen und Betätigungsfelder ausfindig zu machen. Sie berichten von einem immer wiederkehrenden, typischen Problem: es habe nicht genug Wasser zur Verfügung gestanden. Denn in diesem Gebiet regne es nur an vielleicht vier oder fünf Tagen im Jahr. Für die Kinder und die Armenambulanz sei ein ausreichender Vorrat an frischem, sauberem Wasser eine unabdingbare Voraussetzung. Dieser habe erst einmal gefunden werden müssen.

Wieder zurück in Kalkutta, erzählte ich Mutter Teresa, daß ich auch in dem neuen Haus in Coimbatore gewesen sei. Es gebe dort zahlreiche Berufungen.

„Deswegen haben wir ja dort das Haus eröffnet“, war ihre Antwort.

Drei Jahre später berichtete eine der Schwestern, die ich damals dort getroffen hatte, daß ihre Hoffnungen jetzt allmählich in Erfüllung gingen. Inzwischen seien bereits fünf Novizinnen und zehn Postulantinnen aus diesem Gebiet zum Orden gekommen. Sie sollten einmal in Gebieten eingesetzt werden, in denen es nur wenige oder überhaupt keine Katholiken gebe.

„Mutter Teresa, ich habe gehört, Sie würden auch in Mariapolli ein Haus eröffnen?"

„Das stimmt, Pater. Zwar ist es keine Stadt, und es gibt dort keine Slums. Aber es steht nicht im Widerspruch zu unseren Regeln, daß wir auch auf den Dörfern arbeiten." Sie verteidigte sich: „Es gibt dort sehr viele arme Menschen. Außerdem haben wir ja bereits in Takdah, das ebenfalls keine Stadt ist, und in einigen Dörfern von Andhra Pradesh unsere Niederlassungen. Wir werden mit einer Armenambulanz anfangen und dann weitersehen, was am dringendsten benötigt wird."

Am Fest Mariä Verkündigung ging sie mit der ersten Gruppe von Schwestern nach Mariapolli, nach „Mariendorf", in Bengalen. Pater Gabric konnte ihnen in der von ihm dort unlängst gegründeten Missionsstation drei Gebäude zur Verfügung stellen. Eine Kapelle, ein Haus für die Armenambulanz und ein Backsteingebäude für den Konvent standen bereit. Pater Gabric hatte wirklich Pionierarbeit geleistet. Er selbst würde für die erste Zeit mit einer Lehmhütte auskommen.

In den Gebäuden fand sich ein schöner Teakholzschrank. „Ist der für die Arzneimittel?" fragte die Oberin. „Nein, Schwester, den nehmen Sie besser als Bücherschrank für Ihre geistliche Literatur, damit die weißen Ameisen nicht an sie gehen!"

Pater Gabric – er stammt auch aus Jugoslawien – gehört zu den Menschen, denen Mutter Teresa einfach nichts abschlagen kann: eine Persönlichkeit, geprägt von tiefer Frömmigkeit, in sich gekehrt und doch ständig in Bewegung, immer bereit zum Geben, unermüdlich unterwegs von Dorf zu Dorf. Er kennt jedes seiner vielen Pfarrkinder. Zu den Behörden hält er ständig Kontakt. Die Gläubigen ermahnt er zu Gebet und Fasten. Auch wenn er unterwegs ist, sieht man ihn fast immer mit dem Rosenkranz. Bei einer Begegnung mit einem australischen Bischof erwies sich diese Gewohnheit unerwartet als nützlich.

„Ich besuchte einen Bischof in Australien“, erinnerte er sich. „Als ich hinkam, hielt er gerade vor einer Gruppe von Klerikern eine Ansprache. ‚Schaut einmal her‘, sagte er zu ihnen, ‚da kommt nun so ein alter Missionar aus Indien, der mit dem Rosenkranzgebet noch etwas anfangen kann. Er betet ständig zu Unserer Lieben Frau, sogar wenn er auf Reisen ist.‘ Hinterher erklärte er sich bereit, mir für meine Missionsarbeit einen Scheck in beliebiger Höhe auszustellen.“

Die Schwestern richteten also, wie geplant, zuerst eine Armenambulanz ein. Damit hatten sie unmittelbar Erfolg. Täglich kamen bis zu zweihundert Patienten. Nach ein paar Wochen stieg die Zahl auf fünfhundert. An manchen Tagen kamen sogar an die tausend. Die Patienten erklärten: „Mehr noch als wegen der Medizin kommen wir wegen der Gebete der Schwestern.“

So expandiert der Orden. Seine Kraft und Reichweite wachsen ständig. Das stimmt froh und optimistisch. Machtvoll wirkt der Geist von Pfingsten in den Missionarinnen der Nächstenliebe fort. Zuerst wurden ungefähr drei Niederlassungen im Jahr gegründet, dann fünf und im Jahr des 25jährigen Ordensjubiläums waren es bereits zwölf pro Jahr. „Am liebsten würde ich sieben oder acht Schwestern in jede Niederlassung schicken“, meinte Mutter Teresa. „Das hilft, den Geist der Freude zu erhalten. Verschiedenartigkeit begünstigt das. Und außerdem können dann mehr Aufgaben in Angriff genommen werden.“

Die neue Regel schreibt vor, daß pro Haus wenigstens sechs Schwestern vorzusehen seien. In Wirklichkeit kommt es aber nicht selten vor, daß am Anfang nur vier oder fünf zur Verfügung stehen. Wenn dann das Ausmaß der Bedürfnisse einmal bekannt ist, können die Aktivitäten immer noch ausgeweitet und spezifiziert werden.

Die geographische Verbreitung der Missionarinnen der Nächstenliebe findet in der Geschichte der Orden wohl kaum eine Parallele. Die modernen Verkehrsmittel haben da natürlich wesentlich erleichternd gewirkt. Ausgehend von Kalkutta, das ihr Jerusalem ist, breitete sich der Orden in fünf, dann zehn, schließlich in zwanzig verschiedene Länder aus. Bald wird es fünfzig Ordensniederlassungen geben. Und eines Tages wird es vielleicht die Novizinnen begeistern und ermuntern, wenn sie sagen können, daß ihr Orden in hundert Ländern der Welt Niederlassungen unterhält zum Ruhme des Herrn. Sie werden glücklich darüber sein, aber wohl kaum erstaunt. Wachstum ist für sie ein Faktum des Lebens. Fast jeden Tag lesen sie am Schwarzen Brett: „Betet für die Mitschwestern, die morgen nach Peru, Tansania, Trinidad, Neuguinea, Fidschi reisen, um ein Haus zu eröffnen. Bereits ein Jahr nach dem Jubiläum hätte auch ein dickes Buch von fünfhundert Seiten wohl kaum mehr ausgereicht, um in angemessener Weise Werdegang, Vorbereitung, Gründung und Anfangsentwicklung all dieser Neugründungen zu beschreiben. Die wenigen, die ich hier habe erwähnen können, sind entweder besonders typisch, oder sie sind charakteristisch für die Hauptentwicklungsfelder. Alle zusammen stellen ein Zeichen dafür dar, daß Gottes schützende Hand auf der Gründerin und ihren Schwestern liegt.

Im Oktober 1976 wurde zu Füßen des Kreuzes im Treppenhaus des Mutterhauses eine große Weltkarte aufgehängt. Darauf sind die vielen Länder und Orte gekennzeichnet, an denen die Angehörigen des Ordens zum Wohle der Ärmsten der Armen wirken. Mutter Teresas Traum war Wirklichkeit geworden. Ihre Schwestern sind Glieder einer Kette der Liebe zu Christus und seinen Menschenbrüdern, die die ganze Welt umspannt.

7 *Auf seinen Spuren*

> Deshalb ermahne ich euch: ahmet mein Beispiel nach, so wie ich das Beispiel Christi nachahme.
> (1 Kor 4, 16)

Der erste Zeuge

„Schwester Dorothy, Sie waren eine von den ersten, die sich Mutter Teresa angeschlossen haben. Sie kennen sie sehr gut. Was ist Ihrer Meinung nach ihre größte Tugend? Und was fasziniert Sie an ihrem Charakter am meisten?"

Sie dachte erst eine Weile nach. Dann antwortete sie ohne zu zögern: „Ihr Glaube."

„Das ist auch meine Meinung. Ihr Glaube ist in der Tat der Felsen, auf dem sie ihren Orden und diese ganze weitverzweigte Organisation gegründet hat, ihr Glaube an Gott. Sie ist wirklich eine Frau des Glaubens. Daher trifft auf sie jenes Lob zu, das Elisabeth, erfüllt vom Heiligen Geist, der Jungfrau Maria entgegenbrachte: ‚Selig ist die, welche geglaubt hat' (Lk 1, 45)."

Ganz wie Abraham, der Vater des Glaubens, hat Mutter Teresa sich Gott überantwortet, sich seiner Weisung unterstellt. Sie konnte nicht ahnen, was auf sie zukommen würde. Blind gab sie sich in seine Hand, vertraute sich seiner Führung an. Sie hat alles aufgegeben. Ihren Orden, der ihre Sicherheit war, hat sie verlassen. Und für diesen gläubigen Gehorsam ist sie belohnt worden.

Dem Abraham wurde ein Versprechen gegeben: „Weil du dies getan hast ..., darum will ich dich segnen und dein Geschlecht so zahlreich machen wie die Sterne des Himmels und wie den Sand am Meeresufer ..." (Gen 22,17). Auch ihre Nachkommenschaft auf Erden wird unermeßlich sein, ebenso wie ihre Nachkommen im Himmel. All die Frauen und Mädchen, die ihr folgten, ihre Schwestern und all ihre geistlichen Kinder, die Menschen, denen sie geholfen hat, einen gottbefohlenen Tod zu sterben, und all die, die durch sie Gott kennen- und liebengelernt haben.

Ihr Glaube und ihr Gottvertrauen waren zu keiner Zeit ungeduldig oder fordernd. Aber lebendig sind sie und voller Aktivität. „Ich nehme unseren Herrn beim Wort", pflegt sie zu sagen. Diesen Satz findet sie im Evangelium, dem sie gehorcht und das sie als inspiriertes Wort Gottes achtet und verehrt. Daher lautet ihr letztes und gewichtigstes Argument: „So hat unser Herr gesagt." Ihr Glaube an seine Person, an seine Macht und an seinen sorgenden Beistand findet darin seinen tiefsten Ausdruck.

Der zweite Zeuge

„Pater van Exem, Sie sind einer von denen, die Mutter Teresa von Anfang an tatkräftig unterstützt haben. Was ist Ihnen Besonderes an ihr aufgefallen?"

„Ihre kleine Gestalt und ihr großes Gottvertrauen."

„Ja. Man möchte sagen, in ihr seien die Worte des Propheten in Erfüllung gegangen: ‚Die des Herrn harren, gewinnen neue Kraft; sie zeigen Schwingen gleich den Adlern. Sie laufen und ermüden nicht und gehen und werden nimmer matt' (Jes 40,31)."

Ihre geistliche Kraft und Ausstrahlung ist mit den Jahren immer stärker geworden. Nicht minder erstaunlich aber ist, daß sie ungeachtet ihres mühseligen Lebens, der vielen Reisen zu Fuß und mit der Bahn, des Mangels an Schlaf und trotz Fieber, Anfechtung und bedrängender Sorgen um ihre tausend Mitschwestern ihre körperliche Widerstandsfähigkeit immer wieder zu erneuern vermochte. Daher kann sie mit gutem Grund sagen: „Gott hat mir seinen Beistand nie entzogen; mein Vertrauen in ihn ist nie enttäuscht worden." So kennt er die Seinen und sorgt für sie.

Während einer Unterhaltung im engen Sprechzimmer sagte ich einmal zu ihr: „Das Wort, das die hl. Katharina von Siena vom Herrn empfangen hat, ist Ihnen sicher geläufig: ‚Sorge du für mich, und ich werde für dich sorgen.' Genauso haben auch Sie es gehalten, und das Wort hat sich erfüllt."

„Wenn unser Tun zur Ehre Gottes ist, Pater, dann gibt er uns auch das Gelingen."

Mutter Teresas Tun und Leben ist geprägt vom Geiste der Bergpredigt: „Sorget nicht ängstlich für euer Leben, was ihr essen oder trinken sollt; auch nicht für euren Leib, womit ihr ihn bekleiden sollt. Ist denn das Leben nicht weit mehr wert als die Nahrung und der Leib mehr als die Kleidung? Schaut hin auf die Vögel des Himmels: sie säen nicht, sie ernten nicht, sie sammeln nicht in Speicher, und doch ernährt sie euer himmlischer Vater ... Sorget nicht ängstlich für morgen. Der morgige Tag wird für sich selber sorgen ..." (Mt 6, 25 ff.).

Mutter Teresa plant nicht voraus. Sie überläßt sich völlig Gottes Führung. Er wird ihr schon zeigen, was sie tun soll. Jeder, der ihr begegnet und mit ihr zusammenarbeitet, ist zutiefst beeindruckt von ihrer Bescheidenheit. Vielleicht entspringt ihr Gefühl der Nichtigkeit und Unbedeutendheit unmittelbar ihrem Glauben und Gottvertrauen. Dann dürfen wir darin wohl die Stimme der großen Mystiker wiedererkennen, die in bezug auf Gott und sich selbst vom zweifachen Abgrund gesprochen haben: dem Abgrund der

Größe, der Herrlichkeit und Allmacht Gottes und dem Abgrund der Kleinheit, der Erbärmlichkeit und der Ohnmacht des Menschen. Aus sich selbst kann sie nichts tun, aber in ihm ist sie stark. Ihre Stärke besteht darin, sein Werkzeug sein zu dürfen. Dieses Bewußtsein prägt sie dauerhaft. Manchmal findet sie dafür spontan die Worte: „Ich selbst bin gar nichts. Er allein ist alles. Ich tue nichts aus mir selbst. Er tut es durch mich." Einmal hielt sie einen Bleistiftstummel in der Hand: „Sehen Sie, so ungefähr verhält es sich bei mir. Ich bin sozusagen sein Bleistift, ein kleiner, unbedeutender Bleistiftstummel in seiner Hand, mit dem er schreibt, was er will."

Der dritte Zeuge

„Sie haben Gelegenheit gehabt, Mutter Teresa über längere Zeit hin aus nächster Nähe zu beobachten, Bruder Michael. Können Sie mir sagen, wodurch sie Sie am nachhaltigsten beeindruckt hat?"

„Was mich an ihr so beeindruckt hat, war im Grunde ein Doppeltes: zum einen ihre Aktivität, zum anderen ihre Bescheidenheit. Ihre Aktivität ist hinreißend. Solange andere noch diskutieren, ist sie schon mitten drin in der Arbeit. Solange andere noch Fragen stellen, löst sie schon Probleme. Sie hat einen unvergleichlichen Wirklichkeitssinn, ein absolut sicheres Gespür für das Vordringliche. Ein Bedürfnis sehen und darauf sofort reagieren, das ist bei ihr eines. Sie hat eine ungemein praktische Veranlagung, und sie scheut keinerlei Mühe, eine Aufgabe, die sie als die ihre erkannt hat, anzupacken und zu erledigen.

Dann ihre Bescheidenheit! Sie fühlt sich so schwach, hält sich für ein ganz unbedeutendes Werkzeug in der Hand Gottes. Es ficht sie daher überhaupt nicht an, wenn sie ständig, so wie jetzt gerade, Schlagzeilen macht. Allen

Ruhm gibt sie dem Herrn zurück. Alles Gute, das durch sie geschieht, schreibt sie ihm zu."

Ihre Aktivität und ihre Dynamik bewirken eine außerordentlich vielseitige, fruchtbare und intensive Tätigkeit. Was immer sie anfängt, jedes ihrer Projekte steht in unmittelbarem Bezug zu einer Notlage, auf die sie aufmerksam geworden ist. Da stirbt einer auf der Straße, direkt vor einem Krankenhaus. Also sucht und eröffnet sie ein Heim für die Sterbenden. Oder sie sieht die im Stich gelassenen Kinder in den Straßen. Da geht sie hin und eröffnet ihr Sishu Bhavan. Eine Leprakolonie soll aus einem Stadtteil verlegt werden. Schon steigt sie groß in die Arbeit mit Leprakranken ein. Irgendwo bricht eine Hungersnot aus, oder es treffen Ströme von Flüchtlingen ein, um die man sich kümmern muß. Schon ist sie zur Stelle mit ihren Mitarbeiterinnen. Natürlich hat sie auch Projekte, entwickelt Hilfsprogramme, organisiert Hilfsmaßnahmen. Sie bettelt Nahrungsmittel zusammen und andere Bedarfsgüter und verteilt die Spenden. Bei den Hungersnöten in Bihar und in Bengalen, oder als ein Strom von neun oder zehn Millionen Flüchtlingen aus Bangladesh eintraf, oder später, bei dem katastrophalen Erdbeben in Guatemala, jedesmal war sie sofort in der Lage zu helfen. In Neuguinea muß ein Haus eingerichtet werden. Die dortige Bevölkerung lebt in den elendesten Verhältnissen, der Bischof hat keinen Pfennig. Keine Sorge, sie wird die erforderlichen Mittel schon auftreiben.

Die Jungen in den Slums werden ausgebildet. Sie basteln kleine einfache Möbel und verkaufen diese dann auf dem Markt. Die Straßen in Kalkutta liegen voller Kokosnußschalen. Da werden von ihr Leute organisiert, die die Schalen aufsammeln und aus ihren Fasern Stricke flechten. Oder sie erfährt von einer Organisation, die sich der Rehabilitation von Leprakranken widmet. Sofort kommt ihr die Idee, das auch zu versuchen, und sie macht ein Heim auf.

Sie ist ungewöhnlich schnell und beweglich. Ein paar Wochen, ein paar Monate, und sie ist soweit. Das geht bei ihr, anders als bei vielen anderen religiösen Gruppen und Gemeinschaften, in einem Nu, ohne daß man vorher erst jahrelang diskutieren muß, bis dann endlich ein neues Haus, ein neues Heim eröffnet werden kann. Da sie, was Aktivität und Handlungswillen angeht, ein Naturtalent ist, hat sie nicht das geringste Verständnis für langatmige Versammlungen und Diskussionen, bei denen am Ende dann doch nichts oder jedenfalls sehr wenig herauskommt.

„Ich habe in Europa an einem Treffen von Generaloberinnen teilgenommen", erzählte sie mir. „Man sprach die ganze Zeit über eine Veränderung der gesellschaftlichen Strukturen und über eine anders geartete Ordnung. Heraus kam dabei absolut nichts. Nichts für die Armen, nichts für die Verkündigung Christi gegenüber denen, die ohne Religion leben müssen, gegenüber denen, die Gott überhaupt nicht kennen. Ich war heilfroh, als alles vorbei war. Man hatte mich gedrängt hinzugehen. Aber ich fühlte mich dabei wie ein Fisch auf dem Trockenen."

Der vierte Zeuge

Auf dem Rückweg von Saigon machte Bruder Andrew in Hazaribagh Aufenthalt, um mit einigen australischen Jesuiten zusammenzutreffen. Bei der Gelegenheit stellte ich ihm ein paar Fragen. „Bruder Andrew, Sie haben jahrelang mit Mutter Teresa zusammengearbeitet. Das Ideal, dem sie anhängt, ist zu Ihrem eigenen geworden. Sie haben mit Erfolg die ‚Missionsbrüder der Nächstenliebe' gegründet. Darf ich fragen, was Sie an Mutter Teresa während Ihrer langjährigen Verbindung zu ihr am meisten beeindruckt hat?"

Er dachte eine Weile über die Frage nach. Schließlich

antwortete er: „Ich möchte meinen, es war ihre Zielstrebigkeit. Sie weiß sich einem einzigen Ziel und Zweck verpflichtet. Das hindert sie jedoch nicht daran, auch Sinn für Humor zu haben. Man kann meiner Meinung nach ohnehin kein guter Katholik sein, wenn man sich selbst zu ernst und wichtig nimmt. Wir müssen uns doch immer bewußt bleiben, daß unser Tun unzureichend ist, daß wir schwach sind und nichtig vor Gott. Mutter Teresa leistet wirklich Schwerarbeit. Sie schläft wenig, oft nur zwei, drei Stunden pro Nacht. Nicht selten bleibt sie bis gegen zwei Uhr auf und schreibt noch Briefe. Und um halb fünf ist sie dann schon wieder auf den Beinen."

„Ich danke Ihnen, daß Sie das gesagt haben. Ich will es mir merken und sie mir in ihrer Zielstrebigkeit zum Vorbild nehmen."

Sie lebt in der Tat aus einer einzigen Idee, der sie mit einer verzehrenden und glühenden Leidenschaft hingegeben ist. Wenn ich mich mit ihr unterhalte, gibt es für sie gewöhnlich nur ein Thema: Jesus und „das Werk". Letzteres dient allein seiner Verherrlichung. Das ist ihre einzige Sorge.

Mutter Teresa ist sich bewußt, daß Gott der Vater sie erwählt hat, damit sie zur Verherrlichung seines Sohnes arbeite. Auf dieses Ziel hin allein hat sie auch den Orden gegründet. Sie teilt die leidenschaftliche Liebe des Apostels Paulus zum Herrn und zu seinem Evangelium. Sie ist christustrunken wie er, hat sich ihrem Herrn ganz ausgeliefert, so daß nun er es ist, der in ihr lebt. Daher vermag sie mit den Worten des Apostels zu sagen: „Nicht ich lebe, Christus lebt in mir."

Für die Schwestern ist die Nähe des in ihren Herzen gegenwärtigen Herrn eine Erfahrungstatsache. Die Wahrheit, an der der Glaube festhält, ist für sie erfahrbar geworden: daß wir durch die Gnade teilhaben an der Gottheit Christi, daß er selbst in den Herzen derer lebt, die sich ihm ganz anvertrauen.

„Christus handelt in mir; er handelt durch mich; er erleuchtet mich, er macht von mir Gebrauch, ich bin sein Werkzeug. Ich selbst tue nichts, er allein tut alles", wiederholt sie oft und oft. Wenn sie zu Nichtchristen spricht, steht dieses „er" für Gott. Gegenüber Christen steht es für Jesus. Wenn sie zu uns spricht, zieht sie den Namen Jesus dem Titel Christus vor, denn er klingt vertrauter und persönlicher, bringt ihre unmittelbare Verbundenheit mit der Person Jesu besser zum Ausdruck. Immer wieder schärft sie uns nachdrücklich ein, daß Gott es ist, dem wir alles verdanken, daß er sie erleuchtet, daß er durch sie wirkt und handelt und ihr Ausdauer gibt. Deswegen weist sie jeglichen Dank für all das Gute, das sie tut und wirkt, zurück. Das Bewußtsein verläßt sie in keinem Moment, daß es nicht ihren doch schwachen und begrenzten persönlichen Voraussetzungen und Fähigkeiten zu danken ist, wenn aus der unbedeutenden Leiterin einer ebenso bedeutungslosen Schule die Generaloberin eines schnell wachsenden Ordens hat werden dürfen, wenn aus ihr eine Frau geworden ist, die überall auf der Welt das Werk der Nächstenliebe in Gang setzen und organisieren kann, eine Frau, deren Lob die internationale Presse singt und deren Werk vom Papst, von Bischöfen, Präsidenten und Ministern gerühmt wird.

In ihrem Glauben, ihrem Gottvertrauen, ihrer glühenden, drängenden Aktivität ist sie dem hl. Paulus ähnlich. Furchtlos und ruhelos teilt sie seinen Eifer. Mit ihm verkündet sie den Herrn, den Gekreuzigten. Mit ihm ist sie bereit, für das Wachsen der Kirche am eigenen Leibe zu leiden. Gleich ihm ist sie geprägt und getrieben von einem Gedanken und einer Leidenschaft: dem gekreuzigten und auferstandenen Herrn. „Unser Glück ist es, dieses Werk tun zu dürfen", versichert sie.

Mutter Teresa schwebte von Anfang an ein Orden vor, der über alle Grenzen hinweg und in jedem Land arbeiten und ein Band der Liebe um die ganze Erde schlingen sollte. Sie ist mehr und weiter gereist als jeder andere Ordensgründer vor ihr. Auf allen Kontinenten hat sie Niederlassungen gegründet. Wo immer es geht, schickt sie ihre Schwestern hin. „Die Armen lassen uns die Ehre, ihnen dienen zu dürfen", sagt sie.

Mutter Teresa ist zutiefst bestürzt, daß Christus in sein Eigentum kam und von den Seinen nicht aufgenommen wurde. Sie ist traurig darüber, daß unsere moderne Welt sein Antlitz nicht zu erkennen vermag: „Wenn ich mitansehen muß, wie all die Armen um uns her vernachlässigt werden und unerkannt bleiben, dann wird mir die Trauer des von den Seinen nicht akzeptierten Christus voll verständlich. Wer heute die Armen ignoriert oder zurückweist, der ignoriert ihn und weist ihn zurück."

Wenn sie zu den Reichen spricht, dann hält sie es mit dem Rat, den der Apostel seinem Timotheus gegeben hat: „Den Reichen dieser Welt gebiete, sich nicht zu überheben und nicht auf ungewissen Reichtum zu vertrauen, vielmehr auf Gott, der alles reichlich zum Genuß uns darreicht. Sie sollen Gutes tun, an guten Werken reich werden, freigebig und mitteilsam sein und also eine feste Grundlage für die Zukunft sich zusammentragen, damit sie für sich das wahre Leben erlangen" (1 Tim 6, 17–19).

Den Armen aber sagt sie: „Schickt euch in euer Los. Sucht nach den höheren Dingen, nach dem Unvergänglichen, dem Rost und Motten nichts anhaben können. Trachtet zuerst nach dem Reich Gottes."

Denen, die sich ihm restlos überlassen, verspricht der Herr die Fülle seines Geistes, dessen Wirkungen Paulus so beschreibt: „Des Geistes Frucht dagegen ist: Liebe, Freude, Friede, Langmut, Wohlwollen, Güte, Vertrauen, Sanftmut und Enthaltsamkeit" (Gal 5, 22 f.). Aus dieser Gewißheit heraus kann Mutter Teresa ihren Schwestern sagen: „Seid glücklich, denn Gott liebt euch, besonders dann, wenn die Arbeit, die ihr für ihn tut, hart und schwer ist."

Unsere Beziehungen zu unseren Mitmenschen sollen von Wohlwollen geprägt sein. In ihnen allen sollen wir das Ebenbild Gottes erblicken. Mit Freundlichkeit sollen wir ihnen begegnen, ebenso, als begegnete uns Christus in ihnen. Das verlangt viel Selbstbeherrschung. Der Geist Christi ist nicht der Geist dieser Welt. Nicht umsonst fährt Paulus fort: „Die aber Christus angehören, haben ihr Fleisch mitsamt seinen Leidenschaften ans Kreuz geschlagen" (Gal 5, 24). Ich habe selbst miterlebt, wie Mutter Teresa mit den Jahren an Freundlichkeit und Heiterkeit gewachsen ist, so daß ihr ganzes Wesen Freundlichkeit und Fröhlichkeit ausstrahlt. Es steht für mich außer Zweifel, daß es der Geist des Herrn ist, der ihr Herz immer wieder mit Freude erfüllt. Nichtsdestoweniger hat sie den Preis dafür bezahlen müssen und zahlt ihn immer noch. Denn die Gaben des Geistes sind nur in dem Maße zu haben, in dem wir uns von aller Selbstverhaftetheit und Eitelkeit, von allem Ehrgeiz und aller Verdrießlichkeit frei machen und uns dazu bereit finden, das Kreuz Christi auf uns zu nehmen. Diesen Preis muß jeder erlegen, den es nach dieser geistlichen Seligkeit verlangt.

Im Mittelpunkt des geistlichen Lebens der Missionarinnen der Nächstenliebe stehen Feier und Verehrung der Heiligen Eucharistie. Opfer, Mahl und Gegenwart des Herrn sind ihre Dimensionen. Hier finden die Schwestern die Kraft, den Geist und die Tröstung, die allein ihr Leben ermöglichen und ihm Sinn geben. Mit ihrem Herrn bieten sie sich selbst als Versöhnungsopfer zur Verherrlichung des Vaters dar. Durch ihn, den sie als ihre geistliche Speise empfangen, erlangen sie die Kraft, sich ohne Unterlaß den Leidenden zu widmen. Zu ihm, der in ihrer Mitte gegenwärtig ist, kommen sie und holen sich Rat, Erleuchtung und Trost. Mit ihm, der ein unstillbares Verlangen nach

Liebe hat, harren sie aus in der Verlassenheit. Sein Kreuz und sein Wort „mich dürstet" haben sie täglich vor Augen, wenn sie ihre Kapelle aufsuchen. Er ist es, der sie ruft und ihre Liebe, ihre Aufmerksamkeit, ihren Dienst auf sich zieht. Kniend beten sie zu ihm, harren bei ihm aus in guten und in schlechten Tagen. Oft wird ihre Seele trockenem und verdorrtem Land gleichen, werden sie selbst leiden wie ihr Herr in Gethsemane und auf dem Kalvarienberg. Sie werden ihn sagen hören: „Mich dürstet." Und sie werden sein Flehen verstehen: wer sonst sollte den Durst ihres geliebten Herrn stillen, wenn nicht sie? Er ist ja ihr Meister, ihr Herr, der Bräutigam, dem sie angetraut sind, dem sie angehören, jede von ihnen, mit Leib und Seele.

Mit dem Morgengebet in der Kapelle beginnt ihr langer Tag. Meditation und Eucharistiefeier schließen sich an. Am Nachmittag halten sie eine Stunde der Anbetung vor dem ausgesetzten Altarsakrament.

„Ich habe keine Schwierigkeit, an die reale Gegenwart unseres Herrn in der Heiligen Eucharistie zu glauben", bekennt Mutter Teresa.

Ich antworte: „Bei den meisten Priestern ist das nicht anders. Was unseren Glauben in Wirklichkeit anficht, ist das nur ganz allmähliche, kaum merkliche Wachsen des Christusglaubens und der Kirche, ist der Berg von Sünde und Unglaube, der nach fast zweitausend Jahren der Wirksamkeit seiner erlösenden Gnade, seiner Gegenwart und der heldenmütigen Heiligkeit so vieler Zeugen noch immer in der Welt ist."

Der Herr selbst hat seine Gegenwart in der Heiligen Eucharistie mit den Worten zugesichert: „Nehmt und esset alle davon: das ist mein Leib, der für euch hingegeben wird. Nehmt und trinket alle daraus: das ist der Kelch des neuen und ewigen Bundes, mein Blut, das für euch und für alle vergossen wird zur Vergebung der Sünden. Tut dies zu meinem Gedächtnis." Die Kirchenväter lehren mit einer

Stimme die Realpräsenz. Das Konzil von Trient erklärt nachdrücklich: „... im Sakrament der Heiligen Eucharistie (ist) ... unser Herr Jesus Christus ... wahrhaft, wirklich und wesentlich unter der Gestalt jener sinnenfälligen Dinge enthalten" (DS 1636).

„Warum", so fragt Mutter Teresa, „erschüttern so manche jüngere Priester den Glauben unseres Volkes dadurch, daß sie sagen, nach der Messe gebe es keine reale Gegenwart im Tabernakel? Was bringt man ihnen da denn heutzutage in manchen Seminaren bei? Unlängst schickte man uns einen Neupriester, der den Schwestern einen geistlichen Vortrag halten sollte. Ich war dabei, als er sprach. Er lachte ganz einfach über eine Reihe unserer überlieferten Glaubensüberzeugungen. Er meinte, es sei nicht nötig, vor dem Heiligsten Sakrament eine Kniebeuge zu machen, wenn du außerhalb der Meßfeier in die Kapelle kommst. Die Gegenwart Christi beschränke sich auf die Dauer der Messe und der Kommunion. Ferner griff er den Gedanken des religiösen Gehorsams an und machte unsere traditionellen Frömmigkeitsübungen lächerlich. In diesem Stil ging es eine ganze Stunde lang weiter. Als er geendet hatte, begleitete ich ihn zur Tür, dankte ihm und ließ ihn wissen, er brauche nicht mehr zu kommen. Dann kehrte ich in die Halle zurück und sagte zu meinen Schwestern: ‚Was ihr soeben gehört habt, das hat ein junger Priester ohne Erfahrung gesagt. Es ist seine Privatmeinung oder vielleicht die einer kleinen Gruppe. Jetzt werde ich euch vortragen, was die überlieferte Lehre der Kirche ist.' Und in einer Stunde widerlegte ich alles, was er gesagt hatte."

„Das war richtig, Mutter. Auch das Zweite Vatikanische Konzil wiederholt jenen christlichen Glauben, der Gemeingut der katholischen und der orthodoxen Kirche ist, daß nämlich der Herr auch nach der Meßfeier unter den eucharistischen Gestalten gegenwärtig bleibe und daß die Gläubigen ihn bekennen und als ihren in der Eucharistie gegenwärtigen Herrn in unseren Kirchen und Kapellen besuchen und verehren sollen."

Mutter Teresa hält an dieser Lehre der Kirche fest; der Herr selbst habe sie dem höchsten Lehramt der Kirche, dem Papst und den mit ihm vereinigten Bischöfen zur Bewahrung anvertraut. In diesem Glauben folgt sie der Vorschrift des hl. Paulus: „Wie ihr den Herrn Jesus Christus kennengelernt habt, so wandelt auch in ihm! In ihm faßt Wurzel, baut auf ihm euch auf und festigt euch im Glauben, wie man es euch gelehrt hat; von Dankbarkeit strömt über. Nehmt euch in acht, damit keiner euch einfange durch Weltweisheit und leere Täuschung, die auf Menschenüberlieferung beruht, auf Weltgeistern, aber nicht auf Christus; wohnt doch in ihm die ganze Fülle der Gottheit wesenhaft ..." (Kol 2, 6–9).

Mutter Teresa ist felsenfest davon überzeugt, daß uns in den Sakramenten die Gnade Gottes selbst begegne. Und zugleich stehen sie ihr für das Nahekommen Christi, der auch heute in der Welt am Werk ist. Das Evangelium des Geistes, das Johannesevangelium, fordert von uns ein Bekenntnis dem Geiste und der Wahrheit nach. Auf äußere Formen und Riten legt es geringeren Wert. Gleichwohl ist es unter den vier Evangelien das vielleicht am nachdrücklichsten am Sakramentalen orientierte Evangelium. Mutter Teresas Art, die Dinge zu sehen, ist davon nicht weit entfernt. Ihre geistige Unabhängigkeit und ihre Abneigung gegen erstarrte Formen hindern nicht ihren Glauben an die Wirkmacht der von Christus eingesetzten Sakramente und ihr sehnliches Verlangen, möglichst vielen Menschen ihren Empfang zu ermöglichen. Diese Überzeugung berührt sich eng mit ihrer Auffassung vom Instrumentalen: nach ihrer Auffassung sind wir Werkzeuge in der Hand Gottes, durch die er die Heiligung unserer Menschenbrüder bewirkt. Und genauso müssen auch die Sakramente verstanden werden: Instrumente, durch die Christus uns mit seiner Gnade beschenkt. Ihre bäuerliche Achtung gegenüber allem Natürlichen und gegenüber dem Erdhaft-Kreatürlichen macht es ihr leicht, die von Christus eingesetzten Zeichen als Zeichen der Gnade zu verstehen und anzunehmen. Sie ist davon überzeugt, daß sie als solche von allen Menschen verstanden werden können.

„Pater“, sagte sie, „ich glaube an die Notwendigkeit und Wirksamkeit der Taufe. Manche Priester, die vom modernen Denken durchdrungen sind, sagen mir, ich läge da falsch. Dann antworte ich: ‚Wir wollen uns nicht streiten. Sie werden mich nicht überzeugen können und ich Sie nicht.‘ Wir jedenfalls werden weiterhin alle taufen, die das Sakrament empfangen wollen. – Die vielen Armen, die wir getauft haben und die dann starben und gleich in den Himmel kamen, sind unsere größten Helfer. Unsere größten Helfer sind die vierzigtausend Menschen, die in unseren Sterbeheimen im Frieden mit Gott heimgegangen sind. Sie haben sich ihm verbunden durch einen reinen Akt der Liebe und Hingabe und sich in seinen heiligen Willen geschickt. Jetzt beten sie für uns und unsere Arbeit. Von da kommt der Segen, der unsere Arbeit begleitet. – In Südamerika gibt es viele, die jahrelang keinen Priester zu Gesicht bekommen haben. Sie bitten unsere Schwestern, ihre Kinder zu taufen. Darin liegt eine Quelle tiefen Glücks für unsere Schwestern.“

Voller Freude erinnert Mutter Teresa an Zehntausende von Kindern aus Armenfamilien, die von den Schwestern auf die Beichte und auf die Erstkommunion vorbereitet worden sind. Einfachen und reinen Herzens haben sie den Herrn empfangen. Vielleicht werden manche sich ihren Glauben nicht bewahren können. Aber selbst dann haben sie wenigstens in ihrer Kindheit den Herrn empfangen, und diese Gnade wird ihnen bleiben.

Die neue Regel legt ausdrücklich fest: „Wir kümmern

uns mit besonderer Sorgfalt um die Heranwachsenden. Wir tun unser Möglichstes, um diejenigen herauszufinden, die die Sakramente noch nicht empfangen haben, und beginnen ohne Verzug mit ihrer Vorbereitung." Dadurch werden sie in Stand gesetzt, das Sakrament der Buße und der Heiligen Eucharistie zu empfangen. Dasselbe gilt für Taufe und Firmung.

Mit größter Freude erfüllt es Mutter Teresa und ihre Schwestern, wenn Ehen in Ordnung gebracht werden, so daß die Eheleute sich gemäß dem Ritus der Kirche das Ehesakrament spenden. Gerade in Südamerika ist es ihnen gelungen, die eheliche Verbindung Tausender zu heiligen, die zu ihrer Trauung keinen Priester gesucht hatten. Während einer einfachen Zeremonie konnten dort durch eine Schwester dreißig Eheschließungen gefeiert werden. In einem Fall haben sich Paare, die drei verschiedenen Generationen angehörten – also die Großeltern, die Eltern und die Kinder – das Sakrament der Ehe gespendet.

„Auch in Rom leisten unsere Schwestern hervorragende Arbeit", berichtet Mutter Teresa freudestrahlend. „Sie besuchen die Armen daheim. Sie waschen, putzen, fegen, flicken und kochen für die, die dazu selbst nicht mehr fähig sind. Eines Tages fanden sie einen völlig vereinsamten, kranken alten Mann, dem anzusehen war, daß er schon weit bessere Tage gesehen haben mußte. Er war völlig hilflos. Die Schwestern sorgten für ihn. Da sagte er eines Tages zu ihnen: ‚Ihr habt Gott hierher zu mir gebracht. Da könntet ihr jetzt auch einen Priester holen.' Der Pfarrer kam und nahm ihm die Beichte ab. Der alte Mann war über sechzig Jahre lang nicht mehr zur Beichte gewesen. Tags darauf verschied er im Frieden des Herrn. Ich erzählte diese Geschichte in Amerika, wo ich gebeten worden war, zu einer Versammlung zu sprechen. Nachher kam ein Priester zu mir und sagte: ‚Ich war entschlossen, das Priesteramt aufzugeben und meinen Bischof um Entlassung aus dem

Amt zu bitten. Aber nachdem ich jetzt Ihre Worte gehört habe, werde ich meinen Entschluß rückgängig machen und als Priester des Herrn im Seelsorgedienst bleiben.' "

Mutter Teresas Gottvertrauen ist in jeder Hinsicht ungebrochen. Zwei- oder dreimal hat sie mir gegenüber ihre Einstellung zum Geld deutlich gemacht, und zwar in Worten, die über Jahrzehnte hin fast die gleichen blieben.

„Ich denke nie über Geld nach, Pater. Es kommt stets. Der Herr schickt es uns. Wir tun sein Werk; er sorgt für die Mittel. Wenn er uns die Mittel nicht gibt, dann bedeutet das, daß er das Werk nicht wünscht. Warum da sich aufregen?"

Als Herr Thomas, der Vorstandsvorsitzende der Hindustan Lever Mutter Teresa aufsuchte und ihr ein Grundstück in Bombay zur Verfügung stellte, war seine erste Frage: „Wie wird Ihre Arbeit finanziert?"

Sie antwortete ihm freundlich: „ Herr Thomas, wer hat Sie zu mir geschickt?"

„Ich fühlte mich innerlich dazu gedrängt."

„Sehen Sie, genauso ergeht es noch vielen anderen. Sie kommen zu mir und sagen dasselbe. Darin besteht mein Budget. Der Fall liegt ja ganz klar. Gott hat Sie uns geschickt, Herr Thomas, wie er uns auch all die anderen schickt, die uns die Mittel zur Verfügung stellen, die wir brauchen. Seine Gnade hat Sie dazu bereitgemacht und gedrängt. Er weiß ja, was wir brauchen, und sorgt dafür, so wie Jesus es versprochen hat."

Ihr Vertrauen auf Gott ist so groß wie eh und je. Aber es braucht vielleicht nicht mehr soviel Vertrauensvorschuß, nicht mehr soviel unmittelbares Vertrauen auf das Wort des Herrn wie in den Tagen des Anfangs. In jenen ersten dunklen Jahren bedurfte es des Glaubens, des festen Vertrauens auf das Erhoffte, eines Überzeugtseins von dem, was man nicht sieht (vgl. Hebr 11,1). Heute, fünfundzwanzig Jahre später, ist der Beistand und die Hilfe Gottes für den Orden zu einer Tatsache des Lebens geworden, Gegenstand seiner täglichen Erfahrung. Man wundert sich nicht mehr darüber, weil es noch nie daran gebrach. Dieser fortwährende Beistand erhebt die Herzen und erfüllt sie mit Dankbarkeit. Mutter Teresa hätte zu keiner Zeit auf ein Jahr im voraus einen Haushaltsplan aufstellen können, in dem schwarz auf weiß Einnahmen und Ausgaben ausgewiesen gewesen wären. Sie konnte ja nicht voraussehen, wie viele Menschen so wie Herr Thomas im Laufe eines Jahres zu ihr kommen würden. Das blieb eben Gottes Geheimnis.

Die Missionarinnen der Nächstenliebe hatten Glück. Eine ganze Reihe multinationaler Gesellschaften wollte sich der Grundstücke und Gebäude, die sie nicht selbst brauchten, entledigen. Andere Gesellschaften sahen darin ein Vorbild. Die Prem Dan der Imperial Chemical Industries in Kalkutta, die Asha Dan der Hindustan Lever in Bombay sind nur zwei Beispiele. Nicht umsonst gab Mutter Teresa diesen Stiftungen ihren Namen „Gabe der Liebe" und „Gabe der Hoffnung". Eines Tages würde eine andere Gesellschaft vielleicht eine Stiftung machen. Diese sollte dann Viswas Dan, Gabe des Glaubens, heißen, analog den drei theologischen Tugenden. Es blieb abzusehen, daß später einmal auch eine Gabe der Gnade, der Freude, der Freundschaft folgen könnten. Mit wachsendem Bedarf würde auch die Zahl der Spender wachsen, deren Herz Gott dazu bewegen wird. Und sie selbst würden auch die ersten Nutznießer jener Gaben sein, die sie Gott darbrachten und den Schwestern anvertrauten.

Mutter Teresa hat diese noblen und großzügigen Handlungen angeregt. Zahlreiche Organisationen sammeln für sie. Die Leute spenden gern für diesen Zweck. „Wo lebt sie eigentlich?" wird man oft nach dem Gottesdienst oder auch am Telefon gefragt. Manchmal wird man sogar auf der

Straße darauf angesprochen. „Ich möchte eine Geldspende machen. Wie kann ich sie denn erreichen?" Selbstverständlich steht bei den Spendern häufig das beruhigende Gefühl im Hintergrund, durch ihre Spenden gewissermaßen selbst an einer guten Sache mitzuwirken und an einem großartigen Unternehmen teilzunehmen. Wer da hilft, springt sozusagen auf einen fahrenden Zug auf und nimmt teil an einer echten Pioniertat auf dem Feld praktischer Nächstenliebe. Der eine oder andere mag sich sogar als Mitarbeiter einer „lebenden Heiligen" begreifen.

Mutter Teresa lassen diese unterschiedlichen psychologisch zu deutenden Hintergründe unbeeindruckt. Wenn der Sache Gottes und dem Wohl der Armen dadurch gedient wird, ist es recht so. Sie denkt vor allem an den geistlichen Wert des Aktes des Schenkens. Darauf kommt es ihr an. „Ich hoffe, Sie geben nicht nur aus dem Überfluß heraus", sagt sie zu einer Gruppe reicher Geschäftsleute, die ihr im Anschluß an ein festliches Essen ein kleines Vermögen überlassen wollen. „Sie müssen etwas geben, das Sie etwas kostet. Es sollte ein Opfer für Sie sein, Sie sollten deswegen auf etwas Liebgewordenes verzichten müssen. Dann hat Ihre Gabe auch vor Gott einen Wert. Dann werden Sie wirklich zum Bruder jener Armen, denen es am Allerdringlichsten fehlt."

Es geht ihr vor allem um den Wert, den solches Tun vor Gott hat, und nicht um die Höhe des Betrages, den sie durch eine solche Spende bekommt. Schon als junges Mädchen hatte sie in ihrer Kongregation gelernt, Opfer für die Missionen, für die Sache Christi zu bringen, hatte auf eine Mahlzeit, auf Süßigkeiten, auf ein neues Kleid verzichten gelernt. Ihren bengalischen Schülerinnen an der St. Mary's High School in Entally hatte sie diese Haltung zu vermitteln versucht: verzichtet auf einen Film, einen Ausflug, eine Mahlzeit und gebt das Geld den Armen. Und sie taten es. Sie übten sich in dieser Art von Großzügigkeit bis zu jenem Punkt, an dem sie anfängt, weh zu tun. Nur so kamen sie schließlich so weit, daß sie auch die Anforderungen des Ordenslebens akzeptieren konnten, und zwar für immer, daß sie ihrem Herrn mit uneingeschränkter Liebe ergeben sein und sein Kreuz auf sich nehmen konnten.

Geld spielte wirklich keine große Rolle. Aber als gute Verwalter göttlichen Eigentums und als Spender göttlicher Gaben mußten sie sich so verhalten, daß ihr Tun glaubwürdig und vertrauenerweckend war. Jeder, der ihnen eine Spende übergab, konnte sicher sein, daß der ganze Betrag auch wirklich zum Wohl der Armen verwendet wurde.

Wer es manchmal an der nötigen Vorsicht fehlen ließ, das waren die Wohltäter selbst: „Man stiehlt mir meine Schecks", beklagte sich Mutter Teresa.

„Das kommt immer wieder vor. Ausländische Schecks, die mit der Post geschickt werden, kommen weg und werden in Hongkong oder irgendwo im Mittleren Osten eingelöst. Haben Sie dadurch eigentlich große Verluste gehabt?"

„Ich habe meine Wohltäter darauf aufmerksam gemacht und sie gebeten, mir nur noch durch Bankanweisungen Geld zu schicken. Aber sie halten sich nicht immer an diese Vorsichtsmaßnahme."

Es stellte sich schließlich heraus, daß ihr auf diese Art mindestens 150 000 Rupien abhanden gekommen waren. Es hatte sogar jemand in Kalkutta auf ihren Namen ein Bankkonto eröffnet und über längere Zeit hinweg ständig ihre Unterschrift gefälscht. Der Betrüger konnte aber von der Polizei entlarvt werden.

Geld kommt praktisch von überall her. Allein nach der Fernsehsendung der British Broadcasting Company im Jahre 1975 gingen 19 000 Pfund ein. Die vielen Preise und Anerkennungsspenden wurden sogleich für neue Niederlassungen verwendet. So konnten Neugründungen schuldenfrei in Betrieb genommen werden. Nicht selten waren sie finanziert, noch bevor die Arbeit dort aufgenommen wurde. Die Wohltäter des Ordens waren außerordentlich gebefreudig.

„Wir eröffnen jetzt ein neues Haus in Nagpur. Das ist eine Stadt mit ungefähr einer Million Einwohnern. Es hat dort vor allem Spinnereibetriebe. Das Heim für die Kinder, das wir dort eröffnen, und das Haus, in dem die Schwestern wohnen sollen, werden von einem australischen Gönner bezahlt. Nach der Währung seines Heimatlandes gibt er fünfzigtausend Dollar. Wieviel Rupien sind denn das?"

„Ungefähr 550 000 Rupien, Mutter Teresa."

„Soviel brauchen wir gar nicht. Die Gebäude kosten ja bloß 450 000 Rupien. Da dürfen wir den Rest doch wohl für eine andere Neugründung verwenden in einer Diözese, deren Bischof völlig mittellos ist."

Manchmal stellen die Bischöfe, die Mutter Teresa um eine Niederlassung in ihrer Diözese bitten, Grundstücke oder Gebäude zur Verfügung. In anderen Fällen sorgen die Regierungen dafür. Die Ministerpräsidentin der indischen Provinz Orissa, Frau Satpathi, beklagte sich bei ihr: „Wieso vernachlässigen Sie denn unser Land so? Haben Sie etwas gegen uns?" Kurze Zeit später eröffneten die Missionarinnen in dieser Provinz ein Haus. Als ich Mutter Teresa am Fest der hl. Teresa von Avila zum Namenstag gratulieren wollte, lachte sie: „Ich bin nicht die große Teresa, sondern die kleine Teresa; die ist meine Namenspatronin!"

Ich widersprach ihr: „Das stimmt doch gar nicht. Sie sind nicht Teresa vom Kinde Jesu, die sich selbst als Spielzeug und Ball des Jesuskindes begriff, jene liebenswerte kleine Heilige, die nie aus ihrem Konvent herauskam und mit vierundzwanzig Jahren einen tapferen Tod starb. Sie sind Mutter Teresa. Sie folgen der großen Teresa von Avila nach, sind wie sie ständig auf dem Sprung, stets bereit zu neuen Unternehmungen und Gründungen. Ihren

Schwestern sind Sie eine echte Mutter. Und für uns Priester sind Sie La Madre, die Frau mit dem eisernen Willen, voller Dynamik und Energie." Ihrer geistigen Prägung nach ist Mutter Teresa keine Karmelitin. Sie geht auf den Spuren des hl. Franz von Assisi und des hl. Vinzenz von Paul.

„Im Flugzeug, auf dem Weg von Madras nach Kalkutta, habe ich meinem Sitznachbarn von Gott erzählt. Ich hatte diesen Herrn nie zuvor gesehen. Es war, als meditierten wir die zwei Stunden, die der Flug dauerte."

Im geistlichen Leben Indiens ist es Brauch, daß der Heilige, wenn er auf Reisen ist, sich still verhält und sich in tiefer Besinnung der göttlichen Gegenwart hingibt. Diese stumme Zwiesprache mit Gott wird von jedermann akzeptiert. Es gibt keinen besseren Weg, einfache Menschen an die Wirklichkeit Gottes zu erinnern, die wir alle suchen und mit der wir in Kontakt kommen möchten. Der hl. Franziskus dagegen war so voll Freude über die Gottesliebe, daß er auch mit den Mitreisenden darüber sprach. Denn diese hätten sonst vielleicht nichts davon gespürt. Das soll jeder machen, wie er es für richtig hält. Er kann seine Weggefährten durch Worte ebenso erbauen wie durch in sich gekehrtes Stillschweigen. Ich weiß, wozu ich den jungen Schwestern raten würde, die noch nicht zur völligen Gelöstheit vom Irdischen vorgedrungen sind: Mutter Teresa hält sie dazu an, in ihrem Leben jener vollkommenen Freude des hl. Franz nachzustreben, die aus restloser Selbsthingabe an Gott und aus völligem Vertrauen in seine Herrlichkeit entspringt.

Ihre eigene Spiritualität ist stark franziskanisch geprägt. In der Hochschätzung und der Praxis der evangelischen Armut, in der Liebe zum Kreuz und zum leidenden Erlöser, aber auch im gehorsamen Sich-Fügen in Gottes Führung, wie sie in der Schrift zum Ausdruck kommt, eifert sie dem hl. Franziskus nach. Ganz wie er hat auch sie es sich zu eigen gemacht, dem Leben und den Problemen, die es stellt, ganz einfach und ungekünstelt zu begegnen. Täglich sprechen die Schwestern das Gebet des hl. Franz „Herr, laß uns zu Werkzeugen deines Friedens werden". Das stimmt mit Mutter Teresas Auffassung völlig überein, etwa wenn sie daran erinnert, daß sie wie ein Bleistift sei in der Hand Gottes, mit dem er den Menschen ins Herz schreibe, was er wolle. So wie das Gebet des Herrn hat auch dieses Gebet des hl. Franz den Vorteil, daß es von allen Menschen gebetet werden kann, die an Gott glauben, ganz gleich, welcher Religion oder Konfession sie auch angehören, so daß durch dieses gemeinsame Beten ein Band der Liebe geknüpft wird, das die ganze Welt umspannt. Und es enthält ein Lebensprogramm für die, die es sprechen.

Lebensstil und Arbeitsweise der Schwestern erinnern an die „Töchter der christlichen Liebe" des hl. Vinzenz von Paul und der hl. Louise de Marillac. Vinzenz von Paul wollte zu einer Zeit, als Ordensfrauen noch in völliger Klausur leben und innerhalb ihres Konvents arbeiten mußten, daß seine Töchter hinausgingen und die Armen in ihren Wohnungen aufsuchten. Er schickte sie los, damit sie an Ort und Stelle die Armen und Kranken pflegten, den Hungernden zu essen brachten und die Waisen in ihre Obhut nahmen. Sie trugen die Kleidung französischer Bäuerinnen und lebten ein Leben voller Armut und Strenge.

Manchmal macht Mutter Teresa einen bekümmerten Eindruck. Dann sagt sie bisweilen: „Pater, was wir tun, ist im Grunde so wenig. Man lobt uns für unsere Aktivität. Aber in Wirklichkeit ist das doch nur ein Tropfen auf den heißen Stein und bleibt praktisch so gut wie wirkungslos gegenüber dem unendlichen Ausmaß menschlichen Leidens."

„Sie haben ja recht. Aber wir sind doch nicht die Vorsehung. Sie tun, was Sie nur können und was mit den Mitteln und mit den Mitarbeitern, die Ihnen zur Verfügung stehen, überhaupt zu bewältigen ist. Gott verlangt nicht, daß Sie mehr tun."

Das Ausmaß der Not, von der die Menschen vieler Länder Asiens betroffen sind, ist in der Tat so groß, daß es einen entmutigen und entsetzen könnte. Die Schwestern arbeiten vielleicht in zwanzig Slumgebieten in Kalkutta. Amtliche Schätzungen gehen aber allein für Kalkutta von etwa dreitausend solchen Gebieten aus. Es gibt mindestens 100 000 Obdachlose dort. Wenn es den Schwestern gelingt, 100 000 Leprakranke zu erreichen und zu behandeln, dann steht dem eine Zahl von ungefähr zwei Millionen Menschen gegenüber, die im ganzen Land an dieser Krankheit leiden. Dazu kommen noch ungefähr zwei Millionen Blinde und, gemäß einer amtlichen Erklärung aus dem Jahr 1976, eine Dreiviertelmillion ständiger Landstreicher und Bettler.

Trotzdem summiert sich die Arbeit der Schwestern. Sie selbst arbeiten in einem fort, ihre Mitarbeiter sind voller Eifer, und die Sache der Nächstenliebe hat durch ihren Einsatz und ihre Tätigkeit weltweit einen Anstoß erfahren und beginnt bei all denen zu wirken, die von den Missionarinnen der Nächstenliebe gelesen oder gehört haben. Ihre Zahl geht in die Millionen. Und wir alle, die wir die Liebe und Hingabe kennengelernt haben, die von Mutter Teresa und ihren Mitschwestern und Mitbrüdern praktiziert wird, sind dadurch bessere Menschen geworden.

„Pater, unsere Arbeit bei den Kindern in den Slums sieht hoffnungslos aus", meint Mutter Teresa. „Wenn wir ein solches Kind erfolgreich ausgebildet haben, dann zieht es nachher weg in eine bessere Umgebung und läßt die anderen in den Slums zurück ohne Vorbilder, an denen sie sich aufrichten könnten."

Bei einer anderen Gelegenheit meinte sie traurig: „Pater, ich baue die Kirche nicht auf!"

„Nein, Mutter Teresa, das vielleicht nicht. Aber Sie sind

trotzdem ihr bestes Aushängeschild. Denn durch Sie dürfen alle, die mit Ihrem Orden in Berührung kommen, die Liebe Christi erfahren. Ihnen ist es zu danken, daß so viele Kinder und Erwachsene Christus kennenlernen und ihm begegnen durften und die Sakramente empfangen haben. Ohne Sie wäre all dies nicht geschehen."

„Wissen Sie, wir können den Herrn vielleicht nicht immer so verkünden, wie wir das gerne möchten. Wir werden von den Regierungen und von den verschiedensten Organisationen gefördert und unterstützt. Deshalb sind uns bisweilen die Hände gebunden. Sie dagegen können ihn ungehindert verkündigen, weil sie von niemandem unterstützt werden. Neulich sagte ein Regierungsbeamter zu mir: ‚Geben Sie's doch zu. Sie möchten doch, daß ich Christ werde. Dafür beten Sie doch, oder?' Ich antwortete ihm: ‚Wenn einer etwas wirklich Gutes hat, dann möchte er es mit seinen Freunden teilen. Meiner Meinung nach ist aber Jesus Christus das Beste, was wir auf dieser Welt finden können. Deshalb möchte ich, daß alle Menschen ihn so wie ich selbst kennen und lieben. Aber der Glaube an ihn ist eine Gabe Gottes, die er gibt, wem er will.' Der Beamte war mit dieser Antwort zufrieden."

Mutter Teresa war schon immer eine aktive Frau, unermüdlich in ihrem Eifer. Sie ist ganz praktisch eingestellt, am Konkreten orientiert, fähig, sich schnell zu entscheiden, und fest entschlossen, ihre Entscheidungen auch in die Wirklichkeit umzusetzen. Sie glaubt an das Heute und duldet keinen Aufschub. Das Gestern gehört der Vergangenheit, das Morgen der Zukunft, die wir nicht in der Hand haben. Es kann sein, daß es kein Morgen mehr gibt. Wir haben nichts als den heutigen Tag. Heute gilt es, bereit zu sein und tätig, heute müssen wir für die Verherrlichung Gottes arbeiten.

Mutter Teresa ist voll Kraft und Energie und bringt jeden zum Arbeiten, der ihr begegnet. Mitten in eine

Besprechung mit einem Regierungsbeamten – es ging um Grundstücksfragen – platzte eine Schwester: „Ein amerikanischer Tourist will Sie sprechen. Es ist der gleiche, der neulich schon einmal da war."

„Er soll nach Kalighat gehen und dort mitarbeiten."

„Dort sei er gestern doch schon gewesen."

„ Ja und? Dann soll er eben heute noch einmal hin. Die Armen sind immer noch da."

Ein anderes Beispiel. Ich erzählte ihr von einer Frau, die sie kennenlernen wollte.

„Dazu besteht keine Veranlassung. Sie soll kommen und helfen. Was kann sie überhaupt?"

„Sie hat ein Restaurant. Ich möchte annehmen, daß sie sich gut auf den Einkauf von Lebensmitteln versteht."

„Wir brauchen keinen Einkäufer. Unsere Mahlzeiten sind einfach. Sie soll in der Armenambulanz mithelfen. Wie viele Tage in der Woche kann sie sich freimachen?"

„Ich werde sie danach fragen."

Vor vielen Jahren schlug sie mir vor, ich solle ein Meditationsbuch für die Schwestern verfassen. „Das kann ich nicht. Ich verstehe mich nicht auf so etwas." Ein paar Jahre später kam sie wieder darauf zurück und bedrängte mich: „Schreiben Sie doch dieses Meditationsbuch für meine Schwestern. Es gibt auf diesem Gebiet so gut wie nichts, was den geistlichen Bedürfnissen der Schwestern entgegenkäme." – „Aber, bitte, verstehen Sie doch, wenn ich Ihnen sage, daß ich das nicht kann." Wieder ein paar Jahre später fragte sie: „Was ist jetzt mit dem Meditationsbuch, das ich Sie zu schreiben bat?" – „Also gut, ich versuch's." Als dann auch noch der Verleger zu drängen anfing, kamen mir wieder Bedenken. Ich sagte ihm, es ginge eben nicht. Doch eine Woche später fing ich damit an, Meditationen über das Johannesevangelium zu schreiben. Gedanken und Einfälle stellten sich ein. Ein ganzes Jahr lang arbeitete ich an dem Buch. Es machte mir Freude.

Als es fertig war und im Druck erschien, schickte ich Mutter Teresa ein Exemplar. Ein paar Tage später rief sie mich an. „Vielen Dank, Pater, daß Sie für uns Ihr ‚Bleibet in meiner Liebe' geschrieben haben. Ich benutze es täglich." Das war der schönste Lohn für all meine Mühe.

Die geistliche Perspektive Mutter Teresas ist selbstverständlich seit den Tagen der Gründung des Ordens nicht stehengeblieben. Altersgenossen, die zu ihr Kontakt gehalten haben, konnten beobachten, wie sich ihr geistliches Leben in diesen dreißig Jahren weiterentwickelt hat. Das war auch nicht anders zu erwarten. Ihr Verstehen des Glaubens und der Wege der Vorsehung vertiefte sich in dieser Zeit. Mit dem Fortgang der Zeit, des Gebetes, der Arbeit, der Selbstaufopferung, dem ständigen liebenden Sich-Ausgeben sind bei ihr die Früchte des Geistes herangewachsen und zur Reife gelangt. Vielen von uns mag es umgekehrt ergehen. Zu den körperlichen Schwächen des Alters mögen sich dann geistige und geistliche Schwächen gesellen. Für die Menschen, die sich rückhaltlos der Gnade geöffnet haben, gilt dieses Gesetz nicht. Die Kraft des göttlichen Lebens in ihnen erneuert und verjüngt ihre Kräfte und läßt sie zu einer Frucht der Freundlichkeit heranwachsen, deren Köstlichkeit immer reiner wird.

Mutter Teresas Glaube und Gottvertrauen sind mit den Jahren noch beständiger und fester geworden und haben an Sicherheit, Natürlichkeit und Spontaneität gewonnen. Im Gespräch mit ihr wird dies sichtbar und spürbar.

Einem Besucher des Heimes in Kalighat, der seine Verwunderung darüber zum Ausdruck brachte, daß in dieser letzten Raststätte, die den Armen vor ihrem Hinscheiden bereitet wird, ein wunderbarer Friede herrsche, gab sie einfach zur Antwort: „Das macht die Nähe Gottes." Eine präzisere, faßlichere und vollständigere Zusammenfassung und Beschreibung kann man sich nicht vorstellen. Früher hätte sie vielleicht eine wortreichere Erklärung gesucht. Jetzt dagegen genügt ihr ein Wort, „Gott“, die Bezugnahme auf seine Gegenwart, sein liebendes Wirken. So vereinfachen sich ihr in der wachsenden Helle seines Lichtes die Formen und Strukturen des Lebens. Das gilt auf allen Ebenen.

Gerade bei den Sterbenden sieht sie den am Werk, der ihnen die immerwährende Seligkeit seiner Nähe bereitet. Die Häßlichkeit der Armut und des Elends treten in den Hintergrund, wenn er seine Kinder zu sich nimmt, denen die Schwestern geholfen haben, ihr Leben in seine Hände zu empfehlen.

Mit dem Alter wächst einem größere Klarheit zu. Man blickt aus einer größeren Distanz auf die Welt und vermag plötzlich Dinge zu erkennen, die denen, die zu nahe dran sind, verborgen bleiben. Wir sehen die Dinge und Ereignisse sich nach Gottes Plan zu einem Ganzen fügen, erkennen, daß seine Macht groß genug ist, um auch aus Bösem noch Gutes hervorgehen zu lassen. Wir dürfen uns ihm nur nicht in den Weg stellen. Alles kann uns ihm näherbringen, wenn wir ihn lieben, nicht zuletzt gerade auch unsere Leiden und Entbehrungen. Durch sie werden wir mit unserem Herrn vereinigt und ihm ähnlich; so sind sie verdienstvoll und erwirken seine Gnadengaben.

Es bleibt uns eine heilige Pflicht, den Menschen ihre Last zu erleichtern. Wir sollen die Liebe Christi zu den Vielen nachahmen, die wie Schafe ohne Hirten waren und darauf warten, daß einer sie auf gute Weide führe.

Heute würde Mutter Teresa wohl kaum mehr mit Bekümmerung ausrufen: „Wir tun so wenig, wir erbauen die Kirche nicht auf, unsere Arbeit ist nur ein Tropfen auf den heißen Stein!“ Sie ist vielmehr dankbar für die Berufung, die an all die Schwestern ergangen ist. Mitarbeiterinnen Gottes durften sie werden, und sie dienen ihm in ganz einfacher und demütiger Weise durch ihren Liebesdienst an den Armen.

„Pater, es ist einfach wunderbar.“ Mit dieser oft wiederholten stehenden Wendung preist sie zugleich den Herrn, der sie führt und behütet. Wenn sie sich dieser Wendung so häufig bedient, dann deswegen, weil sie dadurch ausdrücken möchte, daß die Ereignisse und Geschehnisse in einer Beziehung zu Gott gesehen werden können. Im Geiste des Lukasevangeliums preist sie seine Güte, daß er so wunderbar für seine Kinder sorgt und ihnen die Gnade und das Glück schenkt, ihn kennen und ihm dienen zu dürfen.

„Alle, die dies gesehen hatten, lobten Gott“, heißt es häufig bei Lukas am Schluß einer Wundererzählung. Die Wege des Herrn *sind* wunderbar. Jeder, der aus seinem Geiste lebt, kann in den Geschehnissen und Ereignissen des Lebens seine führende Hand erkennen.

„Wie gut Gott doch ist“, sagt Mutter Teresa gern und oft. „Seine schützende Hand ist über uns.“ So ist es in der Tat. In dieser Erfahrung gründet der Optimismus, der aus ihrer ganzen Haltung spricht. Tag für Tag begegnet sie körperlichem und geistigem Leid, dem menschlichen Elend und der Ungerechtigkeit, erlebt, wie die Menschenwürde mit Füßen getreten wird, und leidet daran so, daß sie unmittelbar praktische Abhilfe schaffen will. Aber das macht sie nicht blind für all das Gute, das auch in der Welt ist, für wahre Frömmigkeit und Demut, für Hilfsbereitschaft, Liebe, Mitleid, Erbarmen, Leidensmut, Dankbarkeit, Fügsamkeit und guten Willen.

Albert Camus, der Autor der „Pest“, war der Meinung, daß in dieser Welt die Summe des Guten unterm Strich größer sei als die des Bösen. Er wollte vom Glauben nichts wissen. Für seine Behauptung konnte er den Grund nicht angeben. Wer aber an Gottes Vorsehung glaubt und darin ein Jünger Christi, unseres Erlösers, ist, der ist in der Lage zu erklären, warum es sich so verhält.

8 *Sein Leiden teilen*

> Wandelt in der Liebe, wie auch Christus euch geliebt und sich für uns hingegeben hat als Gabe und Opfer, das Gott gefällt. (Eph 5, 2)

Mutter Teresa weiß, was es heißt, zu leiden. Sie hat ihrem Herrn das Kreuz tragen helfen. Wie jeder andere Liebende möchte auch sie nicht, daß es ihr da anders erginge. Die hl. Teresa von Avila spricht aus Erfahrung, wenn sie sagt: „Es wird sich immer wieder bestätigen, daß die am meisten leiden müssen, die Jesus am nächsten sind." Mutter Teresa führt ihren Schwestern immer wieder vor Augen, daß es an ihnen liege, auf die Liebe des gekreuzigten Jesus zu antworten. Um dies tun zu können, müssen sie bereit sein, mit Christus zu leiden, ja sie müssen den Wunsch haben, ihm ähnlich zu werden und für die Erlösung der Menschen zu leiden.

„Die Wunden, die ich an meinem Leib trage, sind die Wunden Christi", schreibt Paulus. Sie wurden ihm geschlagen, weil er zu ihm gehörte. In ihrer Kapelle haben die Schwestern beim täglichen Morgengebet das Bild des Gekreuzigten vor Augen und vernehmen seinen Schrei: „Mich dürstet!" Bei der heiligen Kommunion nehmen sie ihn in sich auf und empfangen die Kraft, ihm in den Armen und Leidenden zu dienen. Zusammen mit ihm sollen sie die Welt zurück zum Vater bringen. Wenn sie über die paulinischen Worte meditieren, in denen der Apostel das

Geheimnis christlicher Liebe ausspricht, dann wächst ihnen aus dem Schrei ihres Herrn am Kreuz eine tiefe Freude zu. „So freue ich mich der Leiden für euch, und ich ergänze an meinem Leibe für seinen Leib, die Kirche, was den Leiden Christi mangelt (Kol 1, 24). Gott will, daß wir an seinem Erlösungswerk mitarbeiten, wie er bei allem, was zur Existenz und zum Wohl der Menschheit beiträgt, unsere Mitarbeit will. Wir sollen seine tätigen Werkzeuge sein, sollen teilnehmen an seinem Werk.

Mutter Teresa kennt das Leid und die Leiden der Menschen. Wie anders könnte sie ihnen sonst mit aufrichtigem Mitleid begegnen, wenn sie nicht teil an ihrer Erfahrung hätte, wenn nicht eine ganz enge Beziehung bestünde zwischen ihr selbst und denen, für die sie sorgt und arbeitet. Die Kranken verstehen die Kranken. Die, die selbst einen schweren Verlust erlitten haben, verstehen jene, die einen geliebten Menschen verlieren.

Mutter Teresa weiß, wie harte und ermüdende Arbeit schmeckt. Ermüdend lange Wege und langes Warten sind ihr nicht fremd. Sie weiß aus eigener Erfahrung, was es bedeutet, in vollgestopften Straßenbahnen und Bussen zu fahren. In den billigen Abteilen dritter Klasse hat sie ganze Nächte im Zug verbracht. Sie kennt die derbe Kost der Armen. In ihren primitiven Unterkünften hat sie bei ihnen auf dem Boden gekauert.

„Gott machte mir ein großes Geschenk: er hat mir eine gute Gesundheit gegeben." Ihre Hände gleichen denen einer Bäuerin. Es sind kräftige, das Zupacken gewohnte, arbeitswillige Hände, die sich immer wieder von selbst zum Gebet falten. Mit zunehmendem Alter wirkt sie immer gebrechlicher. Trotzdem aber ist sie ein wahres Bündel an Energie. Diese Kraft stammt nicht aus ihr selbst, sondern kommt ihr von oben. Der Herr ist ihre Kraftquelle.

Nach Paulus kann sie mit einem Wettkämpfer verglichen werden, der seinen Leib züchtigt und ihn sich unterwirft, um den Siegeskranz zu erringen. Morgens um halb fünf ist sie auf den Beinen. Wenig später findet man sie beim Gebet in der Kapelle. Spät in der Nacht erst, nicht selten auch erst in den frühen Morgenstunden, findet sie ein paar Stunden Schlaf. Schwester Fabienne, die im Mutterhaus arbeitet, erzählt von ihr, daß sie normalerweise bis Mitternacht oder sogar bis ein Uhr nachts arbeite. Ich selbst habe sie nie anders als in kerzengerader Haltung erlebt. So saß sie da, auch wenn sie hundemüde war oder durch eine fiebrige Erkältung geschwächt. Wenn sie krank ist, kostet es alle Mühe, sie dazu zu bewegen, daß sie sich ein bißchen ausruht. Noch schlimmer ist es, wenn sie tatsächlich einmal für ein paar Tage das Bett hüten muß. Nur selten konnten Schwester Agnes oder der Arzt sie für eine Weile dazu zwingen.

„Ich kann sie heute nicht zu Ihnen herunterbitten. Sie ist krank. Sagte ich ihr, daß Sie da sind, dann käme sie aus dem zweiten Stock herunter und müßte hinterher wieder Treppen steigen. Den ganzen Tag über kommen Leute, die sie sprechen wollen. Ich muß das im Moment einfach verhindern“, sagte Schwester Agnes einmal zu mir.

„Da haben Sie völlig recht, Schwester. Kümmern Sie sich um Mutter Teresa, schirmen Sie sie ab und sorgen Sie dafür, daß sie diese kurze Erholungspause, die sie so dringend braucht, auch bekommt und einhält.“

Normalerweise reist sie immer mit der Bahn, und zwar keineswegs in den besseren Klassen. Der indische Eisenbahnminister hat ihr umsonst eine Jahresnetzkarte zur Verfügung gestellt. Um Ihr Zeit und Kraft sparen zu helfen, hat Indira Gandhi ihr 1973 einen Freipaß für die indischen Luftverkehrslinien verschafft. Seither kann sie alle wichtigeren Städte mit dem Flugzeug erreichen.

Es hat Mutter Teresa immer zutiefst getroffen, wenn eine ihrer Schwestern, die sie doch voller Geduld erzogen, geformt und zu Jesus geführt hatte, sich entschloß, den Orden zu verlassen. Vor Jahren konnte sie noch auf die Frage, ob sie denn auf diese Art viele Schwestern verlöre, antworten: „Nein, nur ganz wenige. Sie können die, die uns verlassen haben, an den Fingern einer Hand abzählen und würden dazu nicht einmal alle Finger brauchen." Inzwischen ist das anders.

Da die Zahl der Schwestern gewaltig gewachsen ist, muß man auch mit einer Zunahme bei denen rechnen, die den Orden wieder verlassen wollen. Ich fragte sie daher beim Jubiläum erneut, ob sie denn viele Schwestern verlöre. „Nein, eigentlich nicht. Letztes Jahr waren es drei. Allerdings ging auch eine Oberin weg, übrigens zusammen mit dem dortigen Gemeindepfarrer, der zugleich Spiritual des Konvents gewesen war. Ich suchte deswegen den zuständigen Erzbischof auf. Der meinte, der betreffende Priester sei sehr eigenwillig gewesen. Ich erwiderte: ‚Wenn Sie selbst Zweifel an seiner Zuverlässigkeit haben mußten, wieso machten Sie ihn dann zu unserem Spiritual?' " Aber auch hier war, wenn man so will, Adam nicht der Alleinschuldige. Mehrfach war ihr geraten worden, sie solle am Abend nicht ohne Begleitung ins Pfarrhaus gehen. Sie als Oberin aber hatte nicht auf die Schwestern gehört.

Eine der älteren Schwestern informierte mich genauer über den Umfang der personellen Verluste, die der Orden in den letzten Jahren hatte erleiden müssen: „Drei Schwestern verließen uns nach der ewigen Profeß. Neun weitere gingen bereits nach den ersten Gelübden. Diesen stand es allerdings frei, uns nach Ablauf der Zeit, für die sie sich gebunden hatten, wieder zu verlassen. Gefährdungen kommen von den verschiedensten Seiten: Eine der Schwestern ging und heiratete einen Leprakranken, den sie betreut hatte. Eine andere heiratete den Busfahrer des Konvents. Wieder eine andere ging mit einem Mitarbeiter weg, der gekommen war, um uns zu helfen.“

Kurz nach dem Jubiläum traf Mutter Teresa ein besonders harter Schlag. Eine Schwester in London, die zu den Säulen des Ordens gehört hatte, äußerte den Wunsch, den Orden verlassen zu wollen. Mutter Teresa war so beunruhigt, ja fassungslos, daß sie sich ins nächste Flugzeug nach London setzte. Vielleicht hatte die Schwester nur gesundheitliche Gründe für ihr Vorhaben. Mutter Teresa versuchte sie umzustimmen. Aber ohne Erfolg. Ihre Faszinationskraft blieb ohne Wirkung. Sie konnte nichts weiter tun, als Gott für all das Gute zu danken, das er gerade durch diese Schwester gewirkt hatte. Sie betete für das Wohl all derer, die den Orden verlassen hatten. Es sind ihre eigenen Worte, mit denen die Ordensregel den Schwestern das Gebet für die auferlegt, die den Orden verlassen haben. „Betet für alle, die einmal unserem Orden angehört haben. Gott schütze sie und behalte sie in seiner Liebe.“

„Wir sind alle auch nur Menschen und müssen Höhen und Tiefen durchmachen“, gibt sie immer wieder zu.

„Ja, so ist es, dadurch wird unser Hochmut gedämpft, und wir erfahren so, wie sehr wir der Gnade Gottes bedürfen“, ist meine Antwort.

Immer wieder bereitet es ihr große Sorgen und macht ihr schweren Kummer, wenn jemand, der sich doch auf Lebenszeit verpflichtet hat, der an ihn ergangenen Berufung nicht folgt und sein Versprechen, mit Christus zu leben und zu sterben, nicht hält.

„Wie kommt es bloß, daß heute so viele Priester und Nonnen auf der ganzen Welt ihren Beruf aufgeben? Waren sie nicht von Christus auserwählt? Haben sie das Versprechen, Christus ein Leben lang nachzufolgen, nicht erst nach langer und reiflicher Überlegung gegeben? Wie kann eine Nonne denn erst die ewigen Gelübde ablegen und dann, ein paar Jahre später, den Orden wieder verlassen wollen? Sind etwa die Eheleute nicht zur gegenseitigen Treue verpflichtet, ‚bis daß der Tod sie scheidet'? Warum soll dies dann für Priester und Ordensleute nicht genauso gelten können?"

Mutter Teresa leidet für ihren Herrn und mit ihm, wenn er nicht geliebt oder wenn seine Liebe zurückgewiesen wird. Sie versteht ihr persönliches Leid und ihren Kummer als Genugtuung für den schwachen Glauben derer, die er mit seiner Berufung und Liebe bevorzugt hat und die sich von ihm abwenden, obwohl sie ihm zunächst nachgefolgt sind. Auch sie selbst hat die Erfahrung machen müssen, daß der Herr unser Wollen und unsere Liebe von innen heraus reinigt, indem er uns ohne alle Tröstung läßt. Jedes liebende Herz muß sich daran gewöhnen, daß es versucht und geprüft werden wird, daß ihm aller Trost und jegliches Gefühl für Gottes heilige Gegenwart fehlen wird. Durch diesen finsteren Tunnel muß es hindurch. In dieser, wie der hl. Johannes vom Kreuz sie nennt, „noche oscura", in dieser dunklen Nacht, die jeder Mystiker und mancher andere kennt und erfahren hat, wird der Bund zwischen Gott und der Seele vorbereitet. Da werden gerade die, die aus leidenschaftlicher Gottesliebe alles verlassen haben – oder vielleicht doch noch nicht alles, weil er nicht aufhört, immer mehr von ihnen zu verlangen? –, klagen, daß sie keinen Glauben hätten, daß sie ihre Arbeit, ohne zu glauben und ohne innerlich etwas zu empfinden, ableisteten. Sie fragen sich, ob sie überhaupt noch glauben, und klagen, daß sie nichts sehen. Sie leiden mit Christus im Garten Gethsemane, mit Christus am Kreuz und teilen mit ihm jene offenkundige Gottverlassenheit, aus der heraus sein Schrei ertönt: „Mein Gott, mein Gott, warum hast du mich verlassen?"

Jesus selbst machte ja die von ihm ausgewählten Jünger darauf aufmerksam und schärfte ihnen ein, daß der Menschensohn leiden müsse. Mit ihm richteten sich dabei ihre Gesichter gegen Jerusalem. Aber ihr Schritt ermüdet nicht, und ihr Glaube an ihn bleibt beständig. Durch ihre Teilnahme an seinem großen Erlösungswerk bezeugen sie ihm ihre Liebe. Kummer und Schmerz werden der Freude und Heiterkeit der Erlösten weichen. Dann vielleicht, schon am Ende ihres Weges oder kurz vor dem Ziel, wird der Herr die Seele durch ein letztes Bad der Reinigung gehen lassen.

Lehrgeld

Die Missionarinnen der Nächstenliebe mußten mit einer ganzen Reihe von Fehlschlägen fertig werden. Das dient zum Guten. Mutter Teresa ist ihrem Herrn durchaus dankbar dafür. Durch Rückschläge und Enttäuschungen hindurch werden wir ihm immer ähnlicher. Denn auch bei ihm hatte es das ja gegeben: den Mißerfolg mit Judas, den Mißerfolg mit dem reichen Jüngling, den er aufgefordert hatte, ihm nachzufolgen, und das Scheitern der Bemühung, die Pharisäer und Priester seines Volkes auf seine Sache aufmerksam zu machen und zu bekehren. Auch dieser Aspekt seines Lebens soll Gegenstand unserer Erfahrungen werden. Und seine Enttäuschung über die den Propheten Gottes und seinem Auserwählten widerfahrene Behandlung. Allerdings gab es bei den Missionarinnen der Nächstenliebe nicht besonders viele Fehlschläge.

Simla gehört hierher. Die Schwestern hatten dort, in der Bergregion, ein Haus eröffnet. Aber sie alle stammten aus den feuchtheißen Tieflandregionen. Da oben war es bitter kalt im Winter. Sowohl ihre Kleidung als auch ihre Lebensart war an diese Verhältnisse einfach nicht angepaßt.

Außerdem gab es in dem Gebiet bloß ganz wenig Katholiken. Die Arbeitsmöglichkeiten, vor allem im Bereich der Seelsorge, waren mehr als dürftig. Da verloren sie einfach den Mut. Ihre Arbeit kam ihnen völlig nutzlos vor. Schließlich gingen sie weg. In Darjeeling dagegen, wo doch die klimatischen Bedingungen im Winter fast dieselben sind, harrten sie geduldig aus, und ihre Arbeit machte große Fortschritte und gedieh. Von dort gingen sie nach Takda. Auch da dieselbe Kälte und eine noch weit größere Isolation. Ob es zu solchen Fehlschlägen und Enttäuschungen kommen muß, mag im Einzelfall vom Wagemut, von der Entschlossenheit und Ausdauer, vom Unternehmungsgeist und vom Enthusiasmus der Gruppe abhängen, die unter solchen Bedingungen zu arbeiten anfängt. Ein weiterer Fehlschlag war dann Colombo. Als Mutter Teresa mir mitteilte, sie seien nach Sri Lanka eingeladen worden, fragte ich zurück: „Wie kommt es, daß andere ausländische Orden des Landes verwiesen werden, während Sie vom Premier gebeten werden, dort eine Niederlassung zu eröffnen?" Sie meinte, es komme daher, daß ihr Orden etwas tue, was die anderen Orden eben nicht täten. Aber es dauerte nicht lange, dann wurden auch die Missionarinnen der Nächstenliebe aufgefordert, das Land wieder zu verlassen. So kamen sie wieder zurück nach Indien.

Die Demütigung, die sie in Belfast einstecken mußten, war noch größer. 1972 richtete Mutter Teresa zusammen mit vier Schwestern dort eine Niederlassung ein. Die Stadt stellte eine große Herausforderung für sie dar. Die ökonomisch unterlegene katholische Minderheit wurde von den Protestanten unterdrückt. Sogar von den Kanzeln wurde Haß gepredigt. Einige Katholiken schlugen in ihrer Verzweiflung mit Terror zurück. Zu Mutter Teresa war gesagt worden: Dort gehören Sie hin! Gehen Sie nach Irland und praktizieren sie in der Provinz Ulster echte katholische Nächstenliebe. Bringen Sie durch Ihre Werke der Nächstenliebe die zerstrittenen christlichen Brüder einander wieder näher. Sie nahm die Herausforderung an. Auch der hl. Franz hatte sich ja in das von Muslimen besetzte Heilige Land aufgemacht. Er selbst kam noch ganz gut davon. Aber die Brüder, die er wenig später hinschickte, büßten es mit ihrem Leben. Ihre Bewährungsprobe endete mit dem Martyrium. Ganz so schlimm, ruhmvoll und in die Augen springend war das Schicksal der Schwestern in Ulster nicht. Diese Inderinnen mit ihren Saris waren einfach unerwünscht. Sie mußten die Koffer packen und gehen.

Was in Ranchi passierte, ist beinahe unglaublich. Als Mutter Teresa mit ihren Schwestern eintraf, um dort ein Haus zu eröffnen, schrie man ihnen zu: „Hau ab, Mutter Teresa!“ Man hatte sogar eine Sperre errichtet, um sie am Weitergehen zu hindern. Mutter Teresa versuchte zu argumentieren, aber das nützte nichts. Die Leute waren fest entschlossen, sie am Betreten des Grundstücks, das für die Neugründung erworben worden war, zu hindern. „Wenn ihr den Schwestern den Zutritt verwehrt, dann sperrt ihr Gott selber aus“, argumentierte Mutter Teresa. Aber das half auch nichts. Sie mußten unverrichteterdinge wieder abziehen. Schuld daran war einerseits gewiß ein Mißverständnis, andererseits aber auch ein Fehler bei der Auswahl der Örtlichkeit. Auch wenn man den Menschen nur Gutes tun will, muß man eben die Interessen und Gefühle der Betroffenen respektieren. Es hatte sich dort ein Gerücht verbreitet. Demzufolge waren alle der Meinung, es sollte hier, in ihrem Viertel, ein Heim für Leprakranke errichtet werden. Die Schwestern bestritten dies zwar. Es gehe um ein Heim für Alte und Hilflose. Aber die Bevölkerung, Leute, die sich dort mit ihren Ersparnissen eine hübsche Siedlung geschaffen hatten, fürchteten eben, daß auch ein solches Obdachlosenasyl den Wert ihrer Anwesen mindern und das Ansehen ihrer Siedlung schmälern könnte. Schließlich kam es zu einer friedlichen Lösung. Ein Kinderheim, das in einem anderen Stadtteil bereits existierte, wurde in diese Siedlung verlegt und das Alten- und Obdachlosenheim im ehemaligen Kinderheim untergebracht.

Eine persönliche Niederlage mußte Mutter Teresa verbuchen, als sie in einem Streit zwischen Laien, Priestern und kirchlicher Obrigkeit vermitteln wollte. Sie sprach in Cuttack zu einer Gruppe von Katholiken, die sich der Investitur eines Bischofs widersetzten. Sie sprach von der Liebe zu Gott, von der Treue zur Mutter Kirche, von den Pflichten eines Katholiken und vom Gehorsam gegen unseren Herrn. Daraufhin versprach die Gruppe, ihren Protest einzustellen. Aber der Friede dauerte nur ein paar Tage. Andere Verpflichtungen riefen Mutter Teresa weg von dort. Da ging der Streit von neuem los.

All diese Erfahrungen gestatten es jedoch keineswegs, die Zahl der Mißerfolge überzubewerten. Andere Ordensgründer haben mit schwereren Enttäuschungen fertig werden müssen.

Sonstige Probleme

Auf ihren vielen Reisen hatte Mutter Teresa so manches Erlebnis. Eine denkwürdige Begebenheit trug sich auf einer Paßstraße im Hochland von Darjeeling zu. Es hatte in der Region einen gewaltigen Erdrutsch gegeben, der das ganze Gebiet dieses gebirgigen Landes in Mitleidenschaft zog. Bhutia Basti war völlig zerstört worden. Ganze Häuserblocks waren eingestürzt. Menschen hatten den Tod gefunden. Und viele der Überlebenden waren obdachlos geworden. Der Monsun hatte kurz zuvor eingesetzt. Die heftigen Regenfälle wuschen ungeheure

Erdmassen zu Tal. Sobald Mutter Teresa von der Katastrophe erfuhr, machte sie sich auf den Weg nach Darjeeling, um an Ort und Stelle Hilfsmaßnahmen einzuleiten und zu organisieren. Dann passierte der Unfall.

Bischof Eric Benjamin schildert den Hergang. „Wir waren mit einem Jeep unterwegs. Der Fahrer, Mutter Teresa und ich saßen auf dem Vordersitz. Wir fuhren auf der alten Armeestraße, da die normale Straße durch herabgeschwemmte Erdmassen unpassierbar geworden war. An einer scharfen Kurve kam uns plötzlich ein Lastwagen entgegen. Ausweichen konnten wir nicht. Der Fahrer und ich sahen den Lastwagen noch kommen. Wir konnten uns festhalten, um nicht nach vorn geschleudert zu werden. Daher kamen wir mit dem Schrecken davon. Mutter Teresa dagegen wurde nach vorn geworfen. Sie schlug hart mit dem Kopf gegen den Stahlrahmen der Windschutzscheibe und erlitt eine schlimme Platzwunde. Ich sah, wie das Blut unter dem Sari, der ihren Kopf bedeckte, hervorschoß. Sie meinte, es sei nicht weiter schlimm. Aber wir wendeten sofort und brachten sie zurück in das Pflanzer-Hospital in Darjeeling. Der Arzt versorgte sie. Die Wunde mußte genäht werden. Es bedurfte immerhin einer Naht von zehn Stichen. Ein wenig tiefer, und sie hätte ein Auge verloren. An diesem Abend war auch Indira Gandhi in Darjeeling. Als sie von dem Unfall erfuhr, rief sie Mutter Teresa im Krankenhaus an, versicherte sie ihres Mitgefühls und wünschte ihr aufs herzlichste baldige Genesung."

Nach ein paar Tagen war Mutter Teresa schon wieder in Kalkutta. Als ich ihr im Mutterhaus begegnete, waren die Spuren des Unfalls noch deutlich zu erkennen. Aber sie lächelte bloß und meinte: „Es ist alles schon wieder in Ordnung, Pater."

Manchmal gab es Begegnungen mit gefährlichen Tieren. Vor allem die Hunde waren keineswegs immer gutmütig.

In Raipur wurde eine Schwester von einem kleinen fremden Hund gebissen. Sie nahm die Sache auf die leichte Schulter und ließ sich nicht gegen Tollwut impfen. Ein paar Wochen lang zeigte sich nichts. Alles schien gut zu gehen. Aber wenig später kam dann die gefürchtete Krankheit doch zum Durchbruch. Man brachte sie in ein Pasteur-Institut und verabreichte ihr eine Seruminjektion. Aber da war es bereits zu spät. Sie starb. Der Herr gebe ihr die ewige Ruhe und lohne ihr all das Gute, das sie getan hat.

Im Mutterhaus selbst gab es einen schrecklichen Hund, der unentwegt bellte und um sich biß. Die Schwestern gaben ihm den Spitznamen Kala Shaitan, Schwarzer Teufel. Er war äußerst wild. Eines Tages riß er sich von der Kette los und fiel Schwester Camillus an. Sie erlitt zahlreiche Bißwunden am ganzen Körper. Zuvor hatte er schon einmal zwei Schwestern angefallen. Ich machte den Vorschlag, man solle sich des Tieres doch einfach entledigen. Aber die Schwestern waren dagegen. Sie fürchteten, Mutter Teresa werde traurig darüber sein, da sie ihn sehr liebte. Ihr gegenüber verhielt er sich aber auch wie ein Engel. Außerdem meinten die Schwestern, er schütze sie vor Dieben. Eine Novizin dagegen vertraute sich mir an: „Ich lebe in ständiger Furcht vor dieser Bestie und zittere beim bloßen Gedanken an sie. Meine Arbeit bringt es mit sich, daß ich abends über den Hof gehen muß. Gerade da läuft er dann aber frei herum. Ich selbst bin zu klein und schwach, als daß ich ihn davonjagen oder mich gar gegen ihn wehren könnte." – Ein paar Tage später warfen Einbrecher vergiftetes Fleisch in seinen Käfig. Der Hund fraß es und ging ein. Von nun an konnten die Novizinnen auch bei Nacht sorglos den Hof überqueren.

9 *Schwesternausbildung*

> Denn wer ist unsere Hoffnung, unsere Freude und unser Ruhmeskranz vor unserem Herrn Jesus bei seiner Ankunft, wenn nicht gerade ihr? Ja, ihr seid unser Ruhm und unsere Freude. (1 Thess 2, 19–20)

Michael Gomes berichtete kurz nach dem Jubiläum, daß Mutter Teresa ihn einmal gefragt habe, ob er wohl wisse, was eigentlich ihre wichtigste Aufgabe sei.

„Vermutlich die Arbeit für die Armen“, habe er geantwortet.

„Nein“, sagte sie, „aber raten Sie weiter.“

Er habe versucht, die richtige Antwort zu finden, und eine Reihe von Lösungsvorschlägen gemacht. Aber sie meinte jedesmal:

„Nein, das ist mir nicht das Wichtigste.“ Schließlich habe sie dann zu ihm gesagt: „Dann will ich es Ihnen selber sagen. Für mich ist die Schwesternausbildung am allerwichtigsten.“

„Das ist doch sonnenklar, Bruder Michael. Was könnte sie auch ohne ihre Schwestern schon tun?“ meinte ich.

„Und was vermöchten die Schwestern ohne sie?“ gab er unbeeindruckt zurück.

„Da mögen Sie ja recht haben. Aber sie braucht doch auf jeden Fall ein Team. Ohne die Schwestern, die die von ihr gegebenen Impulse verstärken und ausweiten, könnte sie doch keine einzige von den Einrichtungen, die der Orden unterhält, weiterführen. Mutter Teresa weiß ganz genau, daß der Orden nur so lange lebt und wirksam bleibt, solange die Schwestern selbst bereitwillig und mit glühender Hingabe am Ordensleben festhalten. Das hat sie mir selbst mehrfach gesagt.“

Anfangs war die Ausbildung der Schwestern ja sogar ihre Hauptbeschäftigung. Weil der Orden ständig größer wird und sich über die ganze Welt ausgedehnt hat, kann sie für diese in der Tat vordringliche Arbeit heute nicht mehr so viel Zeit aufwenden. Sie hat sie daher in die Hände von Mitschwestern gelegt, die sie selbst speziell für diese Aufgabe ausgebildet hat.

Ihr Erziehungsziel besteht darin, die jungen Kandidatinnen, die sich dem Orden anschließen wollen, zur Christusförmigkeit zu führen, ganz nach dem Wort des hl. Paulus: „Liebe Kinder! Von neuem liege ich mit euch in Wehen, bis Christus in euch Gestalt gewonnen hat“ (Gal 4, 19).

Zwei Jahre lang hat sie jede neue Novizinnengruppe selbst betreut und jedes der Mädchen auf die von ihm erwartete Lebensform einer Braut Christi vorbereitet. Sie selbst hat sie ins geistliche Leben eingeführt, hat in ihnen den Sinn für Verzicht, Demut, Dienstbereitschaft, Liebe zu Gott und den Menschen geweckt und sie gelehrt, Gott im Gebet zu finden. Mit größter Behutsamkeit bereitet sie die Schwestern auf diese Lebensform vor. Denn wenn sie ihre Gelübde ablegen und ihrem Herrn versprechen, nur noch ihm zu leben und zu dienen, nur noch ihn zu lieben und ihm bis in den Tod am Kreuz nachzufolgen, dann soll ihr Bräutigam sie mit den Worten des Hohen Liedes anreden können: „An dir ist alles schön, du meine Freundin, und kein Makel ist an dir.“

Die Tradition der Kirche wendet dieses Wort auf Unsere Liebe Frau an. In ihr wird uns ein Ideal vorgestellt, dem wir nacheifern sollen. Dieses Ideal wird den jungen Ordensfrauen zum Vorbild. Mutter Teresa hat keine Mühen gescheut, ihre Schwestern auf dieses Ziel hin zu erziehen. Daher kann sie mit berechtigtem Stolz zu ihnen sagen: „Ich habe dich, eine reine Jungfrau, Christus anvermählt."

„Jeder von ihnen lege ich eindringlich ans Herz, daß sie eine Braut Christi sei, daß sie ihm ihre ganze Liebe schenken solle und ihn ebensosehr lieben müsse wie eine Frau ihren Gatten."

„Ja, Mutter Teresa, Jesus ist der vollkommene Bräutigam. Seine Treue ist beständig. Er merkt auf die Sorgen und Nöte seiner Braut, denkt an sie, leitet ihr geistliches Wachstum. Aber als ein wirklich und bis zum Letzten Liebender stellt er einen hohen Anspruch. Jahwe sagt ja von sich, daß er ein eifersüchtiger Gott sei."

„Wenn sie erst einmal anfangen, im Bereich des Menschlichen Tröstung und Kraft zu suchen, wenn sie ihr Herz zwischen Gott und den Menschen teilen, dann könnte es geschehen, daß er sie fallen ließe."

Mutter Teresa unterweist ihre Schwestern durch Wort und Tat. Sie gibt selbst ein Beispiel für das, was von ihnen erwartet wird. Auch durch Briefe und gelegentliche Besuche leitet sie sie an. Bei Paulus heißt es: „Folgt meinem Beispiel, wie ich dem Beispiel Christi folge" (1 Kor 11, 1). So könnte auch Mutter Teresa zu ihren Schwestern sprechen. Und es wäre wahr, frei von Übertreibung oder Eigenlob. Man mag daran erkennen, daß der Heilige Geist seinen Beistand denen nicht entzieht, die mit Zustimmung der Kirche einen Orden gründen, von dessen Angehörigen erwartet wird, daß sie selbst gemäß dem Ideal, das durch die Ordensregeln und durch das Beispiel des Lebens des Stifters gegeben ist, ihr Leben einrichten.

Mutter Teresa kann viel verlangen, weil sie selbst viel gegeben hat. Sie verlangt von ihren Schwestern nichts, was sie nicht auch sich selbst abverlangt hätte. Sie selbst hat, wie Jesus auch, anderen die Füße gewaschen, hat ihnen die

Wunden ausgewaschen und verbunden wie der barmherzige Samariter. Wie Christus hat sie Kinder an ihr Herz gedrückt und den Verkrüppelten aufgeholfen. Sie hat Slums besucht und selbst für die Kranken und Hungernden gebettelt. Hunger, Durst und Erschöpfung hat sie ausgehalten, sie hat schlaflose Nächte verbracht und auch in Fieber und Krankheit ihre Pflichten als Oberin nicht vernachlässigt.

So unterweist sie ihre Schwestern fortwährend durch das Beispiel, das sie selber gibt. Im April 1970 traf sie zusammen mit fünf weiteren Schwestern in Melbourne ein. Noch am gleichen Tag fand sie durch Vermittlung der Provinzialoberin der Schwestern von Loreto ein geeignetes Haus. Es hatte seit dem Tode des vormaligen Eigentümers leer gestanden und war daher in einem ziemlich heruntergekommenen Zustand. Das Dach war undicht geworden, der Boden lag voller Unrat. Sie sagte einfach: „Jetzt machen wir da erst einmal sauber.“ Einer der vorderen Räume wurde so im Handumdrehen gefegt, Schlafplätze wurden hergerichtet und der Raum für eine Meßfeier vorbereitet. Es gab lediglich Platz für fünf Schlafgelegenheiten. Daher mußte eine der Schwestern wohl oder übel unter dem Tisch schlafen. Mutter Teresa hatte sich den Arm gebrochen. Die Schwestern wollten es ihr daher mit ein paar Decken bequem machen. Mit dem Einbruch der Nacht sanken alle in ihren wohlverdienten Schlaf. Als sie wieder aufwachten, bemerkten sie verwundert, daß jemand Decken über sie gebreitet hatte, um sie vor der nächtlichen Kühle zu schützen. Mutter Teresa hatte sich um sie gekümmert. Sie konnte auf Annehmlichkeiten dieser Art verzichten. Es steht außer Zweifel, daß diese fürsorgliche Geste die Schwestern nachhaltiger beeindruckt hat, als jeder Vortrag über Nächstenliebe es vermocht hätte.

In der Anfangszeit waren die Schwestern sozusagen noch von Hand geformt worden. Fertig entwuchsen sie den mit großer Behutsamkeit formenden Händen Mutter Teresas. Sie selbst hielt häufig auch die geistlichen Unterweisungen bei den verschiedenen Schwesterngruppen. „Ich halte vier- oder fünfmal am Tag selbst meine Exhortationen", konnte sie damals noch erklären, „und es gibt nicht eine Schwester, um die ich mich nicht selbst kümmere."

Allmählich aber wuchs die Zahl der Ordenshäuser. Daher mußte sie sich mit der Zeit auf das Vertrauen stützen, das sie zu ihren Mitschwestern der ersten Stunde gefaßt hatte. Sie waren ja inzwischen gefestigt, hatten selbst Erfahrung gesammelt und den Geist Mutter Teresas in sich aufgenommen. Ihre Ideale und Ideen vermittelten sie nun den Schwestern weiter, wobei sie nicht selten sich sogar der Lieblingswendungen Mutter Teresas bedienten. Sie stellten hohe Anforderungen. Die Postulantinnen und Novizinnen mußten sich schließlich für ein entbehrungsreiches, schweres Leben unter strengster Disziplin entscheiden. Da Mutter Teresa wegen der zahlreichen Neugründungen immer häufiger unterwegs sein mußte, wuchs den Mitschwestern, die schon früh dem Orden beigetreten waren, ein ständig größer werdender Anteil an der Ausbildungsarbeit zu.

Auch eine ganze Reihe von Priestern hatte von der ersten Stunde an mitgeholfen. Pater van Exem hat außergewöhnlich viel zur Ausbildung der Schwestern beigesteuert sowohl als Beichtvater wie auch als Spiritual der Kommunität von Kalkutta. Er half, den Charakter der Schwestern gemäß dem Geist der Ordensregeln zu formen, und erklärte sie ihnen. Auch Pater Julien Henry hat sehr viel geholfen. Sein Einfluß auf Mutter Teresa und ihre Schwestern war beträchtlich. Mit Nachdruck betonte er die Notwendigkeit des Gebetes und forcierte die Herz-Jesu-Frömmigkeit ebenso wie die Verehrung der Eucharistie und der Jungfrau Maria. Noch heute, nach achtundzwanzigjähriger

Tätigkeit im Orden, hält er täglich bei den verschiedenen Schwesterngruppen seine Unterweisungen.

Mutter Teresa berichtet mit schelmischem Lächeln: „Pater Henry erzählt den Schwestern Dinge, die sich außer ihm keiner zu sagen trauen würde. Er kennt ihre Schwächen und nimmt in seinen Unterweisungen exakt darauf Bezug. Wenn zum Beispiel die Novizinnen, die nicht immer, wie von ihnen verlangt und erwartet wird, unterwegs den Rosenkranz beten, ihn von weitem auf der Straße daherkommen sehen, dann greifen sie schnell danach und fangen an zu beten. Aber da hat er es längst bemerkt, und man kann sicher sein, daß er in seiner nächsten Unterweisung davon anfängt. Ihm entgeht nichts, obwohl er doch selbst ins Rosenkranzgebet vertieft ist, wenn er unterwegs ist."

Wenn die Schwestern das Mutterhaus verlassen haben, setzt Mutter Teresa ihre Unterweisungen brieflich fort. Sie gibt Anweisungen, tadelt, ermuntert, rät, macht Vorschläge, hilft Probleme lösen, spricht Mut zu und gibt Impulse.

„Ich halte zu all unseren Niederlassungen und zu allen meinen Schwestern Kontakt. Sooft es nur geht, besuche ich sie auch. Natürlich werden solche Besuche seltener, je mehr Niederlassungen wir haben. Aber ich schreibe ihnen sehr oft."

Sie denkt ständig an ihre Schwestern. Sie hilft ihnen, ihre Probleme zu lösen und ihre Schwierigkeiten zu überwinden. Im Namen Christi, dessen Stelle sie ihnen gegenüber vertritt, sendet sie sie aus. Also muß sie wissen, wen sie wohin schicken kann, wen sie für einen bestimmten Ort zur Oberin bestellen soll und welchen konkreten Dienst die Schwestern an einem bestimmten Ort wahrnehmen sollen. Deshalb geht sie immer selbst hin und prüft die Verhältnisse oder läßt sie sich, wenn es nicht anders geht, von erfahrenen Ratgebern schildern. Auch wenn die Schwestern sich eingelebt haben, steht sie ihnen noch mit ihrem Rat zur Seite, sei es brieflich oder durch unmittelbaren Besuch. Ihr lenkender, ermutigender, ermahnender, zurechtweisender und motivierender Rat gilt dem religiösen Leben ebenso wie dem konkreten Apostolat.

Schwester Letitia wurde später die erste Oberin in Neuguinea. Als sie noch Leiterin der Niederlassung in Amravati war, berichtete sie an Mutter Teresa, daß ihnen der dortige Bischof eine monatliche Unterstützung von zweihundert Rupien gewähre. Daraufhin schrieb Mutter Teresa zurück: „Nächsten Monat gebt Ihr dem Bischof sein Geld zurück und erklärt ihm, Ihr würdet seine Unterstützung jetzt nicht mehr brauchen. Es muß Euch gelingen, daß Ihr von der Bevölkerung Hilfe und Unterstützung für Eure Arbeit bekommt."

Ab und zu wird ein Rat, den sie gibt, durch ihren persönlichen Humor gefärbt. Die Schwestern von Dorunda beklagten sich einmal in einem Brief, sie könnten nicht schlafen, da allnächtlich Diebe die Dachrinnen hinaufkletterten und versuchten, in ihr Schlafgemach einzudringen. Da schrieb sie ihnen zurück: „Da keine von Euch so hübsch ist, daß man sich vorstellen könnte, ein Dieb wolle sie mitnehmen, ist anzunehmen, daß sie der Vorräte und des Geldes wegen kommen. Laßt also die Diebe nehmen, wonach es sie verlangt. Die Schwestern aber sollen den Schlaf der Gerechten schlafen. Gott wird Euch schon nicht im Stich lassen."

Mutter Teresas Briefe werden in der Kommunität vorgelesen und von Haus zu Haus weitergegeben. Bei der zweiten Überarbeitung der Ordensregeln im Jahr 1975 haben zahlreiche Stellen aus diesen Briefen in der neuen Fassung ihren Niederschlag gefunden.

Eine belgische Zeitschrift bat Pater van Exem um ein Interview mit Mutter Teresa. Eine seiner vielen Fragen lautete, was ihrer Meinung nach heute in der Schwesternausbildung das Wichtigste sei. „Am wichtigsten scheint mir, daß den Schwestern eine tiefe innere und persönliche Liebe zum Altarsakrament vermittelt wird. Dann können sie Jesus in der Eucharistie begegnen; dann können sie hinausgehen und Jesus im Nächsten begegnen und ihm in den Armen dienen.“

Das Insistieren auf beidem, auf der eucharistischen Gegenwart Christi ebenso wie auf seiner Gegenwart im Nächsten, bildet das Zentrum der geistlichen Ausbildung und macht kenntlich, wie wirklichkeitsnah diese Spiritualität ist und wie sehr sie dazu drängt, sich im Handeln zu realisieren. Heute, in unserer Welt müssen wir Christus suchen und finden, unter den Bedingungen von Zeit und Raum muß er uns fühl- und berührbar werden. Die Heilige Eucharistie ist die geistliche Speise, die den Schwestern die Kraft gibt für ihren Dienst und in der ihr Herr und Erlöser gegenwärtig ist.

Mutter Teresa besteht darauf, daß Tag für Tag getreu die Stunde der Anbetung vor dem Altarsakrament eingehalten wird, wie die neue Ordensregel es vorschreibt. Sie selbst führt jeden Besucher zuerst in die Kapelle und fordert ihn auf, dem Hausherrn seinen Gruß zu entbieten. Und es erfüllt sie mit Genugtuung, wenn sie erfährt, daß auch die verschiedenen Mitarbeitergruppen Anbetungsstunden abhalten. Das Zweite Vatikanische Konzil hat die eucharistische Frömmigkeit, die ganz auf der Linie der kirchlichen Tradition liegt, bekräftigt.

Einer weitverbreiteten, volkstümlichen Auffassung zufolge wird es auch in Indien geschätzt, wenn die Religion feste Formen hat. Aber es gibt noch eine andere, tiefer verwurzelte Form indischer Geistigkeit. Ihr gemäß wird die Gegenwart Gottes in der Welt und in den Herzen gesucht. Die Schwestern müssen einen Großteil ihrer Zeit außerhalb der Konvente zubringen, weil ihre Arbeit das erfordert. Sie sind meistens unterwegs. Deshalb müssen sie lernen, mit ihrem Herrn überall betende Zwiesprache zu halten und Gott in allen Dingen zu finden.

Bei meinen Ansprachen vor den Schwestern, die im sogenannten dritten Probejahr standen, betonte ich nachdrücklich die innere Gegenwart Gottes. Einige verstanden das gut. Sie entdeckten seine Gegenwart in sich selbst. Dadurch wurde ihnen die betende Zwiesprache zur Gewohnheit in einem persönlichen, vertrauensvollen Gebetsleben. Wer Jesus wirklich liebt, der wird sich an das Hauptgebot der Gottes- und Nächstenliebe halten. Die Schwestern vernehmen diesen Ruf zur Liebe, und sie antworten auf ihn mit ganzem Herzen durch ein oft heroisches Leben der Hingabe. Ganz konkret machen sie die Erfahrung, daß Gottes Gegenwart ihnen Lebensmut gibt und daß er ihr Herz an sich zieht. Voller Ehrerbietung dienen sie ihm im Nächsten, wenn sie die Wunden der leidenden Brüder und Schwestern Christi pflegen. So wird ihr Herz selbst zum reinen Tabernakel, zum inwendigen Gefäß der liebenden Nähe und schützenden Gegenwart ihres Herrn. Als ich einmal mit Mutter Teresa über die Gegenwart Gottes in den Herzen sprach, meinte sie: „Die Einwohnung? Ja, allzu lange haben wir sie vernachlässigt."

Mutter Teresa sieht in der Eucharistie die Fortsetzung der Inkarnation. Sie begegnet dem gegenwärtigen Herrn im Tabernakel *und* in seinen Menschenbrüdern. Er ist das Haupt, sie sind sein Leib. Im Tabernakel und in den notleidenden Armen wartet er auf die Schwestern. Dort können sie ihn besuchen und ihm dienen. Die eucharistische Frömmigkeit hat eine große Anziehungskraft für tief empfindende Seelen und für Menschen mit schöpferischer Einbildungskraft und mit Liebe zum Konkreten. Eine große Zahl von Schwestern hat glaubhaft versichert, daß sie in der betenden Verehrung der Heiligen Eucharistie die Kraft finden, täglich ihre Arbeit zu tun und ihr Kreuz auf sich zu nehmen. „Nimm hin, Herr, und empfange alles; alles ist dein."

Das Ideal, das Mutter Teresa für ihre Schwestern vorschwebt, ist hoch angesetzt: „Ich möchte der Kirche gern Heilige zuführen, Pater."

„Das ist das Richtige, denn es ist Aufgabe der Kirche, daß sie Heilige hervorbringt."

Mutter Teresa hält ihre Schwestern zum vollkommenen Gehorsam an. Gehorsam bedeutet für sie völlige und jederzeitige Verfügbarkeit und Bereitschaft zum Einsatz für den Dienst des Herrn, wohin immer und in welchem Umfang er uns auch dazu rufen mag. Wie der hl. Franz von Assisi verlangt sie rückhaltlose Unterwerfung unter den Willen Gottes, der aus den im Geiste der Liebe gegebenen Anweisungen der Oberin erkannt wird. Dieser Wille ist auszuführen ohne Zögern.

Im Sommer 1968 fand in Darjeeling eine kleine Feier statt. Das dort schon länger bestehende Heim für verwaiste und behinderte Kinder hatte ein zusätzliches Gebäude erhalten, das nun vom Bischof eingeweiht und seiner Bestimmung übergeben wurde. Der Gouverneur von Westbengalen war des Lobes voll für die segensreiche Arbeit der Schwestern. Die Oberin, die hier mit Geschick und Erfolg eine schwierige Aufgabe zu Ende geführt hatte, hätte jetzt vielleicht an eine kleine Erholungspause denken mögen. Aber daraus sollte nichts werden. Mutter Teresa, gerade zurück von einer Reise durch Europa und Amerika, brachte eine Neuigkeit:

„Schwester, Sie gehen jetzt nach Afrika und richten dort ein Heim ein."

„Wann, Mutter Teresa?"

„Sobald Sie das Visum haben. In Afrika wartet eine Unmenge Arbeit auf uns."

Und so war es dann auch. Kaum war das erste Haus in Tansania eröffnet, als auch schon mit der Vorbereitung für ein weiteres begonnen werden mußte. Diese Entwicklung war aber zugleich die beste Anerkennung für die Pionierarbeit dieser Schwester.

Zu einer anderen Schwester sagte Mutter Teresa: „Schwester, Sie gehen nach Südindien."

„Wann, Mutter Teresa?"

„Heute abend, mit dem ersten besten Zug, der in diese Richtung fährt."

Normalerweise erfahren die Schwestern an dem Tag, an dem sie ihre Gelübde ablegen, auch, welche besondere Aufgabe man ihnen zugedacht hat. Aber es gibt auch Ausnahmen. Zum Beispiel, wenn sie für ihre Tätigkeit einen Paß oder ein Visum brauchen. Ist Mutter Teresa dann gerade nicht da, so müssen sie auf ihre Rückkunft warten. „Das Packen macht uns keinerlei Schwierigkeiten. Da wir nichts haben, sind wir innerhalb von zehn Minuten reisefertig", sagt eine Schwester.

Das Leben der Armut wird konsequent eingeübt. Nicht nur während der Probezeit, sondern zeit ihres Ordenslebens müssen die Schwestern durch stete Gewöhnung die Armut kennenlernen, sie liebgewinnen und selbst ganz unmittelbar und praktisch ein Leben der Armut führen. Das fängt bei der Kleidung an. Sie besteht aus einem bescheidenen weißen Habit, der sie von Kopf bis Fuß umhüllt. Ferner aus dem blau gesäumten weißen Sari, der das Haupt und den größten Teil des Habits bedeckt. Schließlich gehört dazu ein Kreuz, das sie von der linken Schulter tragen, und ein Paar Sandalen. Insgesamt dürfen sie drei Garnituren besitzen. Eine zum Tragen, eine zum Waschen, eine zum Trocknen. Hinzu kommen noch zwei Saris aus grobem Material, wie sie auch von den Armen getragen werden, einer zum Tragen, der andere zum Wechseln.

Die Häuser sollen in Stil und Möblierung Ausdruck ihrer Armut sein. Wenn sie eine Reise machen müssen, sind sie gehalten, jeweils die billigste Möglichkeit zu wählen: was zu Fuß bewältigt werden kann, wird auch zu Fuß erledigt. In der Straßenbahn sowie bei Bus- und Zugfahrten müssen sie die billigste Klasse benutzen. Das Essen soll äußerst einfach sein, aber reichlich genug, um sie gesund zu erhalten und um ihnen die Kraft zu geben, die sie für ihre anstrengende Arbeit zum Wohl der Armen brauchen.

Geschlafen wird in Schlafsälen. Ein Privatleben gibt es praktisch nicht. Die Armen, die in den Slums und in überfüllten Unterkünften leben müssen, haben ja auch keines. Sauberkeit und Reinlichkeit stehen hoch im Kurs. Denn dadurch soll auch den Armen ein Bespiel gegeben werden, sich selbst und ihre Lebensumstände nicht länger zu vernachlässigen.

Armut wird aus Liebe praktiziert. Mutter Teresa schreibt dazu: „Die Menschen, um die wir uns kümmern, leben in einer erzwungenen Armut. Wir hingegen haben die Armut selbst gewählt. Wir wollen arm sein wie Christus, der, wiewohl er reich war, es vorgezogen hat, arm geboren zu werden und unter den Armen zu leben und zu wirken."

Die Ordensregel bestimmt: „Unsere Armen und wir selbst verlassen uns völlig auf die Vorsehung. Es beschämt uns nicht, als Glieder Christi bettelnd von Haus zu Haus zu ziehen. Auch er hat ja während der Zeit seines öffentlichen Wirkens von Almosen gelebt. Ihm dienen wir in den Armen und Kranken." Der hl. Franz von Assisi hat sich ebensowenig geschämt, für seine Armen zu betteln und jene kärglichen Reste entgegenzunehmen, die er dann mit ihnen teilte. Daher sollen auch die Schwestern sich nicht schämen, wenn sie etwas für die Armen erbitten, auch wenn in unserer modernen Welt die Bettelei eine Form der Armut geworden ist, die verachtet wird.

Die Schwestern müssen betteln lernen. Dazu haben sie bereits im Noviziat Gelegenheit. Zwei Novizinnen kommen lächelnd in mein Pfarrhaus: „Haben Sie nicht vielleicht ein paar Kerzenreste übrig, Pater?" Und sie lachen dazu mit jener herzlichen, ansteckenden Fröhlichkeit, die nur jungen Mädchen eigen ist. Wer könnte ihnen da etwas abschlagen?

„Wozu braucht ihr sie denn?"

„Wir wollen eine Osterkerze gießen."

Heute ist schon Passionssonntag. Die zwei Novizinnen sind seit dem frühen Morgen unterwegs. Sie haben vorher die Pfarrkinder zum Sonntagsgottesdienst und zum Katechismusunterricht zusammengeholt. Jetzt, auf dem Heimweg, betteln sie in anderen Pfarreien Wachsreste für ihre Osterkerze zusammen.

Eine zweite Schwesterngruppe hat in einer Fabrik Kekse erbettelt. Sie bereiten ein Picknick für die Kinder vor. Denn sie möchten ihnen auch äußerlich einen Anlaß zur Osterfreude geben können.

Die Bischöfe und Behörden, die Mutter Teresa auffordern, in ihren Diözesen und Ländern zu arbeiten, legen besonderen Wert auf diesen Geist, der sie und ihre Schwestern prägt, auf die ganz besondere Weise, wie sie Zugang zu den Armen und Verlassenen finden, auf ihre ganz spezielle Arbeitsweise. Durch die von ihr selbst für ihren Dienst geschulten Schwestern vervielfältigt Mutter Teresa ihre Gegenwart und ihren Einfluß, ihre Aktivität und ihren Dienst. Und in den Schwestern ist der Geist Jesu Christi selbst gegenwärtig, nimmt er Einfluß und wirkt. Er ist lebendig in seinen demütigen, fügsamen und doch unwiderstehlichen Werkzeugen. Wie Paulus zu seinen Korinthern, die er zu Ebenbildern Christi erzogen hat, kann Mutter Teresa zu ihren Schwestern sagen: „Unser Empfehlungsbrief seid ihr, in unser Herz hineingeschrieben, verständlich und für jedermann zu lesen. Ganz offensichtlich seid ihr aber Christi Brief, von uns besorgt, geschrieben nicht mit Tinte, sondern mit dem Geist des lebendigen Gottes, und nicht auf steinerne Tafeln, vielmehr auf Herzenstafeln von Fleisch" (2 Kor 3,2–3). Die Schwestern sollen ein Ebenbild der Ordensgründerin abgeben, sollen sich nach ihrem Vorbild bilden. An ihrem Verhalten, an ihrer Arbeit soll für alle Welt sichtbar und verstehbar werden, was Mutter Teresa selbst denkt, lehrt und tut. Und wenn in ihr wirklich der Geist Christi lebt, dann sind auch ihre Schwestern sein Empfehlungsbrief, künden sie der Welt von seinem Erbarmen, seiner Güte und Freundlichkeit, von seiner Macht und seiner Sorge für jeden einzelnen.

Der Geist des Herrn stattet die Schwestern mit einer Vielzahl von Gnadengaben aus. Mutter Teresa obliegt es, sie zu entdecken, sie entwickeln zu helfen und dafür Sorge zu tragen, daß sie zum richtigen und vollen Einsatz kommen. Ich hatte im Mutterhaus des öfteren Gelegenheit, eine bestimmte Schwester zu beobachten. Sie sprach oft mit den Frauen und Kindern, die ins Haus kamen, über Dinge des Glaubens. Als ich dies gegenüber Mutter Teresa erwähnte, meinte sie:

„Ja, diese Schwester hat eine ganz besondere Fähigkeit, mit Menschen warm zu werden und ihr Interesse für den Glauben zu wecken. Sie erzählt ihnen von Gott, und zwar in einer leicht verständlichen Sprache, aber doch voller Überzeugungskraft. Aber sie hat noch nicht lange genug studiert."

„Wenn sie aber doch gerade diese Gabe hat, dann sollten Sie sie auch ganz für diese Art Arbeit einsetzen. Das ist doch auch sehr wichtig."

„Das werde ich schon tun", meinte Mutter Teresa.

Auch wenn sie sehr große Anforderungen an ihre Schwestern stellt, weiß Mutter Teresa sehr wohl um die Grenzen menschlicher Leistungsfähigkeit. Eines Tages vertraute sie mir an, wie schwer es ihr doch falle, eine geeignete Novizenmeisterin zu finden.

„Warum nehmen Sie denn nicht Schwester X? Sie ist

eine gottergebene, fromme Frau, die beten kann", riet ich ihr.

„Nein, die wäre zu streng. Sie fordert alles für Gott. Da könnte es leicht sein, daß sie in ihrem Eifer bei den jungen, noch nicht so gefestigten Novizinnen Schaden anrichtet."

Mutter Teresa kann schnell und sicher urteilen, und man hat den Eindruck, daß ihre Urteile treffend sind. Um ihr Wissen auf die Probe zu stellen, fragte ich nach einer Schwester, die erst kürzlich ihre Gelübde abgelegt hatte: „Wo ist denn Schwester Y. zur Zeit?" Wußte sie überhaupt etwas von ihrem Seelenzustand, dann würde sie, wie ich meinte, auch eine Bemerkung darüber machen.

„Sie befindet sich in unserem Haus in Z. Sie ist zutiefst geprägt von einer ganz aus dem Herzen kommenden Frömmigkeit."

„Ja, das stimmt." Wir hatten einander verstanden. Ich wußte nun, daß sie den Schatz kannte, den der Herr ihr anvertraut hatte.

Mutter Teresa ist ganz und gar nicht an „Massenproduktion" interessiert. Für das zweijährige Noviziat gibt es im Mutterhaus neun verschiedene Gruppen von Novizinnen. Für jede dieser Gruppen ist eine eigene Schwester als Leiterin verantwortlich. Selbstverständlich werden für diese Aufgabe stets die am besten geeigneten Schwestern ausgewählt. Die Novizinnen arbeiten außerhalb des Konvents mit, sozusagen vor Ort. Dadurch lernen sie früh die verschiedenen Arbeiten kennen, die sie eines Tages selbst werden ausführen müssen. Während des ersten Jahres arbeiten sie am Donnerstag und am Sonntag. Im zweiten Jahr sind sie dann mit Ausnahme des Donnerstags täglich draußen.

Drei Dinge haben Vorrang bei Mutter Teresas Schwesternausbildung. Auf sie legt sie allergrößten Wert: totale Hingabe an Gott – liebevolles Vertrauen – Freundlichkeit.

Durch diese drei Tugenden sollen die Schwestern in Stand gesetzt werden, ihr Ordensleben leben zu können und darin ihrem Herrn, dem sie in den Armen dienen, immer näherzukommen.

Der Erneuerung der Gelübde gehen drei Einkehrtage voraus. Während dieses Triduums soll die Predigt an jedem Tag eine dieser drei Tugenden zum Gegenstand haben. Auf diese Art sollen die Schwestern darauf vorbereitet werden, sich Gott aufs neue anzuvertrauen und das Angebot ihres Lebens, das sie im Geist der Ordensregel machen, zu erneuern und zu vervollkommnen.

Es gehört zu den herausragenden Merkmalen des Ordens, daß die Schwestern auch bei den widerstrebendsten Pflichten und Aufgaben noch Freundlichkeit bewahren können. Mutter Teresa leitet sie dazu an. Ihre Worte haben in der Ordensregel ihren Niederschlag gefunden:

„Gebt keinem Schmerz und keiner Sorge so viel Raum in euch, daß sie euch die Freude des Auferstandenen vergessen machen könnten."

Dies leitet den Abschnitt ein, der von der Kreuzesnachfolge handelt, von der Bereitschaft, das Kreuz Christi auf sich zu nehmen, das selbst das Unterpfand seiner Liebe ist und worin unsere Liebe zu ihm sich bewahrheitet.

Mutter Teresas Glaube hat sich durch alle Versuchungen und Anfechtungen hindurch, die es seit der Gründung des Ordens gegeben hat, aufrechterhalten. Dieser Glaube an den Auferstandenen und an den von ihm verheißenen Beistand wird auch den Schwestern helfen, alle Schwierigkeiten ihres Lebens, das ein Leben im Dienst an den Ärmsten der Armen ist, durchzustehen.

Zweimal jährlich, jeweils an einem Marienfest, findet die Gelübdefeier statt. Diejenigen, die gerade das Noviziat abgeschlossen haben oder die noch in der anschließenden Ausbildungszeit des Juniorates stehen, legen zeitliche

Gelübde für die Dauer eines Jahres ab. Die anderen, die ihr Tertiat, das sogenannte dritte Probejahr, beendet haben, legen nun, nach sechs Jahren zeitlicher Gelübde, ihre ewige Profeß ab, binden sich auf Lebenszeit für den Dienst Christi in der Kongregation. Mutter Teresa bietet an diesen beiden Tagen dem Herrn die schönsten und größten Gaben dar, die sie hat: all die jungen Ordensfrauen, die sie behutsam auf dieses Ziel hingeführt hat. Für die Schwestern selbst sind dies besonders feierliche Tage.

Im Dezember 1975 knieten zwölf Schwestern in einer Reihe vor dem Altar der überfüllten Marienkirche. Der Erzbischof konzelebrierte mit zwanzig Priestern die Eucharistiefeier, in der diese Schwestern sich auf ewig ihrem Herrn zum Geschenk darbrachten. Ihr Leben sollte hinfort unter dem Wort Hoseas stehen: „Und ich verlobe mich mit dir für ewig, verlobe mich mit dir rechtskräftig und gesetzlich, in Zärtlichkeit und Liebe. Und ich verlobe mich mit dir für Treue, für das Erkennen ihres Herrn" (Hos 2, 21–22).

Das war für sie der große Tag, lange erwartet, lange herbeigesehnt, lange vorbereitet; der Tag, an dem sie mit ihrem Bräutigam Geschenke austauschen sollten. Voller Ergebenheit, voll frohgestimmten Vertrauens, voller Liebe traten sie vor. Jener König, der sie aus ihren Familien und aus jeder menschlichen Bindung heraus in seinen Dienst gerufen hatte, forderte sie nun auf: „So drücke mich gleich einem Siegel auf dein Herz, auf deinen Arm gleich einem Siegel." Den Willen des Eigentümers soll das Siegel bekräftigen, Schutz und Kraft soll es verleihen für immer, denn „stark wie der Tod ist die Liebe".

Nach dem Evangelium und der Predigt ruft der Diakon die Schwestern mit Namen. Sie sollen vortreten und ihr Gelübde ablegen.

„Schwester Mary Edward."

„Herr, du hast mich gerufen", antwortet die Braut. Sie

versichert so, daß ihre Berufung von Gott kommt, nicht von Menschen.

Der Zelebrant fragt sodann: „Schwester, was begehrst du von Gott und seiner Kirche?"

„Ich begehre, Christus, meinem Gemahl, folgen und in diesem Orden bleiben zu dürfen bis an mein Ende."

Der Zelebrant erklärt, daß die Profeß auf die Heiligung dieser Schwester hinziele, die da Christus die Nachfolge verspreche und für das Wohl der Seelen arbeiten wolle. Schon durch die Taufe wurden die Schwestern dem Herrn geweiht. Nun aber möchten sie noch enger mit ihm verbunden werden. Von nun an soll ihr ganzes Tun und Reden, ihr ganzes Denken und Fühlen in den Dienst seiner Verherrlichung gestellt sein.

„Schwester, bist du bereit, dich durch das Band der ewigen Profeß noch enger an deinen Herrn zu binden?"

„Ich bin bereit."

„Bist du bereit, durch die Hilfe der Gnade Gottes ein Leben vollkommener Keuschheit, vollkommenen Gehorsams und vollkommener Armut zu leben, wie es Christus der Herr und seine jungfräuliche Mutter gelebt haben, und darin für immer zu verharren?"

„Ich bin bereit."

„Bist du bereit, in der Gnade des Heiligen Geistes dein Leben dem ungeteilten, freiwilligen Dienst an den Armen zu weihen?"

„Ich bin bereit."

Darauf beten alle versammelten Mitschwestern für sie um Treue gegenüber ihrem Gelübde und ihrer göttlichen Berufung. Dann spricht die Schwester die Gelübdeformel:

„Ich, Schwester Mary Edward, gelobe für die Dauer meines Lebens Keuschheit, Armut, Gehorsam und ungeteilten, freiwilligen Dienst für die Ärmsten der Armen gemäß den Konstitutionen der Missionarinnen der Nächstenliebe. Mit vollem und ganzem Herzen übergebe ich mich dieser Ordensgemeinschaft, damit ich in der Gnade des Heiligen Geistes und mit der Hilfe der hl. Jungfrau Maria vollkommene Nächstenliebe im Dienste Gottes und der Kirche üben kann."

Daraufhin wird ihr von dem, der die Gelübde entgegennimmt, erklärt: „In der mir übertragenen Autorität nehme ich für die Kongregation der Missionarinnen der Nächstenliebe im Namen der Kirche diese Gelübde an. Ich empfehle dich nun in Gottes Hand, damit du deine Hingabe auch vollenden kannst in der Kraft des Opfers Christi, dem wir uns in der Feier der Eucharistie verbinden."

Die Schwester tritt nun an den Altar und legt das Dokument mit der Gelübdeformel ihrer Profeß, die sie eben gelesen hat, dort nieder. Es bleibt auf dem Altar liegen und wird bei der Gabenbereitung zusammen mit den Gestalten von Brot und Wein dem Herrn als Opfer angeboten. Sie selbst soll ein Opfer sein und Zeuge für die Liebe Gottes. Dann fährt der Zelebrant mit der Meßfeier fort. Zur Kommunion werden die Worte des hl. Paulus aus dem Galaterbrief gesungen, in denen er sein stolzes Glaubensbekenntnis spricht: „Mit Christus bin ich ans Kreuz geheftet. Ich lebe, aber nicht mehr ich, Christus lebt in mir" (Gal 2, 19–20).

10 *Die Brüder*

> Der Herr bestimmte dann noch weitere zweiundsiebzig Jünger und sandte sie zu zweien vor sich her in alle Städte und Dörfer, wohin er selbst zu kommen hoffte. (Lk 10, 1)

„Direkt hinter dem Bischöflichen Priesterseminar in der Ahiripukur Second Lane haben die Schwestern eine Gruppe von Katholiken ausfindig gemacht, die offenbar niemand aus der Gemeinde kannte", berichtete Mutter Teresa. „Sie gehen nicht zur Kirche. Ihre Kinder waren noch nicht einmal zur Erstkommunion. Zahlreiche Ehen sind irregulär. Die Schwestern möchten diese Ehen gerne in Ordnung bringen. Auch in anderen Slumgebieten finden wir immer wieder Paare, die zwar zusammenleben, aber nicht kirchlich getraut sind. Die Schwestern versuchen, die Informationen und Dokumente beizubringen, die erforderlich sind, um ihre familiäre Situation zu regeln. Mitunter sind dazu auch Dispensen erforderlich. An den Gemeindepfarrern haben wir da aber nicht immer die beste Hilfe. Ich könnte einen oder zwei verständnisvolle Priester brauchen. Sie sollten mit den Schwestern zusammenarbeiten und mit ihnen die Slums besuchen. Dann könnten wir auf diesem Gebiet noch mehr Gutes tun."

Die mißliche Lage, in der sich die Schwestern gerade auf diesem Gebiet befanden, war mir voll bewußt. Die Bestimmungen des Kirchenrechts mußten eingehalten werden. Bisweilen war die Lage höchst verworren. Wie in allen Großstädten, so begegnen wir auch in Kalkutta ständig Menschen, die die Suche nach einem Arbeitsplatz hergeführt hat. Der Ehepartner blieb zu Hause zurück. Jetzt leben sie in der Stadt mit jemand zusammen, der ihnen den Haushalt führt und für sie kocht. Uneheliche Kinder werden geboren. Wir versuchten vor allem, diesen unschuldigen Kindern zu helfen. Aus diesem Grunde lag Mutter Teresa sehr daran, verständnisvolle Priester zu finden. Sie sollten den Schwestern helfen, mit ihnen die Familien besuchen und die Fälle klären.

Mutter Teresas Worte klangen nach einer persönlichen Einladung. Ich gab ihr daher zu erkennen, daß sie da nicht auf mich würde rechnen können. Immerhin hatte ich auch noch eine Stelle als Professor der Ökonomie auszufüllen, die mich ganz beanspruchte. Mutter Teresa konnte die Schwierigkeiten absehen, die entstehen würden, wenn ein Mann die Slums zu einer Zeit besuchte, während der die Frauen mit den Kindern allein daheim waren und die Männer fort bei der Arbeit. Es war kaum damit zu rechnen, daß dies ohne Protest geduldet werden würde. So jemand würde Verdacht erregen und unfreundlich behandelt werden. Ein oder zwei Priester machten den Versuch und unterstützten die Schwestern bei der Arbeit in den Slums. Aber Mutter Teresa schwebte natürlich weit Größeres vor. Sie dachte schon damals an eine neue Gründung, hatte eine Gemeinschaft von Brüdern, einen Männerorden im Sinn, ähnlich dem ihrer Schwestern, geprägt vom gleichen Geist. So ein Orden sollte entstehen, und mit ihm sollten die Schwestern zusammenarbeiten.

Die ersten Anfänge des Ordens der Missionsbrüder der Nächstenliebe waren weit mühseliger und lange nicht so erfolgreich, wie das bei der Gründung des Schwesternordens war. Doch setzte sich auch hier Mutter Teresas Unnachgiebigkeit mit der Zeit durch. Nur brauchte es eben

Zeit. Denn von der Kirche wird es weder geduldet noch gestattet, daß eine Frau einem Männerorden vorsteht. Daher mußte zuerst ein geeigneter Priester oder Bruder gefunden werden, der den neuen Orden würde leiten und ihm zum Leben verhelfen können. Das war nicht einfach. Aber schließlich schickte ihr die Vorsehung diesen Mann über den Weg. Es war Pater Ian Travers-Ball, ein australischer Jesuit, Autor mehrerer Bücher und Schriften, die das Ziel hatten, den katholischen Glauben auch bei Nichtchristen bekannt zu machen. Er machte damals gerade das Tertiat und war von seinen Oberen dazu bestimmt worden, im katholischen Informationszentrum von Poona und im Institut für Fernstudien zu arbeiten.

Mit dem Tertiat gelangt die langwierige geistliche, philosophische und theologische Ausbildung der Jesuiten an ihr Ende. Sie wird gekrönt von zehn Monaten des Gebetes, des Studiums, des Nachdenkens und Prüfens, die das Ziel haben, das geistliche Wachstum des Kandidaten zu fördern. Während dieser Zeit bemüht er sich, den Willen Gottes in bezug auf sein Leben zu erforschen. Pater Travers-Ball verbrachte diese Zeit voller Eifer und Begeisterung. Er fühlte sich schließlich dazu berufen, mit Mutter Teresa zusammenzuarbeiten. In ihrem Geiste wollte auch er bei den Ärmsten der Armen in den Slums, bei den Bedürftigen und Verstoßenen arbeiten. Seine Oberen und die Mitbrüder bestärkten und ermutigten ihn in diesem Vorhaben. Sie alle waren zufrieden, daß einer der ihren mithelfen durfte, den Orden der Missionarinnen der Nächstenliebe durch Gründung eines Männerordens zu erweitern. Mutter Teresa war glücklich über dieses Zeichen göttlichen Segens für ihre Pläne. Mehr konnte sie nicht verlangen oder erwarten: denn das war ja ein wohlausgebildeter, frommer, dynamischer und im Ordensleben erfahrener junger Priester.

Ein paar Jahre später, als dieser neue Orden schon etwas

größer war, hatte ich Gelegenheit, ihn und seine Arbeit näher kennenzulernen. Im September 1975 traf ich zufällig mit Bruder Andrew, dem bärtigen Generaloberen der Missionare der Nächstenliebe, zusammen. Er war auf dem Rückweg von Saigon.

„Man hat uns zwar nicht direkt aus Vietnam hinausgejagt", erzählte er, „aber die Kommunisten haben unsere drei Häuser beschlagnahmt und sie für sich verwendet. Wir konnten dort weder weiterarbeiten, noch konnten wir etwas Neues anfangen. Nicht einmal ein Platz zum Wohnen ist uns geblieben. Daher flog ich über Bangkok wieder nach Indien zurück."

Vier amerikanische Mitbrüder und einen fünften aus Holland hatte er schon vorher nach Amerika zurückgeschickt. Denn mindestens die Amerikaner wären beim Einmarsch der Kommunisten in Saigon in höchster Lebensgefahr gewesen. Drei weitere, indische Mitbrüder waren aus Kambodscha zurückgekehrt. Ein amerikanischer Postulant weigerte sich, die Stadt, in der er arbeitete, vor dem Einmarsch der Roten Khmer zu verlassen. Das letzte, was man von ihm wußte, war, daß die Soldaten ihn auf dem Platz vor der Kathedrale abführten. Und das hatte sich schon fünf Monate vor unserem Gespräch abgespielt.

„Ich bin gerade dabei, über Mutter Teresa und die Missionarinnen der Nächstenliebe ein Buch zu schreiben", informierte ich Bruder Andrew.

„Oh, das finde ich aber sehr wichtig. Sie müssen den Leuten klarmachen, daß wir nur ganz gewöhnliche Menschen sind und daß Gott es ist, der alles tut.

Was über uns und unsere Arbeit geschrieben worden ist, muß dringend entmythologisiert werden. Zweifellos hatten viele dieser Bücher auch ihr Gutes; sicher haben sie vielen Menschen geholfen. Aber es kostet uns sechs Monate im Jahr, bis wir die falschen Vorstellungen unserer Kandidaten wieder zurechtgebogen haben. Dabei sind das junge Männer, die zu uns gekommen sind, weil sie diese Sachen gelesen haben, die man über uns schreibt. Sie müssen ganz deutlich betonen, daß wir alle ganz gewöhnliche Leute sind. Sowohl die Schwestern als auch wir, als auch Mutter Teresa selbst sind nichts weiter als Menschen, die ihre Mängel und Schwächen und Unzulänglichkeiten haben. Mutter Teresa und ich können durchaus verschiedener Meinung sein. Manchmal streiten wir uns auch. Wir sind lediglich Werkzeuge, die, wenn man sie von der Aufgabe her betrachtet, der sie dienen, sogar ziemlich untauglich sind. Wunderbar sind nicht wir. Wunderbar ist, daß Gott sich unser bedient und daß er durch den Orden ungeheuer viel Gutes getan hat."

Daraus sprach eine wahrhaft christliche Gesinnung. „Dir Herr, nicht uns, gebührt jeglicher Ruhm." Wenn wir aus diesem Geiste für ihn arbeiten, dann wirkt er Wunderbares durch seine Gnade. Bruder Andrew legte darauf allen Nachdruck. Auch vor seinen jungen Mitbrüdern wird er so gesprochen haben, wird sie darüber aufgeklärt haben, daß der Glanz des öffentlichen Interesses gefährlich sei und uns und unserer Sache schaden könne. Er selbst hatte ja eben erst erlebt, was wahre Armut heißt und was es bedeutet, sich von allem, was einem wertvoll war, lösen zu müssen. Was war denn übriggeblieben von der Anstrengung dreier langer Jahre in Kambodscha und Vietnam, von dem Versuch, dort eine Niederlassung des Ordens zu gründen? Wo waren die Ergebnisse ihrer Arbeit, wo die Resultate ihres angestrengten Helfenwollens? Sichtbare Ergebnisse gab es keine. Was blieb, waren jene aus tiefer gläubiger Haltung heraus geleisteten Akte der Gottesliebe.

Wir unterhielten uns über die Anfänge des Ordens der Missionare der Nächstenliebe. Ich fragte: „Hat Mutter Teresa auf Sie und auf Ihre Entscheidung einen Einfluß ausgeübt? Hat sie Sie gebeten, sich ihr anzuschließen?"

„Nein. Ich habe diese Entscheidung aus eigenen Stücken getroffen. Einfach so, ganz von heute auf morgen, während meines Tertiats in Sitagarha damals, in der Nähe von Hazaribagh. Ich nahm schon immer Anteil am Schicksal der Armen und dachte darüber nach, wie ich ihnen helfen könnte. Während meines Tertiats hatte ich Gelegenheit bei den Brüdern in Sishu Bhavan ein mehrwöchiges Praktikum mitzumachen. Als ich wieder in Sitagarha war, führte ich mit Pater Schillebeeckx, unserem Instruktor (das ist der Leiter des Tertiates), ein Gespräch, in dem ich ihm mitteilte, daß ich bei den Brüdern eintreten wollte. Er hieß dies sofort gut. Auch der Provinzial der Jesuiten von Kalkutta stimmte zu. Daraufhin wurde in Rom die Erlaubnis für die zeitweilige Exklaustration eingeholt. Nach ein paar Wochen war die Erlaubnis da. Ich ging sofort nach Kalkutta und schloß mich den Brüdern an. Die Jesuiten hatten mich alle dazu ermutigt und hatten in jeder Hinsicht geholfen, diesen Schritt zu tun."

„Gab es denn damals bereits den Orden der Brüder?"

„Nein, es gab nur ein paar Kandidaten. Rom versagte der Gründung noch die Approbation, obwohl sowohl Erzbischof Albert D'Souza als auch Mutter Teresa darum nachgesucht hatten. Es hieß, man solle sich erst noch um mehr Kandidaten bemühen, dann könne auch mit der Approbation gerechnet werden. Das war natürlich ein Teufelskreis. Keine Approbation, das war doch gleichbedeutend mit wenig Kandidaten. Solange wir nicht anerkannt waren, würden uns die Priester doch keine Kandidaten schicken. Aber die Anerkennung war durch Rom abhängig gemacht worden von einer großen Kandidatenzahl. Wir erklärten diesen Zusammenhang, und Rom erkannte uns schließlich an."

„Wer war der verantwortliche Leiter bei Ihrem Eintritt?"

„Die wenigen Kandidaten, die wir damals hatten,

wurden von Mutter Teresa und Pater Julien Henry ausgebildet. Ich möchte meinen, daß es dem allgemeinen Geschmack nicht gerade entsprach, daß sie unter der Leitung eines weiblichen Vorgesetzten standen."

„Rom erlaubt das normalerweise ja auch nicht."

„Nun, es dauerte auch nicht lange. Wir fanden alsbald ein Haus in Kidderpore und konnten somit in eigener Regie anfangen."

„Hatte Mutter Teresa großen Einfluß auf die Ausbildung der Brüder?".

„Wir waren auf jeden Fall nicht immer einer Meinung. Es gab eine ganze Reihe von Auseinandersetzungen." Er verbarg sein Gesicht in den Händen und fuhr fort: „Es existiert ein Brief, der aber nicht publiziert werden soll, solange einer von uns beiden noch lebt."

Um die Diskretion nicht zu verletzen, fragte ich nicht weiter nach den Gründen dieser Meinungsverschiedenheiten. Hatte nicht auch Paulus mit Johannes, der Markus genannt wurde, gestritten, weil er sich geweigert hatte, an seinem Wirken teilzunehmen? Als Barnabas ihm vorschlug, ihn mitzunehmen, weigerte Paulus sich, so daß sie sich nach einer heftigen Auseinandersetzung trennten und Barnabas mit Markus allein nach Zypern fuhr (vgl. Apg 15,37-39). Verglichen damit hatte die Meinungsverschiedenheit zwischen Mutter Teresa und Bruder Andrew wenig zu bedeuten.

Natürlich war die Brüdergemeinschaft erst einmal das geistige Kind Mutter Teresas, war ein Resultat ihrer Bemühungen, ihres Gebetes und wohl auch des finanziellen Rückhalts, den sie zu bieten vermochte. Auf Jahre hin würden die Brüder in der Öffentlichkeit eben als Mutter Teresas Brüder bekannt sein. Und sie heißen ja auch Missionare der Nächstenliebe, tragen denselben Namen wie ihre Schwestern.

„Wieviele sind Sie im Moment", fragte ich.

„Zur Zeit haben wir 150 Brüder. Insgesamt haben wir bereits vierzehn Häuser eröffnet, in Kalkutta, Titaghur, Noorpur, Midnapore, Bokaro und so weiter. Auch in Los Angeles haben wir zu arbeiten angefangen. Zwei unserer vier amerikanischen Brüder sprechen auch Spanisch. Der Kardinal stellte uns ein Gebäude zur Verfügung, in dem das Noviziat untergebracht ist. In Indien kamen die meisten Berufungen aus Chota Nagpur und Kerala, aber es kamen auch Brüder aus Bengalen, Tamil Nadu, Bombay und aus anderen Regionen. Einige Kandidaten kommen aus westlichen Ländern, einschließlich den USA."

„Es wird wohl nicht so einfach sein, Brüder zu finden und auszubilden. Jedenfalls nicht so einfach wie bei den Schwestern", bemerkte ich.

„Ich bin dankbar, daß Sie diese Tatsache zu sehen vermögen", meinte Bruder Andrew.

Das Leben der Brüder ist keineswegs leicht. Es verlangt große Selbstverleugnung und einen tiefen Geist des Gebetes. Bei den Brüdern liegt der Anteil derer, die noch während der Ausbildung wieder austreten, viel höher als bei den Schwestern. Bruder Ferdinand belegt diesen Umstand: „Im Jahr meines Noviziates, das war 1967, waren wir insgesamt dreizehn. Am Ende der zweijährigen Ausbildungszeit waren davon noch sieben Leute übrig, die die Gelübde ablegten. Im Jahr 1975, zur Ablegung der ewigen Profeß und zum lebenslangen Eintritt in den Orden, waren wir nur noch vier."

„Was sind die Hauptarbeitsgebiete?"

„Normalerweise versuchen wir nicht gerade da zu arbeiten, wo die Schwestern bereits tätig sind. Aber wo es nützlich erscheint, arbeiten wir mit ihnen zusammen. So teilen wir uns zum Beispiel die Arbeit im Sterbeheim von Kalighat. Wir kümmern uns um die Männer. Die Schwestern arbeiten auf der Frauenstation. In einem der Häuser, die von uns unterhalten werden, kümmern sich unsere

Brüder um die Verlassenen, solange diese nicht zu sehr geschwächt oder krank sind. Ferner nehmen wir uns der Buben unter den Waisen und Behinderten an. Viele Brüder arbeiten bei den Leprakranken. Vor allem auf dem Lande, aber auch in Kleinstädten werden die Leprakranken extrem vernachlässigt. Die Brüder haben sich dieses Apostolat ernsthaft zur Aufgabe gemacht, und sie leisten auf diesem Gebiet wertvolle Dienste."

„Das stimmt. Sie haben hier in der Tat ein Arbeitsfeld für ihren apostolischen Dienst gewählt, auf dem wirklich christliche Selbstverleugnung, Hingabe und wahre Liebe verlangt werden."

Nachdem die Schwestern beim Umgang mit männlichen Patienten etwas Schwierigkeiten hatten, haben die Brüder die Leitung des Leprosenkrankenhauses von Titaghur übernommen. Von dieser Spezialisierung erhofften sie sich ein Ansteigen der Berufungen und reichen Segen. Tatsächlich wurden eine ganze Reihe von Brüdern durch dieses Apostolat angezogen und bewarben sich um Aufnahme bei den Missionaren der Nächstenliebe, darunter auch Bruder Sebastian, der Novizenmeister, der selbst Priester ist.

Während der Abwesenheit Bruder Andrews, des Generaloberen, wurde Bruder Ferdinand zu seinem Stellvertreter in Indien gewählt. Er versieht diesen Posten noch heute. Bruder Andrew hat so die Möglichkeit, ungehinderter zu reisen und die Neugründungen im Ausland zu organisieren. Er beabsichtigt nicht, Kandidaten aus westlichen Ländern nach Indien zu holen, um sie dort in der für Indien typischen Weise auszubilden. Während Mutter Teresa anfangs alle Kandidaten nach Indien holte, ist er der Meinung, daß die Lebensbedingungen hier von den gewohnten einfach zu sehr abwichen. Mutter Teresa hatte die Noviziate in Melbourne und Rom seinerzeit ja hauptsächlich deswegen errichtet, weil es sehr schwierig beziehungsweise unmöglich war, für ihre ausländischen Kandidatinnen die erforderlichen Visa beizubringen.

Vielleicht sind Mädchen überhaupt anpassungsfähiger als junge Männer. Aber auch sonst mag es richtig sein, daß Bruder Andrew die Ausbildung der Brüder dem jeweiligen Lebensstil und den örtlichen Gegebenheiten anpassen möchte. Er hat seine geistliche Ausbildung als Jesuit erfahren. Daher folgt er dem Beispiel des hl. Ignatius, des großen Ordensgründers. Der hatte seine Ordensleute angewiesen, sich die Sprache, die Kultur und den Lebensstil der Menschen, denen sie dienten, anzueignen. Daher haben die Brüder auch keinen eigenen Habit. Sie tragen gewöhnliche, einfache Kleidung. Ein angestecktes Kreuz, das sie am Hemd oder am Mantel tragen, gibt Aufschluß darüber, daß sie einem Orden angehören.

Die Ordensgemeinschaft zählt fünf Priester zu ihren Mitgliedern. Einige waren bereits bei ihrem Eintritt Priester. Prinzipiell wird niemand aufgenommen, nur weil er das Priestertum anstrebt. Es soll ganz im Ermessen des Ordens bleiben, welche seiner Mitglieder er ins Priesterseminar schicken will. Gleichwohl ist es für die Brüder von Vorteil, daß es unter ihnen auch Priester gibt. Denn so sind sie in der Lage, auch in solchen Missionsgebieten Häuser zu eröffnen, in denen es keine Kirchen und keine Priester gibt.

Im Moment orientieren sich die Missionare der Nächstenliebe nach Osten. Sie wollen in Taiwan, Hongkong und Südkorea Häuser eröffnen und überhaupt so stark wie nur möglich expandieren. Sie teilen ja Mutter Teresas Sicht der Dinge, und wie sie wenden sie sich den armen und leidenden Kindern und Erwachsenen zu. Was den personellen Zuwachs angeht, so liegt dies freilich in Gottes Hand. Aber die Aussichten für Nachwuchs stehen nicht schlecht. Auch hier wird die Zukunft des Ordens im wesentlichen von der Ernsthaftigkeit und Tiefe gerade der geistlichen Bildung und Formung der jungen Brüder abhängen.

11 *Die Helfer*

Kleidet euch als Gottes Auserwählte, als Heilige und Geliebte mit herzlichem Erbarmen, mit Güte, Demut, Sanftmut und Geduld. (Kol 3, 12)

„Ich bin nicht bloß auf mich selbst gestellt“, sagte Mutter Teresa. Natürlich ist sie selbst unverwechselbar. Als ihr zweites Ich, ihr anderes Selbst betrachtet sie Schwester Agnes, die ihre Stelle einnimmt, wenn sie selbst gerade nicht in Kalkutta weilt. Ihr geistliches, ihr innerstes Selbst ist ihr Herr Jesus Christus, der durch seine Gnade in ihr lebt. Ihm ist sie völlig ergeben, von ihm läßt sie sich führen, damit er durch sie handeln kann.

„Es gibt drei Menschen, die als mein zweites Selbst unsere Helfer und Mitarbeiter leiten, all die, die im Namen unseres Ordens wirken. Sie bilden die drei Äste jenes Baumes, der der Orden ist: die Mitarbeiter oder Mithelfer, die Kranken und Leidenden und die Kontemplativen.

Die Mitarbeiter stehen unter der Leitung von Frau Ann Blaikie in England. Es handelt sich um etwa vierzigtausend Laien. In Großbritannien etwa vierzehntausend, sechstausend weitere in den USA und dann noch viele in Belgien, Frankreich, Australien und so fort. Sie treffen sich in regelmäßigen Abständen und beten für uns. Ferner beschaffen sie uns Verbandsmaterial, Kleider und vieles andere, was wir für unsere Armenheime und für die Kinder brauchen. Hauptsache ist, daß sie diese Arbeit für Gott tun.

Verschiedentlich halten sie für unsere Arbeit Betstunden ab, meditieren und beten für uns."

Mutter Teresa kommt es dabei nicht auf die materielle Hilfe an. In ihr kommt ja lediglich aktiv zum Ausdruck, was die Hauptsache ist: nämlich daß einer Gott liebt. Es erfreut ihr Herz zutiefst, daß diese Menschen für ihre Arbeit beten. Für diese Frau Gottes ist Geld unwichtig, und alle materielle Unterstützung zählt nur dann etwas, wenn sie aus Liebe zu Gott gewährt wird, sonst nicht. Dankbar verharrten wir im Schweigen. Dann fuhr sie fort:

„Es gibt ferner etwa siebenhundert Kranke und Leidende, die Fräulein Jacquelin de Decker, mein zweites Ich, organisiert. Früher hat sie in Indien gearbeitet. Heute lebt sie in Belgien. Sie hat siebzehn Operationen hinter sich. Vor nicht sehr langer Zeit schrieb sie mir: ‚Unser Herr wird Ihnen bald einen großen Wunsch erfüllen, denn in letzter Zeit sind meine Qualen größer geworden.' Sie opfert ihr Leiden und ihre Krankheit auf für die Arbeit der Missionarinnen der Nächstenliebe. Und sie hat etliche Hundert andere kranke Menschen dazu gebracht, dasselbe für den Erfolg der Arbeit der Schwestern zu tun.

Mein drittes anderes Ich ist ein französischer Priester, Pater Georges Gorrée, der die Gruppe der Kontemplativen anführt, der Menschen also, die durch Gebet und Buße die Arbeit der Missionarinnen der Nächstenliebe unterstützen."

„Unterhalten Sie auch in Frankreich Häuser?"

„Nein. Wir sind nicht darum gebeten worden."

„Das kann ich verstehen. Im Moment dürfte die in Frankreich vorherrschende Einstellung, gerade auch unter Priestern und Ordensleuten, zu intellektuell sein, als daß für Ihre einfache Art, das Ordensleben und die Arbeit der Nächstenliebe einzurichten, viel Verständnis zu erwarten wäre. Aber über kurz oder lang wird es auch dort einen Bischof geben, der Sie zu kommen bittet."

„Schreiben Sie doch an die eben von mir genannten drei Personen", schloß Mutter Teresa, „sie werden Sie mit weiteren Informationen für Ihr Buch über unseren Orden versorgen können."

Die Kranken und Leidenden

Die Gruppe der Kranken und Leidenden verband sich als erste mit den Missionarinnen der Nächstenliebe. Die Idee und der Anstoß dafür stammen von Mutter Teresa selbst und reiften in den Jahren des Anfangs. Sie hatte damals einfach das Gefühl, daß für die Gnade, deren die Schwestern bei ihrem Dienst bedurften, Gebet und Opfer nötig waren.

Mutter Teresa hatte Jacqueline de Decker im Spital „Zur Heiligen Familie" in Patna kennengelernt, wo sie nach ihrem Austritt aus dem Orden der Schwestern von Loreto ihre Ausbildung durchmachte. Fräulein de Decker hätte gerne mit Mutter Teresa zusammengearbeitet und sich wohl auch ihrem Orden angeschlossen. Aber ihr Gesundheitszustand ließ das nicht zu. Nach zwei Jahren Aufenthalt in Indien war sie zur Rückkehr nach Belgien gezwungen. Sie stellte mir freundlicherweise Kopien einer Reihe von Briefen zur Verfügung, die ihr Mutter Teresa gerade während der heroischen Jahre des Anfangs geschrieben hatte, jener Jahre blinden Glaubens und Gottvertrauens. In diesen bisher unveröffentlichten Briefen kommen wie sonst nirgends Mutter Teresas Ideale, Ziele und Gefühle zum Ausdruck, die sie damals, am Beginn ihrer zweiten Berufung, bewegt hatten. Es sind Briefe, die sich durch absolute Offenheit gegenüber einer Seelenverwandten auszeichnen. Sie sind seinerzeit im Obergemach geschrieben worden und vom Geist des Abendmahlssaales geprägt. Für eine Geschichte der Anfänge des Ordens stellen sie eine unersetzliche Informationsquelle dar.

Mutter Teresa selbst hatte Fräulein de Decker darum gebeten, sie mit ihren Gebeten und dem Opfer ihres Leidens zu unterstützen. Schon damals, sehr früh, reifte in ihr der Gedanke, durch eine eigene Gruppe der Kranken und Leidenden dem noch in den Kinderschuhen steckenden Orden zu helfen. Im Oktober 1952 schrieb Mutter Teresa aus dem Obergemach in der Creek Lane an Jacqueline de Decker:

„Heute möchte ich Ihnen etwas sagen, von dem ich sicher bin, daß es Sie sehr glücklich machen wird... Warum binden Sie sich nicht auf geistige Weise an unseren Orden? Während wir in den Slums usw. unsere Arbeit tun, nehmen sie durch das Opfer ihres Leidens und durch Ihr Gebet teil an den Verdiensten, den Gebeten und der Arbeit. Die Arbeit ist ungeheuer. Dafür brauche ich – das ist wahr – Leute, die mitarbeiten. Aber genauso dringend brauche ich fromme Seelen wie Sie, die ihre Leiden und ihr Gebet für das Gelingen unserer Arbeit aufopfern. Möchten Sie dieserart meine Schwester werden" (zuerst hatte sie „Kind" geschrieben, es dann aber wieder durchgestrichen und dafür „Schwester" eingesetzt), „eine Missionarin der Nächstenliebe, die dem Leibe nach zwar in Belgien, dem Geiste nach aber hier bei uns in Indien ist und überall in der Welt, wo Herzen dürsten nach unserem Herrn? Nach unserem Herrn, dem sie doch nur näherkommen können, wenn es jemand gibt, der den Lösepreis für ihre Schuld bezahlen will. Sie können ihre Schuld bezahlen und so eine richtige Missionarin der Nächstenliebe werden, während die Schwestern, Ihre Schwestern, durch ihre Gegenwart helfen, daß diese Menschen wieder zu Gott kommen."

Hier ist ein Anklang an die Worte des hl. Paulus herauszuhören: „An meinem Leib ergänze ich, was den Leiden Christi noch fehlt für seinen Leib, die Kirche" (Kol 1, 24).

Mutter Teresa fährt fort: „Beten Sie um Erleuchtung,

und lassen Sie mich wissen, was Sie möchten. Ich brauche viele Menschen wie Sie, die sich solcherart unserem Orden anschließen könnten. Denn ich will ein Dreifaches:

1. eine Gemeinschaft der Seligen im Himmel;
2. eine Gemeinschaft der Leidenden, der geistlichen Kinder auf Erden;
3. eine kämpfende Gemeinschaft, die Schwestern an der Front.

Ich bin sicher, daß es Sie freuen würde, wenn Sie sehen könnten, wie die Schwestern mit dem Bösen ringen auf dem Kampfplatz der Herzen. Nichts ist ihnen zu schwer, wenn es um das Heil der Menschen geht."

Und Mutter Teresa fügt eine Bemerkung hinzu, die allen guttun wird, die friedlich und willig Leid zu ertragen bereit sind: „Unser Herr muß Sie sehr liebhaben, wenn er Sie in so großem Maße an seinem Leiden teilhaben läßt. Sie sind glücklich zu preisen, denn er hat Sie erwählt. Seien Sie tapfer und froh und opfern Sie Ihre Leiden für mich auf, damit ich Gott viele Seelen zuführen kann. Je näher wir den Herzen der Menschen kommen, desto größer wird das Verlangen, ihnen zu helfen." Auch hier legt Mutter Teresa mit größtem Nachdruck dar, was sie zur Tat treibt: das Heil der Menschen, denen sie helfen möchte, Gott kennen, lieben und ihm dienen zu lernen.

Im Januar 1953 schreibt sie erneut. Diesmal erläutert sie ausführlicher, worin sie die Funktion der Kranken und Leidenden sieht: „Ich bin glücklich darüber, daß Sie gewillt sind, sich den leidenden Mitschwestern der Missionarinnen derNächstenliebe anzuschließen. Sie selbst und all die anderen Kranken und Leidenden haben Anteil an unseren Gebeten, an unserer Arbeit und an allem, was wir zum Heil der Menschen tun; durch Ihre Gebete und durch Ihr Leiden wirken Sie dabei mit uns zusammen.

Wie Sie wissen, ist es das Ziel unseres Ordens, des gekreuzigten Jesus unstillbarem Verlangen nach Liebe zu genügen. Wir tun das dadurch, daß wir für das Heil und die Erlösung der Armen in den Slums arbeiten. Wer könnte dazu besser helfen als Sie und all die anderen, die wie Sie leiden müssen. Ihre Leiden und ihre Gebete werden jener Kelch sein, in den wir, die Arbeitenden, die Liebe der Herzen gießen, die wir einzusammeln vermögen. Daher sind Sie für die Verwirklichung unseres Zieles genauso wichtig und notwendig wie wir selbst. Um dem Verlangen unseres Herrn nach Liebe genügen zu können, müssen wir zum Gefäß der Liebe werden. Sie und all die anderen, Frauen, Männer, Kinder, jung und alt, arm und reich, sind eingeladen, sich zu diesem Gefäß zu bilden."

Mutter Teresa macht keinen Unterschied der Person. Jeder ist aufgefordert zur Hilfe. Ein jeder soll beitragen, was er gerade kann. Nur das gemeinsame Ziel muß eines sein für alle. Sie sollen aus einem gemeinsamen Geist heraus leben. Daher sollen, wie Mutter Teresa verdeutlicht, an allen Mitgliedern die drei charakteristischen Tugenden der Missionarinnen der Nächstenliebe sichtbar werden:

„Der Geist unseres Ordens muß uns untereinander gleichmachen: restlose Hingabe an Gott, liebendes Vertrauen, völlige Freude. Wer immer sich den Missionarinnen der Nächstenliebe auch anschließen will, er ist uns willkommen. Aber ich wünsche besonders, daß die Gelähmten, die Krüppel, die unheilbar Kranken sich uns zugesellen, denn das Opfer ihrer Leiden wird Christus viele Seelen zuführen."

Auch hier also macht sie nochmals deutlich, worin ihr eigentliches Ziel besteht. Zu seiner Verwirklichung aber bedarf es des Gebetes, der Arbeit und der Aufopferung des Leidens. So wurde der Kette der Liebe jenes Glied der Kranken und Leidenden eingefügt, das der Arbeit der Missionarinnen der Nächstenliebe so viel helfen sollte.

Im März 1955 schreibt Mutter Teresa an ihre Kranken und Leidenden: „Täglich bringen wir Euch und uns

Christus dar für das Heil der Menschen. Wir Missionarinnen der Nächstenliebe müssen Euch so dankbar sein. Ihr leidet, während wir arbeiten. So ergänzen wir gegenseitig an unserem Leib, was am Leiden Christi fehlt. Welch herrliche Berufung ist uns zuteil geworden: als Boten der Liebe Christi gehen wir in die Slums. Zusammen bieten wir ihm den Kelch unserer Leiden an und wollen seinem Verlangen nach Liebe genügen, in Gemeinschaft mit den betenden Engeln. Meine Geliebten, laßt uns ihn lieben von ganzem Herzen und von ganzer Seele. Beten wir darum, daß wir ihm viele Menschen zuführen dürfen."

Der Brief endet mit dem immer wieder gegebenen Rat: „Laßt Euer Gesicht nicht düster werden. Lächelt ihm zu, trotz Eurer Leiden. Denn als echte Missionare der Nächstenliebe müßt Ihr ein fröhliches Opfer sein. Ich bin froh und glücklich darüber, daß ich Euch habe. Ihr gehört genauso zu mir wie jede meiner Schwestern hier. Oft, gerade wenn die Arbeit besonders hart ist, denke ich an jeden von Euch und bitte Gott: ‚Sieh hin auf meine leidenden Kinder, und aufgrund ihrer Liebe segne du unsere Arbeit.' Und das hilft unmittelbar. Daran könnt Ihr ersehen, daß Ihr unsere Schatzkammer seid."

In einem anderen Brief erläutert Mutter Teresa, was für sie „der Weg der Liebe" eigentlich ist: „Oft besuche ich Euch in Gedanken, und ich biete Eure schweren Leiden als Opfer dar, wenn meine eigenen zu klein und unerheblich sind. Wenn es Euch schwerfällt, dann sucht Zuflucht beim Heiligsten Herzen Jesu. Dort werde ich mit Euch all die Kraft und Liebe finden, die er uns zuwenden will. Wie herrlich ist doch Eure Berufung. Ihr seid Missionare der Nächstenliebe. Gefäße seid Ihr der Liebe Gottes. An unserem Leib und in unseren Herzen tragen wir die Liebe des unendlichen, nach Liebe dürstenden Gottes. Wir alle, Ihr und ich und all unsere lieben Schwestern und Kranken und Leidenden werden diesen brennenden Durst stillen dürfen. Ihr durch Euer ungenanntes Leiden, wir durch unsere schwere Arbeit. Sind wir denn nicht alle eins, wie – nach Jesu Wort – ‚du, Vater, in mir und ich in dir'? Ihr habt viel lernen müssen. Ihr habt vom Kelch seines Leidens gekostet. Was wird euer Lohn sein? Daß ihr immer mehr leidet und ihm, dem Gekreuzigten, immer ähnlicher werdet! Wenn ihr betet, dann bittet den Herrn darum, daß er mich noch näher zu sich ans Kreuz ziehe, damit wir in ihm eins seien."

Mutter Teresa teilt die Gedanken des hl. Franz von Assisi über die „vollkommene Freude" auf Erden: Die Seele erreicht diese Erfüllung der Freude, wenn sie bereit ist, für Christus zu leiden, wenn sie darum bittet, ihm in seinem Leiden verbunden zu werden, so daß der Meister und sein liebender Jünger sich immer mehr gleich werden. Mutter Teresa fühlt sich ihren kranken und leidenden Brüdern und Schwestern besonders verbunden, gleichen sie doch Christus, ihrem Haupt, der selbst für die Erlösung aller Menschen gelitten hat. Sie weiß, daß ihre Hilfe für die Arbeit der Schwestern unschätzbar ist.

Die Mitarbeiter

„Die Internationale Vereinigung der Mitarbeiter Mutter Teresas kam durch einen Zufall zustande", schreibt Frau Ann Blaikie. „Es fing damit an, daß ich einen Freund fragte, ob man Mutter Teresa sprechen könne. Ich war fest davon überzeugt, daß wir bei unseren Freunden und Bekannten in Europa große Mengen Spielzeug würden zusammenbringen können für ihre alljährliche Weihnachtsfeier. Darüber hatten wir etwas aus einer Zeitung von Kalkutta erfahren, wo ich damals lebte. Wir suchten sie also sofort auf und trugen ihr unseren Plan vor. Sie zeigte sich sehr erfreut und bat gleichzeitig, ob wir ihr nicht auch Geld besorgen könnten, damit sie für ihre Kinder zu Weihnachten Kleider und Schuhe kaufen könne. Das gelang. Nach Weihnachten kam sie erneut und fragte, ob wir für die muslimischen Kinder dasselbe tun könnten. Danach war uns natürlich klar, daß sie uns wohl auch darum bitten würde, für das Fest mit den Hindukindern dasselbe zu tun. Wir hatten ja, wie man zu sagen pflegt, bereits ‚angebissen'.

Unsere kleine Frauengruppe nannten wir Marianische Gemeinschaft, weil sie im Marianischen Jahr gegründet worden war. Wir arbeiteten gleichzeitig auch noch für andere katholische Missionen. Unsere Vereinigung wurde schnell größer. Bald schlossen sich uns zahlreiche Inderinnen und andere Nicht-Europäerinnen an. Mutter Teresa betraute uns mit der Aufgabe, das Geld für die Arbeit mit Leprakranken aufzutreiben. Das taten wir auch. Allmählich bildeten sich Arbeitsgruppen. Die Frauen rollten Verbandsmaterial auf und falteten Papiertüten für die Tabletten der Leprakranken.

1960 gingen einige von uns, die bereits der ersten Gruppe angehört hatten, wieder nach England zurück. Durch eine glückliche Fügung wohnten wir dort alle nahe beieinander. Bereits eine Woche nach meiner Rückkehr nach England steckte ich schon wieder mitten in der Arbeit für Mutter Teresa. Schuld daran war John Southworth. Er war Vorsitzender einer Hilfsorganisation für Leprakranke. Er hatte Mutter Teresa Geld geschickt, und sie hatte ihm geraten, mit mir Kontakt aufzunehmen, da er von mir Informationen aus erster Hand über ihre Arbeit erhalten könne. Etwa sechs Monate später machte sie auf einer ihrer Reisen in London Zwischenaufenthalt und kam im englischen Fernsehen. Das war die Geburtsstunde des englischen Zweiges der Mitarbeiter. So klein hatte alles angefangen. John Southworth wurde Vorsitzender, ich sein Stellvertreter, und die anderen Ehemaligen, die in Indien dabeigewesen waren, bildeten den Vorstand.

Unsere Arbeit bestand im Gebet, aber auch darin, daß wir unmittelbar Gelegenheit zu Dienstleistungen boten. Die Leute strickten oder rollten Verbandsmaterial auf, sammelten gebrauchte Kleider und schickten sie entweder unmittelbar nach Indien oder verkauften sie und schickten dann das Geld, das sie dafür bekamen. Wir machten unmißverständlich klar, daß nicht der Geldbetrag, sondern die in unsere Arbeit investierte Liebe die Hauptsache sei.

Vier oder fünf Jahre später lernte Mutter Teresa die Armut kennen, die es auch in London gab. Daher bat sie ihre Mitarbeiter um Hilfe für all die, die in ihrer unmittelbaren Nachbarschaft in Not waren. Diese Entwicklung fängt nun an, im ganzen Land weiterzugehen. Unsere Mitarbeiter arbeiten in Altenheimen, mit geistig Behinderten, sorgen sich um einsame alte Menschen und noch um vieles andere. Auch unser Gebetsleben hat sich weiterentwickelt. In vielen Städten und Dörfern halten die Mitarbeiter jetzt regelmäßig Betstunden ab. In diesem Dorf hier finden sie im Hause einer Mitarbeiterin statt, die gleichzeitig zur Gemeinschaft der Kranken und Leidenden gehört. Diese Frau ist aufgrund ihrer Arthritis an den Rollstuhl gefesselt; ihr Mann ist Epileptiker. Einmal im Monat treffen wir uns bei ihnen und beten zusammen und meditieren über das Gebet für die Mitarbeiter. Einkehrtage und -wochenenden finden ebenfalls im ganzen Land statt. Unser ganzes Gebetsleben ist ökumenisch ausgerichtet. Denn unsere Mitarbeiter gehören den verschiedensten Konfessionen und Religionen an.

In anderen Ländern, in denen es ebenfalls Mitarbeiter gibt, sieht die Arbeit ähnlich aus. In manchen Ländern fing es damit an, daß Landsleute aus Indien in ihre Heimat zurückkehrten und sich zu einer Gruppe zusammenschlossen. Anderswo begann das ganz spontan. So zum Beispiel in Irland. Manche fingen an zu arbeiten, weil eine Schwester aus ihrem Heimatland dem Orden beigetreten war, die sie als ihre Freunde unterstützen wollten. Wieder andere wurden dadurch bewegt, daß Mutter Teresa und ihre Missionarinnen der Nächstenliebe in der Öffentlichkeit bekannt wurden. Sie schrieben hin und fragten, auf welche Weise sie wohl mithelfen könnten. Nach einem Jahr oder so wurden daraus Sektionen dieser Internationalen Vereinigung. Auch in Ländern, wo es noch keine eigenen Gruppen gibt, haben wir Mitarbeiter. Durch unsere Internationalen Rundschreiben halten wir zu ihnen Verbindung. In Polen, in Ungarn, sogar in Japan und bei den Eskimos in der Arktis gibt es solche Mitarbeiter."

Sie wirken also auch dort, wo die Schwestern selbst noch gar nicht hinkommen.

„Das Lebensprogramm von uns Mitarbeitern ist der Weg der Liebe. Wir wollen Christus in jedem unserer Mitmenschen sehen und ihm in der betreffenden Person dienen. Die Missionarinnen der Nächstenliebe legen ein viertes Gelübde ab, durch das sie sich verpflichten, Christus aus ganzem Herzen gerade in denen zu dienen, in denen sein Antlitz aufs schlimmste entstellt ist, und wir, als ihre Mitarbeiter, wollen dies in unserem Leben weiterführen. Nach Mutter Teresa gründet das Leben ihrer Mitarbeiter im Gebet. Das tägliche Gebet der Mitarbeiter ist das tägliche Gebet der Brüder und Schwestern. Wenn wir uns treffen, dann beten wir zuerst und meditieren dann ein paar Minuten. Nach ihrem Wunsch sollen sich die Mitarbeiter außerdem einmal im Monat zu einer Betstunde versammeln.

Jeder Mitarbeiter soll hingehen und in seiner Familie, in seiner Straße, bei seinen Nachbarn, in seinem Land und auf der ganzen Welt seine Liebe sehen lassen und zeigen. Er soll die Einsamen, die Behinderten, die Kranken und Alten, die Beraubten und die Vernachlässigten suchen und ihnen die Liebe Christi bringen."

Am 26. März 1969 wurde die Internationale Vereinigung

der Mitarbeiter Mutter Teresas dem Orden der Missionarinnen der Nächstenliebe angegliedert. Papst Paul VI. segnete ihre Satzungen.

Die Verbindung mit den Kontemplativen

Pater Gorrée schreibt aus Frankreich: „Auf einer Frankreichreise im September 1974 äußerte Mutter Teresa den Wunsch, daß alle Niederlassungen der Missionarinnen der Nächstenliebe sozusagen geistlich adoptiert werden sollten von einem oder von mehreren Konventen kontemplativer Schwestern. Mutter Teresa bat mich, ich sollte diese geistliche Partnerschaft auf internationaler Ebene organisieren."

Pater Gorrée nahm diese Verantwortung gerne auf sich. Er sollte eine Verbindung herstellen zwischen den aktiven Schwestern und den kontemplativ lebenden Ordensfrauen. Er wandte sich an eine große Zahl von Orden in den verschiedensten Ländern und fand bei vielen große Bereitschaft. Wenig später konnte er den jeweiligen Niederlassungen der Missionarinnen der Nächstenliebe mitteilen: „Kontemplative Schwestern haben sich bereit erklärt, ihre Gebete und Opfer vereint mit Jesus Christus Gott dem Vater anzubieten, um die Gnade zu erlangen, daß die Arbeit der Schwestern Früchte trägt."

Gleichzeitig wurden diese Partnergemeinschaften aufgefordert, sich wechselweise über ihre Arbeit, ihren Dienst und ihr geistliches Leben zu informieren, um durch gegenseitige bessere Kenntnis einander zu noch größerer Gottesliebe anzuspornen. Das Ergebnis ist bemerkenswert. Innerhalb eines Jahres haben an die vierhundert Ordenshäuser in Belgien, Kanada, Frankreich, Deutschland, Italien, Luxemburg, England und einigen anderen Ländern sich auf solche geistlichen Partnerschaften mit Niederlassungen der Missionarinnen der Nächstenliebe eingelassen, und es erfüllt sie mit Freude und Begeisterung. Ein großer Austausch von Nachrichten und Briefen setzte ein. Eine Gemeinschaft opferte für die andere ihre Gebete, ihre Entsagungen und ihre Arbeit auf.

Am überraschendsten für den Organisator war die Freude, die diese geistliche Partnerschaft in beiden Gemeinschaften hervorzurufen vermochte. Dieses Mitgefühl mit den Mitarbeitern, das wir selbst gar nie angesprochen hatten, scheint uns ein Beweis jener Liebe zum Nächsten zu sein, die der Heilige Geist uns ins Herz senkt. Der Geist, den Christus uns sandte, bringt überfließende Freude, jene Freude, die er selbst seinen Jüngern beim Letzten Abendmahl verhieß, als er sie aufforderte: „Bleibet in meiner Liebe ..., damit meine Freude in euch sei und eure Freude vollendet werde" (Joh 15, 9–11). Das ist die Freude des Auferstandenen, die Freude der messianischen Zeit, die in ihm angebrochen ist, die Freude, die der Geist der Liebe und Heiligkeit in die Herzen der Jünger gießt in dem Maße, in dem sie sich Christus überliefern und er in ihnen lebt.

Bei dem einsam zu seinem Vater betenden Christus harren die Kontemplativen auf dem Berge aus, am Morgen, am Abend, sogar die ganze Nacht hindurch. Sie haben sich ganz für den Dienst Gottes aufgespart. Für die Nöte der Kirche und für die Heiligung der Menschen legen sie Fürsprache ein, während draußen an der Front die Missionarinnen der Nächstenliebe für die Erlösung und Heiligung der Allerärmsten arbeiten, die doch Gottes geliebte Kinder sind. So reicht ein Band christlicher Nächstenliebe über alle Meere und Hindernisse hinweg und überwindet alle Grenzen der Sprache, der Kultur und der Nationalität. Paarweise verbunden, bildet jedes dieser Teams ein Glied in jener starken Kette der Liebe, die um die Welt gelegt ist zum Lob und zur Ehre des unendlichen Gottes.

12 *Im öffentlichen Bewußtsein*

Mutter Teresas Erfolg ist zweifellos zu einem großen Teil auf ihre bemerkenswerte Fähigkeit zurückzuführen, sich die Zusammenarbeit und Unterstützung aller zu sichern. Der Papst, eine ganze Reihe von Premierministern und Ministern, die Präsidenten zahlreicher Länder und eine große Zahl von Laien rangieren in der Liste derer, die ihr geholfen haben.

Sie machte außerdem Gebrauch von sämtlichen Mitteln moderner Massenkommunikation. Durch die Medien wurde sie bekannt, und erst dadurch wurde ihre Arbeit in vollem Umfang ermöglicht. Durch sie wurde sie zuerst zu einer Berühmtheit in dem Staat, in dem sie ihre Arbeit begonnen hatte, dann im ganzen Land. Zu guter Letzt wurde sie weltberühmt.

Als erster brachte „The Statesman", eine der führenden Tageszeitungen Kalkuttas, sie ins Scheinwerferlicht, indem er auf der Titelseite über sie berichtete. Bald folgte „The Amrita Bazar Patrika", eine andere führende Tageszeitung. 1975 verbreitete „The Illustrated Weekly" Mutter Teresas Bild auf der Umschlagseite. Dieses Wochenmagazin ist bei der indischen Mittel- und Oberschicht sehr verbreitet. In der Titelreportage berichtete Kushwant Singh, der Herausgeber, persönlich über die Arbeit der Missionarinnen der Nächstenliebe. Er war voll des Lobes. Eine Reihe von Engländerinnen und Amerikanerinnen trugen ihren Ruhm ins Ausland. „Time“, das große Magazin, berichtete mehrmals über Mutter Teresa.

Ein paar Monate später erzählte mir Mutter Teresa: „Herrn Kushwant Singhs Artikel hat die öffentliche Meinung uns gegenüber verändert. Ich merke den Unterschied überall: Es gibt weder Ärger noch Stirnrunzeln mehr, wenn über uns gesprochen wird. Eine Welle der Sympathie und der Achtung schlägt uns und unserer Arbeit entgegen. Das ist wirklich staunenswert.“ Sie fügte noch hinzu: „Kushwant Singh hat mir geschrieben. Er schlägt mir vor, daß ich auch andere Zeitungsverleger treffen soll, wenn ich nach Bombay gehe. Ich könne mit ihnen über die Armen sprechen und über die Verantwortung, die sie als Herausgeber gegenüber den schwächeren Mitgliedern der Gesellschaft hätten. Sein Brief endet mit den Worten ‚Gott segne Sie‘“, fügte sie schmunzelnd hinzu, „und das, obwohl er, soviel ich weiß, kein gläubiger Mensch ist.“

„Der BBC habe ich ein Interview gegeben“, erinnert sich Mutter Teresa. „Malcolm Muggeridge bat mich um einen Auftritt in einer seiner Sendungen. Das war das erste Mal, daß ich im Fernsehen auftrat. Sie begrüßten mich im Studio und führten mich dann in einen kleinen Raum, in dem ein Tisch und zwei Stühle standen. Ich nahm auf einem der Stühle Platz und fing an, den Rosenkranz zu beten. Nach einer Weile kam Herr Muggeridge dazu, nahm mir gegenüber Platz und fing an, mir alle möglichen Fragen zu stellen. Er hatte seine Notizen vor sich liegen. Ich ließ ihm Zeit für zwei Fragen von seiner Liste, aber dann fing ich einfach an, mit ihm über das zu reden, was mir wichtig war.“

Die vorbereiteten Fragen befaßten sich natürlich vor allem mit ihrer Person und der Geschichte ihrer Arbeit. Aber Mutter Teresa war, wie immer, nicht geneigt über sich selbst zu sprechen. Sie wollte von Gott reden. Denn schließlich war dies alles ja sein Werk. Er tat das alles, nicht sie. Malcolm Muggeridge, ein guter Journalist und ein erfahrener Interviewer, wurde durch die Persönlichkeit, die Lebendigkeit, die Kraft und den Glauben dieser Frau, die da vor ihm saß, einfach überrumpelt. Immerhin war es doch etwas Ungewöhnliches, daß eine katholische Nonne im Ordensgewand einen erfahrenen Schriftsteller und Fernsehproduzenten auf die Themen hinlenken konnte, über die sie gerne sprechen wollte. Die Öffentlichkeit sollte von Gott, seiner Liebe und seiner Macht erfahren; sollte von der Liebe Christi hören, die doch einzig die Schwestern dazu bewegte, ihr ganzes Leben in den Dienst des Herrn an seinen notleidenden Brüdern und Schwestern zu stellen.

„Während ich so redete, filmten sie mich. Aber ich kümmerte mich nicht darum, sondern fuhr einfach fort zu sprechen. Ich schaute dabei vor mich hin, ohne den Kopf zu drehen."

Für den Kameramann muß sie ein dankbares Objekt gewesen sein. Die Kamera schwenkte von ihrem runzligen Gesicht zu ihren Füßen mit den Sandalen, zeigte den weißen Sari mit dem blauen Saum, der den Kopf und die Stirn bis herunter zu den Augenbrauen verhüllte, schwenkte auf ihre rechte Hand, die die Perlen des Rosenkranzes umklammert hielt, zeigte das Kreuz, das ihr von der linken Schulter hing. Dann wurde sie auf den ausdrucksvollen Mund gerichtet, auf ihre geradeausblickenden Augen, die Augen einer Frau mit eisernem Willen und einem einzigen großen Ziel. Sie machte keine Show. Ihre Worte waren einfach. Tiefe Überzeugung klang aus ihrer Stimme, als sie an ihre Zuschauer appellierte und sie aufforderte, all ihren Nachbarn, den Einsamen, den Unerwünschten und Unbeschützten, Liebe und Verständnis zu schenken. Mit keinem Ton sprach sie über Geld. Sie forderte keine Hilfe oder Unterstützung für ihre Einrichtungen. Aber sie wies mit Nachdruck darauf hin, daß auch in Ländern, in denen es allen gut zu gehen schien, die sich ihres Sozialsystems rühmten, Legionen von

Menschen lebten, die vergeblich nach Liebe suchten zwischen ihren vier Wänden, Menschen, die ihre Achtung und ihre Aufmerksamkeit brauchten. Wahre Liebe sollte aber auch denen gelten, die anderen Nationen, Rassen und Kulturen angehörten. Viele Fernsehzuschauer waren beeindruckt von diesem Interview. Spenden für Mutter Teresas Arbeit strömten nur so herein.

Am meisten beeindruckt war vielleicht Malcolm Muggeridge selbst. Als Befürworter und Organisator dieses Auftritts hatte er selbst eine aktive Rolle dabei gespielt. Er kam mit einem Filmteam nach Kalkutta und drehte einen Film über den Tagesablauf Mutter Teresas und ihrer Schwestern. Drei Tage lang blieb er im Mutterhaus und genoß die Luft der Freiheit, die dort wehte. Sogar die Meßfeier und die betenden Schwestern wurden gefilmt. Auch in den Schlafsälen, in den Studierstuben, bei den Mahlzeiten, beim Wäschetrocknen und beim Wassertragen wurde gedreht. Das Team besuchte die Armenkliniken, das Sterbeheim von Kalighat, das Kinderheim, die Leprastationen. Er brachte Mutter Teresa zum Reden. Sie sprach von Gottes Werk, von seiner Güte und von den Schwestern, die seine Werkzeuge seien. Auch die Schwestern wurden von Muggeridge befragt. Ihr Glaube machte ihn betroffen, und ihre Hingabe rührte ihn zutiefst.

Für die Schwestern selbst ist das ein hartes Leben, ein Leben mit nichts als ihrem Glauben. Dieselben demütigenden Verrichtungen wiederholen sich für sie Tag für Tag. Mutter Teresa kann die Schönheiten dieses eintönigen Lebens erkennen. Nicht menschliche Augen lassen sie solches wahrnehmen, sondern die Augen des Glaubens, die Gott ihr verleiht. Sie ist der vollkommenen christlichen Freude und Heiterkeit schon ganz nahe, denn da, wie sie sagt, ihr ganzes Tun für Jesus ist, ist es auch ganz schön. Wenn sie im Heim für die Sterbenden sagt, daß Gott hier sei, dann spürt ihr Gefühl seine Gegenwart wirklich und nimmt sie wahr, so wie sie diese Verlassenen selbst wahrnimmt. Die Schwestern, die Kranken und Leidenden, die Mitarbeiter und Freunde müssen Gottes Gegenwart erst spüren lernen auf dem harten Weg der Arbeit und der Kreuzesnachfolge. Mutter Teresa weiß das wohl, wenn sie darüber zu den Schwestern spricht. Sie begreift es als ihre große Pflicht, sie zu beständiger Selbstverleugnung, Bescheidenheit, zum Dienst an den Armen und zur Liebe zu Gott anzuleiten. Neben dem großen Kreuz im Treppenhaus des Mutterhauses lese ich die Worte: „Das Wunder ist nicht, daß wir diese Arbeit tun, sondern daß wir dabei glücklich sind." Diese Überzeugung hämmert Mutter Teresa den jungen Novizinnen ein: „Seid glücklich, daß ihr diese Arbeit tun dürft für Gott." Nur diese Einstellung, die weder leicht noch natürlich ist, kann Gottes Gnade und Hilfe herbeirufen.

Als erste katholische Ordensfrau überhaupt erfuhr Mutter Teresa 1975 die Auszeichnung, auf der Titelseite des Time-Magazins abgebildet zu werden. Die Schlagzeile bezeichnete die Schwestern als „Lebende Heilige", und der Untertitel lautete: „Botinnen der Liebe und der Hoffnung". Das Titelbild war nach einem Porträtfoto gestaltet, das im Mutterhaus aufgenommen worden war. Mutter Teresa gestand, das Fotografiertwerden sei für sie eine Qual gewesen, die sie dem Herrn für die Armen Seelen aufgeopfert habe. Auf der Titelseite sah sie tatsächlich leidend aus, ganz anders, als wir sie kannten. Wir waren gewohnt, sie lächeln zu sehen, für uns erschien sie stets freundlich, heiter in der Gewißheit, daß die Welt unaufhaltsam, wenngleich nur allmählich, sich auf Gott zu bewegte. Aber hier schien alles Leid der Welt auf ihren Schultern zu liegen. Das ist sicher ein wichtiger Zug ihrer Persönlichkeit: sie kennt das Leid. Aber ihr Glaube läßt sie die Liebe Gottes erblicken, der die Menschen zu sich ruft. Daher bringt sie Freude mit sich, wohin sie auch geht. Und sie will, daß ihre Missionarinnen der Nächstenliebe dasselbe tun. Der Leitartikel schilderte sie korrekt. Denn er strich nachdrücklich heraus, daß ihre Nächstenliebe genährt und getragen wird von einem starken geistlichen Leben.

Auch durch die vielen Preise und Auszeichnungen, die Mutter Teresa verliehen wurden, wurde ihre und ihrer Schwestern Arbeit weltweit bekanntgemacht und erfreute sich wachsender Wertschätzung und Unterstützung.

Im September 1962 verlieh ihr der indische Präsident den Padmashree-Orden. Obwohl das noch nicht die höchste indische Auszeichnung ist, zeigte sie doch deutlich, wie sehr Mutter Teresas Arbeit geschätzt wurde. Das war das erste Mal, daß Mutter Teresa so ausgezeichnet wurde. Und diese Ehrung bereitete eine Reihe von Schwierigkeiten. Erzbischof Dyer fragte sich, ob er Mutter Teresa nach Delhi gehen und die Auszeichnung entgegennehmen lassen sollte. Es gab manchen Priester, der fürchtete, sie könnte eitel werden, wenn sie so ins Rampenlicht gerückt würde. Aber andere, die sie gut kannten, meinten: „Exzellenz, seien Sie unbesorgt. Mutter Teresa weiß nicht einmal, was Eitelkeit ist. Sagen Sie ihr einfach, daß durch diese ihr verliehene Auszeichnung der Präsident alle Ordensleute auszeichnen wolle, die sich dem Dienst für die Armen geweiht haben." Mutter Teresa selbst zögerte vor solcher Ehrung und fragte den Erzbischof: „Es ist wohl besser, wenn ich nicht nach Delhi gehe?" Er antwortete: „Sie müssen, Mutter Teresa."

Der indischen Ehrung folgten internationale Anerkennungen. Der Präsident der Philippinen verlieh ihr den Magsaysay-Orden und lud sie ein, mit ihm und seiner Frau zu dinieren. Diese Auszeichnung half mit, daß sie in Agra ein Heim gründen konnte.

1971 folgte eine ganze Flut von Preisen: Papst Paul VI. verlieh ihr den Johannes-XXIII.-Friedenspreis. In Boston erhielt sie den Samariterpreis. Es folgten der Internationale J.-F.-Kennedy-Preis und ein Ehrendoktorat der Universität von Washington.

1973 empfing sie in England den Templeton-Preis. Die beträchtliche Geldsumme, die damit verbunden war, wurde sofort für eine Leprastiftung aufgewendet. Der Preis wurde ihr während einer Zeremonie unter Leitung von Prinz Philip verliehen. Beim Mittagessen saß eine unscheinbare Nonne in einem armseligen Sari neben dem großen, gutaussehenden Prinzgemahl. Aber eines haben sie gemeinsam: Wie Mutter Teresa weiß er, was er will, und spricht es frei und öffentlich aus. Einige Tage später erzählte sie mir: „Prinz Philip war ungeheuer freundlich. Er wußte allerhand Gutes über unseren Orden zu sagen. Während des Essens wollte er mehr darüber wissen, und ich erzählte ihm von unserer Arbeit und warum wir sie tun. Es gab nur einen Gang, vermutlich aus Rücksicht auf mich und meine Arbeit bei den Armen." Eine wohlüberlegte und taktvolle Geste im besten britischen Stil!

Mitten in unserer modernen Welt, die voller Komfort und Luxus ist, stand da ein lebendiges Ebenbild Johannes' des Täufers. Mit ihrem billigen Gewand, den in Sandalen steckenden Füßen, den Fingern, durch die der Rosenkranz glitt, durch ihre ungekünstelte Sprache und ihre geistige Geradheit mahnte sie alle an das Reich Gottes, dessen Nahegekommensein sie verkündete. Ihre Kleinheit und Bescheidenheit erhoben sie über die Mächtigen dieser Welt, die sie durch ihren Geist aufrichtete. Ihr einfaches Beispiel allein genügte, daß sie ihre Vergnügen und ihren Luxus einschränkten, mochte sie dazu bewegen, ihren Reichtum mit den Armen zu teilen. In vielen Herzen keimte ein deutlicheres Bewußtsein für die Not der Brüder, als Mutter Teresa sie an jene Worte Christi erinnerte, in denen ihr eigener Dienst seine Wurzeln hat: „Was ihr dem Geringsten meiner Brüder getan habt, das habt ihr mir getan."

13 *Mutter Teresa spricht*

Acht Tage nach dem Silbernen Jubiläum der Missionarinnen der Nächstenliebe, am 15. Oktober 1975, sprach ich eine Stunde lang mit Mutter Teresa. Das war ein sehr persönliches und intimes Gespräch, in dem es auch um geistliche Dinge ging. Sie war völlig entspannt und heiter dabei. Man muß sich wundern, wie schnell sie sich von all der Anstrengung, die das Jubiläum so mit sich gebracht hatte, zu erholen vermochte.

Am 24. Oktober sollte sie im Gebäude der Religionen der UNO eine Rede halten. Sie wollte über die Wesenszüge der christlichen Religionen sprechen. Und ihre Ansprache sollte mit dem Wort beginnen: „Gott ist die Liebe." Er selbst ist die Liebe, ein wunderbarer Lebensprozeß, ein Geben und Empfangen, das die Liebe ist, Teilhabe und Teilnahme am göttlichen Wesen. Aus Liebe hat er uns geschaffen, aus Liebe sendet der Vater seinen Sohn, um die Welt zu retten: „So sehr hat Gott die Welt geliebt, daß er seinen eingeborenen Sohn hingab, damit, wer immer an ihn glaubt, nicht verlorengehe, vielmehr ewiges Leben habe..., damit die Welt durch ihn gerettet werde" (Joh 3,16f.).

Der Sohn gibt sein Leben hin und stirbt für uns, weil er die Menschen liebt. Der Geist, den Jesus uns sendet, ist der Geist der Liebe, das Band der Liebe zwischen dem Vater und dem Sohn. Durch ihn werden wir Jesus und einander in Liebe verbunden. Christus heißt uns, einander zu lieben. Unser Dienst an den Brüdern, die zuerst und vor allem seine Brüder sind, ist ein Dienst der Liebe. Wir dienen Christus, besonders in den Notleidenden und Armen, aber ganz allgemein in allen Menschen, denen wir aus Liebe zu ihm dienen. Diese Liebe wird wachsen und vollkommener werden, je mehr wir ihm erlauben, in uns zu leben und in uns zu lieben mit all der Vollkommenheit, die seine Liebe auszeichnet.

Manchmal schloß Mutter Teresa einfach die Augen. Oder sie schaute vor sich hin, ohne irgend etwas oder irgend jemanden dabei anzusehen. Es war, als spräche der Herr selbst aus ihr und erläutere diese umfassende Vision brüderlicher Liebe und das tiefe Verlangen nach ihr, das auch heute die Menschen in sich tragen. Brüderliche Liebe, das war es, was die Welt von ihr erwartete. Nichtsdestoweniger erschien es uns notwendig, auch die theologische Grundlegung dieser Vision der Liebe deutlich zu machen.

Ab und zu machte sie sich Notizen zum Entwurf ihrer Rede. Dann legte sie ihr Notizheft beiseite.

„Wann reisen Sie ab?“ fragte ich.

„Morgen fahre ich nach Rom. Ein Kardinal wird dort aus Anlaß unseres Jubiläums einen Gottesdienst halten.“

„Werden Sie auch mit dem Heiligen Vater zusammentreffen?“

„Nur wenn er mich zu sich rufen läßt, sonst nicht. Danach werde ich nach New York weiterfliegen und bei unseren Schwestern in Harlem wohnen. Manchmal“, so fügte sie hinzu, „fühle ich mich ganz leer und ausgepumpt, ohne inneren Halt, ohne alles, was mich tragen und stützen könnte. Dann bin ich einsam, allein, elend.“

„Ja, Mutter. Jeder, der Gott liebt, muß durch diesen finsteren Tunnel gehen, bisweilen sogar öfter als einmal, vielleicht sogar sehr oft und sehr lange. Aber trotzdem arbeiten Sie weiter zur Verherrlichung Gottes nach den

Worten des hl. Paulus: ‚Nicht, als ob wir von uns aus fähig wären, etwas zu ersinnen wie aus eigener Kraft, sondern unsere Befähigung stammt aus Gott‘ (2 Kor 3, 5). Und: ‚Alles vermag ich in dem, der mich stärkt‘ (Phil 4, 13).“

Ich sagte dies ihr zum Trost. Aber denken mußte ich an den hl. Johannes vom Kreuz, und ich konnte verstehen, wovon sie sprach. Bisweilen prüft uns Gott. Dann nehmen wir teil an der Verlassenheit Christi im Garten Gethsemane. Gott scheint abwesend zu sein. Er entzieht unserer Seele alle Tröstungen und nimmt ihr das Gefühl seiner Gegenwart. Dann müssen wir uns weiterschleppen durch reinen Glauben, durch einen Glauben, der fühllos geworden ist, schal, kalt, leblos. Die Tatsache selbst ist bekannt. Aber die Einzelheiten, die Häufigkeit und das Ausmaß dieser Versuchung variieren. Sie hängen von seinen Plänen ab, nicht von unseren. Wir verstummten vor seinen unergründlichen Absichten. Dann stellte ich eine neue Frage:

„Worauf legen Sie besonderen Wert bei meinen Unterweisungen, die ich den Schwestern im Tertiat gebe?“

„Bestehen Sie vor allem darauf, daß sie beten. Im Gebet müssen sie Gott finden und die Kraft, ihrer Berufung leben und ihr treu bleiben zu können.“

„In allen Ihren Hauskapellen ist das Wort unseres Herrn an die Wand geschrieben: ‚Mich dürstet.‘“ (Im Jemen in englisch und arabisch, im Gaza-Streifen auf englisch und hebräisch, in Rom auf englisch und italienisch.)

„Ja, genau so ist es. Überall, wo Sie auch hinkommen, in jedem unserer Häuser steht dieses Wort, dieser Schrei unseres Herrn: ‚Mich dürstet.‘ Darin besteht ja unser Lebensprogramm, daß wir seinem Durst, seinem Verlangen nach Liebe genügen. Darin besteht unsere Aufgabe. Das ist unser Ziel. Ich selbst bete zum Herrn, daß er den Orden aussterben lassen solle, wenn die Schwestern ihrer Berufung nicht treu bleiben. Gott kommt auch ohne uns aus. Und die Kirche genauso. Wenn die Schwestern dem Ruf zum Ordensleben, der an sie erging, nicht treu bleiben, dann soll unser Herr den Fortbestand des Ordens verhindern."

„Sie werden ihrer Berufung treu bleiben, Mutter Teresa, da bin ich ganz sicher. Unser Herr wird sie seinem Herzen nahe sein lassen. Er wird nicht zulassen, daß sie sich verirren. Und Ihr Gebet und Ihr Segen wird ihnen dabei helfen."

„Ja, das Heiligste Herz Jesu. In Südamerika weihen wir ganze Familien dem Heiligsten Herzen Jesu. Die Schwestern arbeiten da in Gruppen mit vierzig oder fünfzig Familien. Sie bringen Ehen in Ordnung und bereiten die Kinder auf die Erstkommunion vor. Und dann, wenn sie alles getan haben, enthüllen sie feierlich ein Bild des Heiligsten Herzens und hängen es in der Wohnung auf. Ist das nicht herrlich? Unser Herr kommt selbst und leitet diese Familien und heiligt sie. Er bringt seine Liebe mitten unter sie. Voraussetzung dafür aber ist die kirchliche Trauung. Die Familie muß auf einem sicheren Boden stehen und gegründet sein, wenn sie Gottes Segen empfangen will."

„Lateinamerika ist in der Tat ein immenses Feld für Ihr Apostolat. Es gibt soviel Armut dort, soviel Elend und Unwissenheit, aber auch ungeheuer viel guten Willen und ein starkes Verlangen nach geistlichen Gütern und Werten. Sie müssen tun, was in ihrer Macht steht, um den Einfluß des Ordens in Lateinamerika auszuweiten. Wenn doch die einheimischen Bischöfe deutlicher hinter Ihnen stünden! Denn Ihre Schwestern wissen ja, worauf es ankommt, sie verstehen mit diesen Menschen Lateinamerikas, die in so großer materieller und geistlicher Not leben müssen, umzugehen und sich ihnen zu nähern. Werden Sie eigentlich auch in Mexiko demnächst ein Haus eröffnen?"

„Nein, erst später. Es ist dort noch nicht soweit. Zurück

werde ich über Afrika reisen. Wir haben jetzt insgesamt bereits neunzehn afrikanische Postulantinnen und Novizinnen. Es sind ausgezeichnete Leute, ihre Berufung ist ernst. Sie brennen darauf, ihr Leben dem Herrn weihen zu dürfen."

„Dann sollten Sie aber auch ein Noviziat in Afrika einrichten und Ihre Schwestern in ihrer heimatlichen Umgebung, Kultur und Tradition ausbilden. Später können Sie sie dann immer noch hierher bringen, so daß sie den ursprünglichen Geist des Ordens hier, an seiner Geburtsstätte, atmen können."

„Hier in Indien sind derzeit zwei afrikanische Novizinnen. Drei sind im Noviziat in Rom. Die Postulantinnen lassen wir vorläufig in Afrika. Reisen ist ziemlich teuer. Es kostet viel, wenn wir sie aus anderen Kontinenten hierher holen."

„Haben Sie denn finanzielle Schwierigkeiten?"

„Geld? Darauf verschwende ich keinen einzigen Gedanken. Es kommt stets. Wir tun alles für den Herrn. Er sorgt für uns. Wenn ihm daran liegt, daß wir etwas Bestimmtes tun, muß er uns die Mittel dafür geben. Versorgt er uns nicht mit den Mitteln, dann bedeutet dies, daß er dieses bestimmte Werk nicht wünscht. Dann denke ich nicht mehr darüber nach."

Auf genau diese Frage hatte sie bereits vor fünfzehn Jahren wörtlich diese Antwort gegeben. Daher kann sie als ein Zeugnis ihrer Lebenshaltung, ihres Gottvertrauens, der Gewißheit, daß er für diese kleine Gemeinschaft sorgt, gewertet werden. Gerade in diesen materiellen Dingen pflegt sie unseren Herrn beim Wort zu nehmen. Dadurch bleibt ihr Geist rein von Dingen, die doch sonst eine Quelle ständigen Kummers und unzähliger Sorgen sind, und sie bewahrt sich völlige Freiheit des Denkens und des Handelns. Da sie ihr volles Vertrauen in Gott gesetzt hat, hat sie sich auch in ihrem ganzen Tun und Denken, Reden und Lehren seinem heiligen Schutz und seiner Obhut unterstellt.

„Kennen Sie immer noch alle Novizinnen und Schwestern persönlich?“

„Die Novizinnen nicht. Aber die Schwestern, die ihre Profeß hatten, kenne ich alle. Und ich schreibe ihnen auch. Letztes Jahr haben 153 die Gelübde abgelegt. Jeder von ihnen habe ich einen ganz persönlichen Brief geschrieben und ihnen Rat erteilt in geistlichen Dingen. Sie schreiben auch ihrerseits an mich.“

„Jetzt weiß ich, was Sie allabendlich treiben. Sie müssen ja ungeheuer viele Briefe schreiben.“ Sie lächelte nur. Ich erinnerte mich an die 153 Fische, wie Johannes uns berichtet: „Und Simon Petrus stieg ins Boot und zog das Netz an Land, mit hundertdreiundfünfzig großen Fischen angefüllt. Obwohl es so viele waren, zerriß das Netz doch nicht“ (Joh 21,11). Man muß das als ein Bild der zukünftigen Arbeit des hl. Petrus verstehen, der dem Reich Gottes Menschen zuführen sollte, die Christus nachfolgten.

Januar 1976

Mutter Teresa kam von einer Reise zurück, die sie durch Europa, Afrika und Amerika geführt hatte.

„Jedesmal, wenn ich nach Europa oder Amerika komme, bin ich betroffen darüber, wie unglücklich so viele Menschen in diesen reichen Ländern sind. Es gibt so viele zerbrochene Ehen, so viele Kinder, um die sich die Eltern nicht mehr kümmern. Sie sollen zuerst bei sich anfangen, sollen die Eheleute, die getrennt leben, zusammenführen und ordentliche Wohnungen bauen, in denen die Kinder die Liebe ihrer Eltern erfahren können. Das ist ihre erste Pflicht. Materiell gesehen sind sie reich. Aber an geistigen und geistlichen Werten fehlt es. Dann sind da die geistig Behinderten. Kennen Sie Jean Vanier? Sie sollten ihn wirklich kennenlernen. Das ist ein ganz feiner Mann. Er hat die ‚Arche' gegründet. Das ist ein Heim für geistig zurückgebliebene Menschen. Wir müssen mit ihm zusammenarbeiten. Wir brauchen auch in Kalkutta ein Heim für diese Menschen."

„Aber seine Organisation unterscheidet sich völlig von der Ihren. Er arbeitet ja mit Freiwilligen, die kommen und gehen können, wann sie wollen."

„Ich habe eine ganze Reihe seiner Mitarbeiter kennengelernt. Es verhält sich in der Tat so, wie Sie sagen. Aber ihr Ziel und ihre geistige Einstellung sind den unseren ähnlich. Bei beiden handelt es sich um Manifestationen christlicher Nächstenliebe."

„Haben Sie sie in Kanada kennengelernt?"

„Ja. Sie haben mich nach Toronto eingeladen, und ich habe dort vor ihnen gesprochen. Zurück reiste ich über Afrika, weil ich unser Haus in Äthiopien und die beiden Häuser in Tansania besuchen wollte. Afrika ist ein vielversprechendes Land. Es gibt sehr viel Not und Armut dort, aber es stellt für unser Apostolat ein weites, fruchtbares Feld dar, und wir haben glänzende Aussichten. In Bälde soll dort auch ein Noviziat eingerichtet werden, in Tabora. Ungefähr zwanzig Afrikanerinnen wollen bei uns eintreten. Vier von ihnen sind bereits auf dem Weg hierher ins Noviziat. Wenn sie ein Jahr hier waren, schicke ich sie zusammen mit vier indischen Schwestern zurück. Dann sollen sie dort ihre eigene Ausbildungsstätte gründen. Sie brennen darauf, mit uns zusammenarbeiten zu können.

In London sind sieben neue Postulantinnen dazugekommen. Auch ein belgisches Mädchen ist dabei, das erste aus diesem Land überhaupt. Andere kommen aus Großbritannien, Frankreich und den USA. In Melbourne haben wir drei chinesische Novizinnen und überraschenderweise auch schon Kandidaten aus Neuguinea. Im Jemen haben sich dreißig muslimische Mädchen geweigert zu heiraten. Sie wollen mit unseren Schwestern zusammenarbeiten. Natürlich wollen sie Muslimen bleiben. Sonst würde man ihren Schritt gar nicht dulden."

„Wo werden Sie in nächster Zeit neue Niederlassungen gründen?"

„Als erstes auf den Philippinen. In Manila. Dem Erzbischof dort liegt viel daran, daß wir hinkommen."

„Da wartet aber allerhand Arbeit auf Sie, gerade auf geistlich-religiösem Gebiet. Die Leute sind zwar größtenteils katholisch, aber es gibt nur sehr wenig Priester. Auf einen Priester kommen über 5000 Gläubige."

„Woher kommt das?"

„Ähnlich wie in Südamerika gibt es auch dort wenig Berufungen. Die Menschen sind getauft. Aber viele von ihnen kommen nicht zum Sonntagsgottesdienst. Auch am sakramentalen Leben nehmen sie nicht teil. Vielleicht können Ihre Schwestern da manches verbessern, wenigstens im Kleinen."

„Nach Südkorea hat man uns ebenfalls gerufen!"

„Dort müssen Sie hin. Unter allen Umständen. Die Kirche wächst dort schnell und hat große Zukunft. Da sollten wir nicht zu spät kommen." Das war ihr neu. Und mich machte das stutzig. Wie konnte sie denn entscheiden, wo die günstigsten Aussichten für eine neue Niederlassung bestanden und wo sie eine eröffnen sollte? War sie einfach in allem der Führung des Heiligen Geistes sicher? Sie fragte natürlich den einen oder anderen Priester um Rat. Trotzdem waren bei der Auswahl der Orte Fehler unterlaufen.

„Warum tun Sie eigentlich so viel in der Diözese von Darjeeling? Sowohl was die Bevölkerung insgesamt angeht als auch was den Anteil der Katholiken betrifft, ist das doch eher eine kleine Diözese. Und im Verhältnis zur Zahl der Menschen, die dort leben, gibt es in Darjeeling doch ziemlich viele Priester und Ordensfrauen."

„Wir werden demnächst wieder ein Haus dort eröffnen.

Diesmal in Gangtok, der Hauptstadt von Sikkim. Der Bischof wünscht unbedingt, daß wir da hingehen. Die Kirche ist in dieser kleinen Stadt nicht präsent."

„Es ist mir bekannt, daß die Menschen dort gegenüber dem Katholizismus aufgeschlossen sind. Nicht wenige bitten um Unterweisung im Glauben. Ich selbst habe im Palast des Chogyal von Sikkim die Heilige Messe gefeiert. Eine Kirche gibt es dort allerdings noch nicht. Aber sagen Sie mir einmal im Vertrauen: Darjeeling nimmt wohl einen Lieblingsplatz ein in Ihrem Herzen? Was ist der Grund dafür? Liegt es daran, daß Sie dort ihr Noviziat verbracht haben? Oder hängt es mit Ihrer Eingebung, mit der zweiten Berufung zusammen, die auf dem Weg zur Bergstation an Sie erging?"

„Nein", sagt sie, und wischte meine Mutmaßungen mit einer Handbewegung weg. „Dann muß der Bischof Sie hypnotisiert haben?"

Sie lachte bloß. „Denken Sie doch nur einmal nach. Schauen Sie auf Takdah. Wir haben da ein neues Haus geschenkt bekommen."

Dieses Argument war zwingend. Immer, wenn ihr ein Grundstück angeboten wird, das für ihre Arbeit geeignet ist, fühlt Mutter Teresa eine starke Neigung, das Geschenk zu akzeptieren. Denn sie erblickt darin einen Wink der Hand Gottes.

„Was ist Ihnen das Wichtigste bei der Schwesternausbildung?"

„Daß Stille herrscht. Innere und äußere Stille. Stille ist lebensnotwendig für ein Ordenshaus. Es geht um die Stille der Bescheidenheit und der Liebe. Augen, Ohren und Mund müssen still werden. Kein Gebetsleben ohne Stille!"

„Wir brauchen die Stille, um Gott in uns vernehmen, ihn in unserem Herzen sprechen zu hören."

„Stille ist wichtig. Dann aber auch Freundlichkeit und Liebe. Von der Stille zur Liebe, von der Liebe zur Demut.

Liebe untereinander. Der eine muß den anderen akzeptieren lernen, auch wenn er anders ist. Liebe führt zur Einheit innerhalb einer Gemeinschaft. Von der Liebe zur Demut. Wir müssen demütig sein. Gottes Demut macht mich betroffen. Er hat sich selbst gedemütigt. Er, der die Fülle der Gottheit besaß, nahm die Gestalt eines Knechtes an. Und auch heute noch zeigt er seine Demut, indem er sich so unzulänglicher Werkzeuge bedient, wie wir es sind, schwacher, ungeeigneter, unvollkommener Werkzeuge. Ferner muß Freude in unseren Herzen wohnen. Freude darüber, daß wir Gott dienen, Freude darüber, daß wir sein Werk tun. Das tut unserer Demut und Bescheidenheit keinen Eintrag."

„Das stimmt. Auch Maria ruft im Magnifikat ja ihre Freude aus über das, was er, der Mächtige, Großes an ihr getan habe."

„Ich sage den Schwestern immer wieder, sie sollen nicht davor zurückschrecken, auch vor aller Augen Gutes zu tun. Unser Herr selbst sagt ja, daß wir unser Licht vor den Menschen leuchten lassen sollen, damit sie, wenn sie unsere guten Werke sehen, den Vater preisen, der im Himmel ist. So sollen auch sie ihre guten Werke sehen lassen. Denn der Herr selbst ist es ja, der sie durch uns wirkt."

„Es macht mir überhaupt nichts aus, Pater, wenn die Menschen uns loben für alles, was wir tun. Ich freue mich sogar darüber. Denn das alles trägt bei zur Verherrlichung und zum Ruhme Gottes."

„Sie kommen eben von Kerala zurück. Haben Sie alle Niederlassungen besucht?"

Mutter Teresa antwortete nicht gleich. Es schien, als verdüstere sich ihr Gesicht ein wenig. Als sie schließlich zu sprechen anfing, hatte ich den Eindruck, als scheute sie sich etwas davor, als schwebte eine gewisse Enttäuschung in ihrer Stimme.

„Wir unterhalten dort fünf Häuser. Die Menschen haben

uns lange schief angesehen, weil wir für die Armen arbeiten. Allmählich aber akzeptieren sie uns."

„Der Orden bekommt viele Berufungen aus diesem Staat."

„Das ist richtig. Aber ich will, daß unsere Kandidatinnen landsmannschaftlich gut gemischt bleiben. Viele Novizinnen kommen aus Bihar und Orissa. Auch aus Tamil Nadu kommt eine ganze Reihe. Man hat uns an einen Ort gerufen, an dem es elfhundert Tempel gibt, in eine der Hochburgen des Hinduismus. Die Leute sind dort sehr orthodox. Christliche Einflüsse fehlen völlig. Der Erzbischof war sehr froh darüber und bedrängte mich um eine Zusage. Jetzt muß ich nach Santiniketan, um einen Ehrendoktor in Empfang zu nehmen. Ich verstehe nicht, warum die Universitäten und Colleges mich mit Ehrentiteln überhäufen. Ich bin jedesmal ganz unsicher, ob ich so etwas überhaupt annehmen soll. Es bedeutet mir nichts. Aber ich habe wenigstens eine Chance, vor Menschen, die sonst vielleicht nichts von ihm hören, über Christus zu sprechen."

„Man hat mich auch gebeten, auf dem Eucharistischen Weltkongreß in Philadelphia zu sprechen."

„Das ist eine Anerkennung für Ihre tiefe Verehrung der Heiligen Eucharistie. In Melbourne haben Sie ja auch eine Rede auf dem Weltkongreß gehalten."

„Schon. Aber diesmal liegen die Dinge nicht so einfach. Es soll acht Tage dauern. Und ich soll jeden Tag sprechen. Über alles mögliche."

„Der Herr wird Ihnen schon helfen."

„Schwester Dorothy bittet um den Reisesegen. Sie reist nach Australien, denn sie soll die dortige Regionaloberin werden." Ich fühlte mich unwürdig, diese beiden Frauen zu segnen. Ich selbst hatte ihr Gebet nötiger als sie das meine. Aber sie glaubten an die dem Priester von Christus verliehene Vollmacht. Trotzdem schlug ich vor, daß wir erst gemeinsam beteten. Wir knieten nieder und sagten laut: „Herr, segne die Arbeit der Missionarinnen der Nächstenliebe in Australien. Heilige sie, führe ihnen deine auserwählten Kandidaten zu, segne alle, denen sie dienen, und gib uns allen deinen Segen." Dann erteilte ich Schwester Dorothy und der neben ihr knienden Mutter Teresa den Reisesegen.

Februar 1976

„Ich bin gerade von einem Treffen der Mitarbeiter in Kalkutta zurückgekommen", erzählt Mutter Teresa. „Ich habe zu ihnen gesagt, daß Heiligkeit kein Luxus sei, sondern daß alle dazu eingeladen seien. Ich sagte das vor Hindus, Muslimen, Dschainas, Parsen und Christen. Sie alle schienen es gern gehört zu haben. Ich entwickelte das Thema wie folgt. Heiligkeit sei Liebe gegenüber Gott und den Menschen. Daher sei sie kein Luxus, der bloß für einige Auserwählte aufgespart sei. Alle sind zur Heiligkeit berufen. Ich sagte auch, daß die Schwestern ihrer Gebete bedürften, um ihre Arbeit tun zu können, und daß die Armen ihre Hilfe, ihr Verständnis und ihre Liebe brauchten. Wir alle haben viel zu geben. Es gibt so viel, was wir mit anderen teilen können. Wo immer wir auch leben, finden wir viele Möglichkeiten, unmittelbar unseren Beitrag zu leisten. Heiligkeit fängt zu Hause an. Wir sollen Gott lieben. Und seinetwegen lieben wir unsere Mitmenschen."

„Sie haben völlig recht, Mutter Teresa. Heiligkeit ist in der Tat kein Luxus, in dessen Genuß nur einige wenige kommen könnten. Gleichwohl ist wirkliche Heiligkeit im praktischen Leben etwas, dem wir höchst selten begegnen."

Ich versuchte, mich der Worte des hl. Petrus zu erinnern, die so gut auf die Schwestern und Mitarbeiter passen, die von Mutter Teresa ausgebildet, inspiriert und auf dem Weg zur Heiligkeit ermuntert werden: „Wie er, der euch berufen hat, heilig ist, so soll auch euer ganzes Leben heilig werden. Denn es steht geschrieben: ‚Ihr sollt heilig sein, weil ich heilig bin'" (1 Petr 1,15).

Mutter Teresa schmerzte es immer noch sehr, daß eine der Schwestern den Orden wieder verlassen hatte. „Das Kreuz reicht immer noch tief in Ihr Leben hinein. Vielleicht ist das ein Glück. Denn sonst möchte Jesus Sie vielleicht nicht anerkennen", sagte ich zu ihr.

„Wir folgen ihm ja. Wir hören seinen Schrei ‚Mich dürstet'. Das wird noch immer von vielen nicht verstanden. Sie halten uns für etwas anderes, als wir in Wirklichkeit sind. Sie meinen, wir seien Sozialarbeiter."

„Das liegt dann aber nicht an Ihnen. Denn Sie versäumen ja keine Gelegenheit, darauf hinzuweisen, daß Sie und Ihre Schwestern in erster Linie Ordensfrauen sind, die ihr Leben dem Dienst Gottes geweiht haben."

Bei uns im Sprechzimmer saß Bischof Toppo von Jalpaiguri.

„Wir planen neue Niederlassungen", sagte Mutter Teresa. „Seine Exzellenz kann uns ein Haus zur Verfügung stellen. Daher denken wir daran, in Jalpaiguri eine Niederlassung zu gründen. Auch in Gangtok droben, in der Hauptstadt von Sikkim, wo ich erst kürzlich war, werden wir demnächst ein Haus eröffnen. Und gestern sind drei unserer Schwestern nach Mexiko abgereist."

„Ist das das Ergebnis Ihres letztjährigen Zusammentreffens mit dem mexikanischen Präsidenten?"

„Ja. Auch dort wartet ein Haus auf uns. Später werde ich noch mehr Schwestern hinschicken. Ein paar andere gehen nach ... Wie heißt das Land, wo es unlängst dieses schwere Erdbeben gegeben hat?"

„Guatemala", kam ich ihr zu Hilfe. „Auch dort sind praktisch alle Einwohner katholisch. Aber es hat nur sehr wenig Priester.“ Ich freute mich sehr, daß der Orden seine Basis in Lateinamerika allmählich verbreiterte. Die Schwestern hatten einige Erfahrung, die für die Einleitung von Hilfsmaßnahmen in Katastrophengebieten nützlich sein würden. Sie wußten, wie man wirkungsvoll solche Maßnahmen organisiert. Diese Erfahrung und dieses Wissen würden ihrer Sache nur dienen können.

„Wir werden jetzt dann auch in Manila arbeiten. Es sind schon Anfragen von philippinischen Mädchen bei uns eingegangen, die sich dem Orden anschließen möchten.“

„Das ist wunderbar, auf Ihrer Arbeit ruht wirklich der Segen des Herrn. Ich hoffe, daß Sie dort bald ein ganzes Netz von Einrichtungen haben werden. Denn auf den Philippinen herrscht ein großer Priestermangel.“

„Woher kommt das?“

„In erster Linie aus politischen Gründen. Aber es gibt auch noch andere. Im Volk lebt eine starke katholische Tradition und eine tiefe Liebe zu unserem Herrn und zur hl. Mutter Maria. Darauf können Sie aufbauen. Es sollte nicht an Berufungen aus dem Lande selbst fehlen.“

März 1976

Wie ich das Besuchszimmer betrete, unterhält sich Mutter Teresa gerade mit einem älteren Herrn.

„Darf ich Sie mit Dr. Gupta bekannt machen, Pater?“

Während wir noch Förmlichkeiten austauschen, erzählt mir Dr. Gupta, daß sein Sohn meinen Fortgeschrittenenkursus in Ökonomie besucht habe. Wir sind uns also nicht völlig fremd.

„Bitte fahren Sie fort, Mutter Teresa. Ich möchte Ihr Gespräch mit Dr. Gupta nicht stören.“

„Nehmen Sie ruhig Platz, Pater.“

„Mutter Teresa, ich besitze ein Grundstück, das ich

Ihnen gerne für Ihre Arbeit zur Verfügung stellen möchte. Ich selbst kann es mir nicht leisten, daß ich Ihnen ein großes Gebäude hinstelle. Aber ich werde einige meiner Freunde bewegen, sich an den Kosten zu beteiligen. Das Grundstück liegt an einer Straße in der Nähe von DumDum."

„Das trifft sich ausgezeichnet, Dr. Gupta. Wir haben in DumDum bereits ein Haus. Die Schwestern könnten von dort aus kommen und auf Ihrem Grundstück mitarbeiten. Dann können wir dort ein Asha Niketan, ein Haus der Hoffnung, errichten, das für geistig Behinderte bestimmt sein soll."

Ich gebe Dr. Gupta noch meine Adresse und lade ihn ein, bei mir vorbeizuschauen. Dann verabschiede ich mich, weil es Zeit für meinen Vortrag bei den Tertiarinnen ist. Zwei Tage später kommt Dr. Gupta bei mir vorbei.

„Wie sind Sie auf Mutter Teresa gestoßen, Herr Doktor?"

„Nun, das ging so zu: Eine junge Frau, die einer geachteten Familie angehörte, wurde zu mir gebracht zur Entbindung. Da sie ledig war, wollte die Familie das Kind nicht akzeptieren. Ihre Eltern baten mich, für das Baby eine geeignete Unterbringung zu suchen. Ich hatte früher schon von Mutter Teresa gehört. Daher sprach ich im Konvent vor. Sie war aber gerade nicht da. Die leitende Schwester war indessen sehr freundlich. Sie meinte sogleich, daß dies ja ihre Arbeit sei, daß sie das Kind annehmen wollten, daß ich es jederzeit bringen könne. Sie versicherte, sie wollten sich um das Kind kümmern und sich bemühen, daß es Adoptiveltern bekäme. Dieser Akt der Freundlichkeit berührte mich tief. Seither versuche ich den Schwestern zu helfen, so gut ich kann."

Auch dies war etwas Wunderbares. Immer wieder kamen gute Menschen von sich aus zu uns, boten ihre Hilfe an und zeigten sich bereit, ihren Besitz mit den Armen zu teilen.

„Immer öfter werde ich aufgefordert, mich öffentlich zu äußern. Für mich ist das eine schwere Prüfung. Ich wollte, ich brauchte das nicht zu tun.“

„Wie machen Sie das überhaupt, Mutter Teresa?“

„Ich schließe die Augen. Dann mache ich folgendes“, antwortete sie und zeichnete mit ihrem rechten Daumen ein kleines Kreuz auf ihre Lippen. „Dann lasse ich den Herrn reden, halte mich an das, was er mir eingibt.“

„Sehen Sie Ihre Zuhörer an?“

„Nein. Ich schaue einfach geradeaus, über die Köpfe hinweg. Ich sehe niemanden an, sondern richte nur meine Botschaft aus.“

Das erinnert an die Verheißung Christi: „Auch wenn ihr vor Königen und Richtern steht, macht euch keine Sorgen über das, was ihr sagen sollt.“ Natürlich hieße es Gott versuchen, ginge sie völlig unvorbereitet in eine Versammlung, von der sie vorher erfahren hatte. Das wäre ja kein Gottvertrauen, sondern höchstens Anmaßung. Im übrigen sind ihre Zuhörer heute ja weder Richter noch Gegner, sondern Freunde und Gleichgesinnte, die sich über die Gelegenheit freuen, das Wort Gottes hören zu können. Mutter Teresa spricht immer über Gott und Jesus Christus.

Sie geht ihren Weg in der Kraft des Herrn, ganz wie der junge David, der sich auch nicht mit Waffen versah, die ihn nur behindert hätten, weil sie nicht für ihn gefertigt waren. Nur seine Schleuder und fünf Kiesel hatte er bei sich, als er Goliath entgegentrat. Aber Gott lenkte seinen Arm und verlieh im Kraft. Mutter Teresas Worte treffen wie Davids Kiesel, sie dringen den Menschen in Kopf und Herz und stören sie aus ihrer Gleichgültigkeit und Trägheit auf. Sie töten nicht, sondern sie beleben, wecken auf und bewegen zum Guten und zum großzügigen Handeln. Mit Paulus kann sie sagen, daß sie kein anderes Wissen zeigen könne als Jesus Christus. „Auch ich, meine Brüder, bin, als ich zu euch kam, nicht mit hoher Rede oder mit Weisheit aufgetreten, als ich euch Zeugnis gab von Gott. Denn ich glaubte, ich dürfe unter euch kein anderes Wissen zeigen als Jesus Christus, und zwar den Gekreuzigten" (1 Kor 2, 1 f.). Und mit ihm bekennt sie: „So kam ich denn zu euch in Schwachheit und in Furcht sowie in großem Zagen" (1 Kor 2, 3). Öffentliche Auftritte sind ihr peinlich und eine unangenehme Pflicht, aber wenn es der Ehre Gottes dient, ist sie dazu bereit. Und sie rührt die Herzen der Menschen, weil Christus in ihr lebt. Ihre Rede ist einfach, wohltuend und doch kraftvoll. Ihre Worte erheben und erbauen. Gleichwohl bleiben sie stets praktisch ausgerichtet und auf die Bedürfnisse und das Vermögen ihrer Hörerschaft zugeschnitten.

Als ich mit meiner Unterweisung bei den Tertiarinnen fertig war, sagte sie: „Wir bringen Sie heim, Pater. Der Bus fährt ohnehin zum Bahnhof. Die Schwestern müssen den Nachtzug nach Kalimpong erreichen. Wir eröffnen dort ein Haus."

Zum Abschied sangen die Schwestern für die Abreisenden ein Lied. Sie kletterten in den Kleinbus, der mit Gepäck vollgestopft war. Irgendwie fanden sie doch noch einen Platz. Ich selbst saß neben dem Fahrer. Mutter Teresa saß hinter mir. „Das machen wir jedesmal, wenn Schwestern von uns abreisen, wir singen ein Lied", sagte sie.

Während der Fahrt sprach Mutter Teresa die Gebete für eine gute Reise vor, und wir alle gaben die Antworten. Wie immer endete das Gebet mit der Anrufung: „Unbeflecktes Herz Mariens, Grund all unserer Freude, bitte für uns." Weil Maria die Mutter Jesu ist, ist durch sie die Freude in die Welt gekommen. Und jetzt, da die Schwestern Christus in den Ärmsten der Armen dienen, legen sie den Hauptakzent auf die Freude.

Auf dem Weg zum Bahnhof erzählte Mutter Teresa von neuen Gründungen, die bereits in Vorbereitung waren: „Gott ist unserem Orden wohlgesonnen. Überallhin werden wir eingeladen. Wir können gar nicht alle Bitten erfüllen. Man muß für neue Berufungen beten. Denn wir brauchen noch viel mehr Schwestern."

Am Sealdah-Bahnhof entluden die Schwestern den Kleinbus. Matratzen, Decken, Eimer, Pakete mit Lebensmitteln kamen zum Vorschein. Das alles nahmen sie mit, um es an die Armen verteilen zu können.

„Wir tragen alles selbst", sagte Mutter Teresa und lachte. „Daher nennen sie uns die Kuli-Schwestern, weil wir nie Gepäckträger nehmen. Ich selbst werde in wenigen Tagen auch nach Kalimpong fahren. Dann werden sich die Schwestern bereits eingerichtet haben, so daß ich leichter feststellen kann, was sie alles brauchen. Und sie werden dann schon selbst herausgefunden haben, welche Arbeit vordringlich ist."

Von einer Gründung zur anderen eilt sie so und dehnt ihren Dienst der Liebe immer weiter aus, von einer Stadt zur andern, von einem Land zum anderen. Aber trotz der ungeahnten Ausmaße, die dieses Werk inzwischen erreicht hat, bleibt es auf den einzelnen Menschen gerichtet. Stets gibt Mutter Teresa deutlich zu erkennen, daß es ihr um das geistliche und materielle Wohl des einzelnen, dieser konkreten Person zu tun ist. Jeder Mensch zählt für sie. Sie hat keinen Blick für die Massen, sondern für die Seele, die aus dem Gesicht jedes einzelnen, dem sie begegnet, ihr aufleuchtet.

14 *Das Jubiläum*

> Vor allem danke ich meinem Gott durch Jesus Christus euer aller wegen dafür, daß euer Glaube in der ganzen Welt gerühmt wird. (Röm 1,8)

An einem Sonntag im Oktober 1975 zelebrierte der Erzbischof in der Rosenkranzkathedrale zusammen mit einer großen Zahl von Priestern den Dankgottesdienst. Es sollte Dank gesagt werden für all den Segen, den Gott über Mutter Teresa und ihren Orden der Missionarinnen der Nächstenliebe ausgegossen hat und der durch sie für eine große Zahl von Menschen, Christen und Nichtchristen, zum Segen geworden ist. Zusammen mit den Schwestern beteten zahlreiche Angehörige der verschiedensten Orden und religiösen Gemeinschaften. Sie alle und all die Kinder und Erwachsenen, die durch ihre Hände gegangen waren, die Wohltäter und Helfer dankten Gott für diesen Orden und für all das Gute, das er zu wirken vermocht hatte. Am Montag kamen Mutter Teresa und eine der Schwestern zur Herz-Jesu-Kirche. Sie baten Monsignore Barber und mich, mit ihnen aus Anlaß des silbernen Ordensjubiläums am darauffolgenden Tag die Messe zu feiern. Das war ein großer Tag, ein Tag der Freude und des Dankes. Obwohl sie, wie immer, kerzengerade auf ihrem Stuhl saß, konnte ich erkennen, wie müde und erschöpft sie war. Trotzdem unterhielt sie sich mit uns anderthalb Stunden lang aufs freundlichste.

„Ich bin Ihnen und dem Pater so dankbar", sagte sie zu Monsignore Barber. „Er war der erste, der mir half, als ich Loreto verlassen und mit meiner Arbeit begonnen hatte."

„Sie sehen sehr müde aus, Mutter."

„Ja, ich bin müde. Aber alles war wunderschön. So viele haben mit uns und für uns gebetet. Sie dankten Gott für das, was er durch uns, die Missionarinnen der Nächstenliebe, getan hat. Während der letzten Tage über besuchten wir täglich eine Kirche oder einen Tempel, um dort zu beten. Der Erzbischof hat es uns ausdrücklich erlaubt. So haben wir mit Juden und Armeniern, Anglikanern, Dschainas und Sikhs, Buddhisten und Hindus gemeinsam gebetet. Das war eine ganz ungewöhnliche Erfahrung. Aller Herzen vereinigten sich im Gebet zu dem einen wahren Gott und zum Dank für all das Große und Wunderbare, das er durch uns, seine Diener, getan hat.

„Daraus spricht wahrhaft der Geist des Magnificat, des Lobgesangs Mariens: ‚Meine Seele preist die Größe des Herrn, und mein Geist jubelt über Gott, meinen Retter. Denn der Mächtige hat Großes an mir getan, und sein Name ist heilig.'"

„Ja, wirklich, genau so ist es. Wir selbst haben nichts getan. Er tat alles. Daher gebührt ihm auch aller Ruhm. Heute waren wir in einem Tempel der Dschainas. Es waren vier ihrer Priester dort. Sie saßen hinter einem Tisch, ohne Kleider."

„Jetzt sind Sie doch schon so lange in Indien. Kennen Sie denn die Gewohnheiten der Dschainapriester von der Digambara-Sekte immer noch nicht?"

„Nein. Solange sie aus ihren Schriften lasen und zu Gott beteten, trat eine weißgekleidete Frau vor, eine Nonne, denke ich, und fing an, sich Haare auszureißen. Im Geist der Buße, nehme ich an. Ich versuchte es auch. Das tut ganz schön weh."

Wir konnten nicht anders, wir mußten einfach lachen,

zumal ich jedenfalls Mutter Teresas Haar noch nie gesehen habe, weil ihr Kopf vom Saum ihres Sari immer bedeckt ist. Sie erzählte noch ein paar Anekdoten. Dann aber sprach sie wieder über ihre Arbeit. Sie war einfach nicht unterzukriegen.

Im Oktober, am Tag des Rosenkranzfestes, jenes Tages, an dem vor 25 Jahren der Orden von Rom die Approbation erhalten hatte, fand eine einfache, ganz intime Feier im Mutterhaus statt. Und in allen Niederlassungen auf der ganzen Welt, in den über achtzig Häusern des Ordens, auf allen Kontinenten, in Rom und Harlem, in Tabora, Melbourne und Lima, auf Mauritius, im Jemen und in Jordanien, in Kalkutta, Bombay und Madras, Delhi und Ranchi, überall stiegen Gebete des Dankes zu Gott empor; die Orte lassen sich gar nicht alle aufzählen. Die Kranken und Leidenden, die klausurierten Schwestern der beschaulichen Orden, die Mitarbeiter in aller Herren Länder sangen voller Freude und Dankbarkeit, beteten zu Gott und erbaten seinen überfließenden Segen für die Arbeit der Missionarinnen der Nächstenliebe in den nächsten fünfundzwanzig Jahren.

Morgens um sechs, als ich beim Mutterhaus ankam, stutzte ich. Heute hingen nicht, wie gewöhnlich, Kleider zum Trocknen auf dem Dach. Ein Milchmann war schon unterwegs. Friedlich schliefen die Menschen auf den Bürgersteigen. Unmittelbar vor dem Haus ließ ein diskretes Polizeiaufgebot erkennen, daß der Gouverneur von Westbengalen zu dieser frühen Stunde zur Messe erwartet wurde. Ungefähr zwanzig Priester machten sich fertig, um mit dem Erzbischof beim Dankgottesdienst zu konzelebrieren. Pater van Exem war auch da. Nicht dagegen Pater Henry. Er betete in der Teresienkirche, unweit von hier. Pater Gorrée war aus diesem Anlaß sogar von Frankreich hergereist. Die kleine Kapelle war voll bis auf den letzten Platz. Als die Geistlichen zur Messe einzogen, hatten sie das

Kreuz vor Augen und die Inschrift ‚Mich dürstet'. Für die Ehrengäste hatte man Bänke aufgestellt. Mutter Teresa und die Schwestern hingegen knieten auf dem Boden oder saßen auf Matten.

Erzbischof Picachy brachte den Dank aller Anwesenden für die fünfundzwanzig Jahre gnadenvollen Wirkens zum Ausdruck. Und er wünschte den Schwestern, daß sie in heiligmäßiger und restloser Hingabe sich verzehrten für den Dienst an Christus, ihrem Herrn. Während der ganzen Feier erklang das Lob Gottes in Dankgebeten und Liedern von aller Lippen, und Friede, Freude und Heiterkeit hielten Einkehr in die Herzen. Jesu Versprechen: „Dies habe ich zu euch gesagt, damit meine Freude in euch sei und eure Freude vollendet werde", wurde Wirklichkeit. Wie an Pfingsten war der Heilige Geist auf die Anwesenden herabgekommen, schenkte seine Gaben und erfüllte den Geist und das Herz aller mit Liebe zu Gott und den Menschen und mit Freude über den Dienst am Herrn und seinen Brüdern. Die Universalität des Ordens wurde eindrucksvoll dokumentiert. Von allen Kontinenten waren Schwestern gekommen. Sie brannten vor Eifer, wieder auf ihren Posten zurückkehren zu dürfen.

Am Nachmittag machte Mutter Teresa einen Besuch in der Creek Lane, da, wo sie seinerzeit die herzlich warme Gastfreundschaft Michael Gomes' und seiner Familie hatte erfahren dürfen. Sie stieg wieder die Treppen zum Obergemach empor. Sie hatte das Gemälde Unserer Lieben Frau dabei, das dort, in den Jahren reinen, glaubenden Vertrauens auf Gott, den Altar geziert hatte. Sie wollte so ihren ersten Helfern und Gastgebern danken. Zehn Minuten blieb sie. Am nächsten Tag war sie unterwegs nach Cuttack in Orissa, um dort ein neues Haus zu eröffnen. Der Alltag der Arbeit hatte sie wieder eingeholt. Der Orden wuchs weiter, auf der ganzen Welt.

Das Jubiläum bot den günstigen Anlaß, die *Ergebnisse* einer 25jährigen Arbeit unter der Leitung des Geistes zusammenzufassen. Es waren Jahre außerordentlicher Gnaden und großen Segens. In *Indien* selbst war den Missionarinnen der Nächstenliebe ein uneingeschränkter Erfolg beschieden. Die Ergebnisse übertrafen alle Erwartungen. Mutter Teresa ist zweifellos der bekannteste, beliebteste und am meisten anerkannte Jünger Christi im ganzen Land. Sie personifiziert selbstlose Liebe und selbstlosen Dienst.

Vor dem Auftreten Mutter Teresas und ihrer Schwestern war die katholische Kirche hauptsächlich als eine Organisation bekannt, die Bildungseinrichtungen unterhielt. Durch Mutter Teresa verband sich mit dem Namen der Kirche die Idee der Nächstenliebe und die Vorstellung, daß sie eine wichtige Kraft für den sozialen Fortschritt darstelle. Die Kirche hat schon immer solcher ganz aus der Kontemplation heraus lebenden Führerpersönlichkeiten bedurft, vom Geist Gottes inspirierter Menschen, um sich vor den Augen der Öffentlichkeit als eine geistliche und mystische Größe und Kraft darstellen zu können, durch die die Menschen Gott kennen- und erfahren lernen.

In all den Jahren ist Mutter Teresas Ruhm in Indien ständig gestiegen. Sie hat sich immer dazu bekannt, in erster Linie eine Ordensfrau zu sein, die ihr ganzes Leben in den Dienst Gottes gestellt hat und von ihm ihre Kraft und ihr geistiges Profil empfängt. Sie ist selbst zu einem Modell christlicher Nächstenliebe geworden, einem lebendigen Beispiel der Selbstlosigkeit. Um alle hatte sie sich gekümmert, ohne Ansehen der Person oder Herkunft, stets bereit und willens, sich die Mitarbeit aller zu sichern, die guten Willens sind, gleich welcher Religion sie auch angehören. Sie ist bekannt für ihre Entscheidungsfreude, für schnelles Reagieren und Handeln und für ihr machtvolles Bestreben, eine in Angriff genommene Aufgabe auch zu Ende zu führen. Man kennt und schätzt ihre Bereitschaft, schwerste Aufgaben auch dann zu übernehmen, wenn die Mittel zu ihrer Durchführung nicht bereitstehen, ihr Vertrauen darauf, daß Gott schon sorgen werde, wenn es seiner Verherrlichung dient.

Die Schwestern, die sie ausgebildet hat, ahmen diesen einfachen, aber doch so wirkungsvollen und eminent praktischen Stil nach. So bilden sie eine ganz bewegliche, kraftvolle Gruppe, die in Notfällen und bei Katastrophen sofort zum Helfen bereit ist. Mutter Teresas Arbeit ist geprägt vom Stil Mahatma Gandhis. Einfaches Leben, Armut und Selbstbeschränkung gehören dazu ebenso wie der Verzicht, sich in die Politik einzumischen. Sie arbeitet für die von allen Verlassenen, leistet Hilfe zur Selbsthilfe und bedient sich der örtlichen Hilfsquellen. Weil Gebet und Arbeit für sie eines sind und zusammengehören, war sie stets bereit, auch das unerfreulichste Geschäft anzunehmen.

In *Lateinamerika*, einem Kontinent, dessen Verhältnisse in vieler Hinsicht sich mit Indien vergleichen lassen, hatte man einige wenige Vorposten errichtet. Der Orden begann seine Arbeit dort mit großen Hoffnungen, die sich längst noch nicht erfüllt haben. Wertvolle geistliche Hilfe konnte gewährt werden. Aber immer noch ist es wenig im Vergleich zu dem, was dieses Feld an Bedürfnissen und Möglichkeiten für religiöse Arbeit bietet. Der Orden unterhält ein halbes Dutzend Häuser. Eine ganze Reihe weiterer sind geplant. Aber noch hat er nicht richtig Wurzel fassen können.

Lateinamerika, wo die Hälfte aller Katholiken der Welt lebt, leidet unter einem außerordentlich großen Mangel an Priestern und Ordensleuten. Die Menschen hungern nach religiöser Unterweisung, nach geistlicher Führung und geistlich geprägten Formen des Lebens. In den meisten lateinamerikanischen Ländern herrscht große Armut. Die

Güterverteilung ist extrem ungleich. Es gibt große Familien, zahllose Slums, und in den Städten herrscht entsetzliche Armut. Aber es ist eine tiefe, lebendige christliche Tradition vorhanden, auf der man aufbauen kann. Viele Menschen zeigen sich aufgeschlossen, wenn sie in der richtigen Weise angegangen werden. Die Mutter Gottes und der gekreuzigte Heiland werden tief verehrt. Unter solchen Voraussetzungen hätte man erwarten mögen, daß die Arbeit der Missionarinnen der Nächstenliebe sich genauso oder ähnlich erfolgreich wie in Indien angelassen hätte. Aber sie fanden nur ein sehr schwaches Echo. Keineswegs so schnell wie sonst erhielten wir Anfragen und Hilferufe von den Bischöfen, und längst nicht so viele ernstgemeinte Gesuche gehen ein, wie wir uns erhofft hatten. Wenn man sie daran erinnert, dann gibt Mutter Teresa stets eine optimistische Antwort:

„Wir haben immerhin zwei Novizinnen. Eine Reihe von Mädchen bewirbt sich um Aufnahme in unseren Orden."

„Das stimmt ja. Aber was wiegt denn das gegenüber dreihundert Millionen Menschen, die doch aus dem katholischen Glauben und seiner Tradition heraus leben, und was bedeutet das schon gegenüber der ungeheuren Not, die dort herrscht? Sie haben jedenfalls bisher nicht richtig Fuß fassen können. Schön, Sie unterhalten drei Häuser in Venezuela, eines in Peru, eines in Kolumbien und vielleicht sonst noch zwei irgendwo. Aber in welchem Verhältnis steht das denn zu den Massen, ihren Bedürfnissen und zu den Möglichkeiten, die man dort haben könnte?" Bis Ende 1974 gab es gerade in einem einzigen Land, in Venezuela, eine Organisation der Mitarbeiter. „Woran liegt es, daß Ihnen hier nicht ein ähnlicher Anfangserfolg beschieden war wie zum Beispiel in Indien?"

Auch der Heilige Vater bestürmte Mutter Teresa, als sie von ihm in Privataudienz empfangen wurde, sie solle tun, was in ihrer Macht stehe, um ihre lateinamerikanischen Aktivitäten zu vervielfältigen. Warum kamen die Schwestern denn nicht besser voran? Ein Grund mag in dem Versuch einiger jüngerer Priester liegen, Jesus und Marx irgendwie zu vereinigen, in der vorrangigen Betonung von wirtschaftlichem Wohlstand und sozialer Gerechtigkeit und der parallellaufenden Minderung der Bedeutung des Glaubens an Christus und des sakramentalen Lebens. Man neigt zur politischen Aktivität, zur revolutionären Aktion, bisweilen auch mit Mitteln der Gewalt. Die kapitalistische Wirtschaftsstruktur gilt als Wurzel alles Bösen und nicht die Sünde, der Stolz, die Habsucht, die Begierde, aus denen es entspringt. Der Hang zum Kommunismus ist stark. Die Missionarinnen der Nächstenliebe halten sich aus der Politik heraus und geben wenig oder nichts auf Voreingenommenheiten dieser Art.

Als man Mutter Teresa in den USA fragte, ob sie und ihre Schwestern dort in die Politik einstiegen, erklärte sie: „Dazu haben wir gar keine Zeit.“

In vielen Ländern erweist sich diese Einstellung als vorteilhaft. Die Schwestern sind über jeden Verdacht erhaben, denn sie befassen sich nur mit geistlichen Dingen und mit Werken der Nächstenliebe. Ihre Art, die Dinge zu sehen, ist ganz und gar pragmatisch. Tatsächlich erklären sie in diesem Zusammenhang: „Wir tun die Arbeit, zu der wir berufen sind. Andere mögen sich die Köpfe zerbrechen und heißreden, wo es darum geht, Baupläne für die Gesellschaft und die Zukunft herzustellen.“

Vielleicht erwartet man von den Schwestern eine weiterreichende Anpassung an den Lebensstil, die Kultur und die Sprache dort. Ist es denn denkbar, daß die „Indischen Schwestern“ in indischen Saris in den Vorstellungen der einfachen Menschen anderer Länder überhaupt einen Platz finden? Sollte nicht gerade der erfolgreiche Versuch Mutter Teresas, sich den örtlichen Gegebenheiten und der Mentalität der Leute anzupassen, so wie das in Indien praktiziert wurde, analog in Lateinamerika wiederholt werden? Andere Länder, andere Sitten. Das gilt auch für den Bereich des religiösen Lebens und des Lebensstiles überhaupt.

Dadurch, daß Englisch für die Schwestern zur gemeinsamen Sprache wurde, haben die Missionarinnen der Nächstenliebe eine gewisse Universalität gewonnen. Es war ihnen dadurch möglich, sich fast reibungslos überall dort auszubreiten, wo die Bevölkerung oder doch wenigstens die gebildete Oberschicht englisch spricht. In nicht englischsprachigen Ländern waren die Erfolge bescheiden. Sollte man Englisch als gemeinsame Sprache auch in Ländern weiter beibehalten, in denen spanisch oder französisch gesprochen wird?

„Das hat mich ein Bischof auch gefragt", meinte eine Schwester, die eben aus Venezuela kam. „Er wollte wissen, warum wir nicht Spanisch zu unserer Umgangssprache machten."

In *Afrika* ließ sich alles ganz gut an. Die Aussichten sind glänzend, die Arbeitsmöglichkeiten ungeheuer. Gleichzeitig darf in den englischsprachigen Ländern Afrikas mit zahlreichen Berufungen gerechnet werden.

Das zahlenmäßige *Wachstum* des Ordens der Missionarinnen der Nächstenliebe sollte, obwohl es beachtlich ist, nicht für etwas Außergewöhnliches gehalten werden. Am Tag des Jubiläums gab es 1133 Schwestern, darunter 200 Novizinnen. Verglichen damit war das Wachstum des Ordens der Missionsfranziskanerinnen von Mutter Mary um einiges spektakulärer. Der Orden, dessen Mutterhaus sich in Ootacamund in Südindien befindet, hat eine ähnliche Geschichte wie der Orden der Missionarinnen der Nächstenliebe. An seinem silbernen Jubiläum zählte der Orden, der 1877 durch Mutter Mary von der Passion Jesu in Indien gegründet worden war, ungefähr 3000 Mitglieder. Beide Orden möchten für Gott etwas Außergewöhnliches tun, ihm einen ganz besonderen Dienst leisten. Die Missionsfranziskanerinnen fügen den üblichen Ordensgelübden – Armut, Keuschheit, Gehorsam – noch das Versprechen hinzu, sich ganz aus Liebe für Christus aufzuopfern. Und die Missionarinnen der Nächstenliebe legen ein zusätzliches viertes Gelübde ab, durch das sie sich dem Dienst an den Ärmsten der Armen weihen.

Nach dem Wunsch des hl. Paulus sollte der Glaube an Christus bis an die Enden der Erde getragen werden. Er selbst hatte vor, nach Spanien zu reisen, das damals der äußerste Punkt der bewohnten Welt war und bei den Römern und Griechen auch als solcher galt. Auch wenn er wohl kaum nach Spanien gekommen sein dürfte, hat er doch mehr Länder betreten und an mehr Orten den Glauben gepredigt als jeder seiner Zeitgenossen. Mutter Teresas Situation war in dieser Hinsicht eine glücklichere. Sie konnte, mit eben dem Wunsch, überall, wo nur möglich, für die Frohbotschaft Christi und für sein Werk und Wirken zu zeugen, bis an die Grenzen der Erde gehen. Wie sonst ließe sich denn ihre Begeisterung erklären und das Glücksgefühl, das sie verspürt, wenn sie in Neuguinea ein Haus eröffnen kann und gleichzeitig an so weit voneinander liegenden Orten wie den Fidschi-Inseln, der Insel Mauritius und New York tätig werden kann?

Aber nicht anders als für Paulus sollte es auch für sie nach wie vor *Rückschläge* und Unerledigtes geben. Auch nach der spektakulären Entwicklung, die der Orden durchgemacht hatte, blieb die Hälfte der Welt außerhalb ihrer Reichweite. Hinter den Eisernen Vorhang und hinter den Bambusvorhang war sie bisher nicht vorgedrungen. Das kommunistische China ebenso wie das kommunistische Rußland, zwei Länder in denen zusammen doch fast die Hälfte aller Erdbewohner leben, gehörten für sie nicht in den Bereich des Möglichen. China mit seinen 800 Millionen Menschen, die alle Gottes Kinder sind, war ein Wunschbild. Sollte sie je eine Chance haben, dieses gelobte Land betreten zu dürfen? Würden die Machthaber dort sich gegen die Missionarinnen der Nächstenliebe erklären, obwohl diese doch unabhängig von jeglichem politischen System und jeder Ideologie, vorurteilsfrei und ganz und gar nicht kopflastig ihre Arbeit tun wollten? Die Schwestern wären mit Sicherheit weder Spione noch Revolutionäre, noch hätten sie die Interessen irgendeines fremden Landes vertreten wollen.

In Kalkutta waren bislang zwei chinesische Schwestern zum Orden gestoßen und drei weitere anderswo. In Taiwan, Macao und Hongkong waren Häuser eingerichtet worden, die vielleicht als Sprungbrett hätten dienen können. Vielleicht werden die Schwestern eines schönen Tages von dort aus tatsächlich ins gelobte Land hinüberwechseln können. Ja, nach China würden sie wohl gehen eines Tages. Franz Xaver starb auf der Insel Sancián, das Festland vor Augen. Sein Leichnam wurde von dort zurück nach Goa gebracht. Vielleicht mag es den Schwestern gelingen, noch einen Schritt zu tun und das Festland tatsächlich zu betreten. Werden sie sich im zweiten Vierteljahrhundert ihres Bestehens nach Osten hin ausbreiten können? Mutter Teresa selbst war aus ihrem Heimatland in den Osten gezogen, während ihre Schwestern in der Hauptsache westwärts gehen, wenn sie Indien verlassen. Ich fragte sie:

„Sind Sie auch in Japan tätig?“

„Nein. Aber ein Mädchen von dort hat sich bereits um Aufnahme bei uns beworben.“

„Wie steht es mit Südkorea?“

„Auch dort läuft noch nichts. Aber wir werden wohl hingehen.“

Jetzt, nachdem sie auf den Philippinen Fuß gefaßt haben, wird es den Schwestern möglich sein, weiter nach Osten vorzudringen. Die Philippinen stellen so etwas wie eine gesunde katholische Basis dar und lassen viele Berufungen erhoffen. Von dort aus wird man weitergehen können: nach Taiwan, Hongkong, Indonesien, Japan, Südkorea, vielleicht sogar, Gott weiß, wann, nach China.

Die vielleicht am meisten zu bewundernde Wirkung der apostolischen Aktivität Mutter Teresas und ihrer Schwestern besteht in der ungeheuer großen Zahl von Akten der Gottes- und Nächstenliebe, zu der sie angeregt haben. Werke der Liebe, von jung und alt, arm und reich, viele von heroischem Ausmaß. Auch und gerade die im Sterben liegenden Verlassenen erbringen sie, jene, deren letzte Worte lauten: „Mein Gott, ich liebe dich", oder: „Schwester, ich danke Ihnen." Man muß an die ungezählten Akte der Liebe und des Verzichtes denken, geleistet von Kindern auf der ganzen Welt, die auf eine Mahlzeit, auf ein Eis, auf einen Kinobesuch verzichtet haben, um irgendeinem armen Bruder, einer armen Schwester in einer fernen, unbekannten Stadt, einem entlegenen Dorf zu helfen. Man denke ferner an das Liebeswerk vieler Fernsehzuschauer, Zeitungs- und Zeitschriftenleser und Kongreßbesucher, die spontan Antwort geben auf das schöne Beispiel eines ein Leben lang andauernden Dienstes an den Armen aus dem Geist Jesu Christi, von dem sie gesehen, gelesen oder gehört haben. Nicht zu vergessen das Liebeswerk der Mitarbeiter, der Leidenden, der Helfer, das viele ganz bescheiden und unauffällig geleistet haben. Ungezählte Akte der Liebe Gottes bilden eine ununterbrochene Kette der Liebe, die die ganze Welt umspannt, so wie Mutter Teresa in einem ihrer frühen Briefe vorausgeahnt hatte, als der ganze Orden noch in einem einzigen Zimmer Platz hatte. Aber nicht einmal sie selbst wäre wohl in der Lage gewesen, all die Wunder vorauszusehen, die Gott durch seine schwachen Werkzeuge an den Menschen tun würde.

Die Zukunft

Was wird sein, wenn Mutter Teresa einmal nicht mehr sein wird? Diese Frage bewegte viele nach den ruhmvollen Tagen des silbernen Ordensjubiläums. Sie scheint so unersetzlich zu sein. Man hat den Eindruck, daß jenes ganze Gebäude, das sie errichtet hat, einzig auf ihren Schultern ruht. Sie gleicht dem die Welt tragenden Atlas. Die Öffentlichkeit, die Behörden kennen vor allem sie. Fast jeder spricht eben von den „Schwestern Mutter Teresas" und drückt dadurch seinen Respekt und seine Anerkennung aus gegenüber ihrem einzigartigen Charisma. Diese göttliche Gabe ist ihr, einer einzelnen, nicht der ganzen Gruppe verliehen. Sie hat geglaubt, ist treu geblieben, hat sich freigemacht von aller doch nur menschlichen Eigenliebe, um Gott voll und ganz gehören zu können. In ihr und durch sie lebt Christus und wirkt auf ganz besondere Weise. Was kommt nach ihr? Charismen lassen sich nicht weitervererben. Gott wohnt in der Seele des einzelnen. Mystische Gnaden sind persönliche Gnaden. Auch in der Welt, die wir kennen, geht Heldenverehrung auf eine Einzelperson, auch wenn sie ihr Heldentum dem Einfluß einer Gruppe verdankt. Was wird aus dem Orden werden, wenn Mutter Teresa nicht mehr dasein wird?

„Wenn der Orden ein Werk Gottes ist, dann wird er auch weiterbestehen", sagt Mutter Teresa. Und mit Bestimmtheit fügte sie hinzu: „Wenn freilich die Schwestern ihrer Berufung nicht treu bleiben, wenn sie nicht für Gottes Ehre arbeiten, dann mag es sein, daß er den Orden untergehen läßt."

Mutter Teresa liegt nichts daran, daß man ihre ganz persönliche und besondere Arbeit weiterführt und ausweitet. Es geht darum, daß der Name des Herrn verkündet und verherrlicht werde. Da, wo dieses Anliegen das erste bleibt, wird auch die Gnade erworben, die für den

Fortbestand des Ordens nötig sein wird, wenn sie selbst einmal nicht mehr ist. Mutter Teresa pflegt zu sagen: „Wenn der Orden ein Werk Gottes ist..." Wäre es denn Anmaßung zu behaupten, der Orden *sei* ein Werk Gottes? Die Kirche hat den Orden amtlich anerkannt. Der Heilige Vater selbst und eine ganze Reihe von Kardinälen und Bischöfen haben ihm ihren Segen gegeben und ihm ihr Lob ausgesprochen. Und Tag für Tag wird er von der Stimme des Volkes gepriesen, die in diesem Fall wohl auch die Stimme Gottes ist. Menschen aller Nationalitäten, aller Klassen und Bekenntnisse sind vereint in der Bewunderung für die Werke der Nächstenliebe, die die Schwestern üben.

Auch viele Freunde und Mitarbeiter stellen die Frage: „Was wird nach Mutter Teresa sein? Wird denn all diese gute, wichtige Arbeit dann zum Stillstand kommen? Werden die Schwestern ohne ihre Führung, Leitung und Unterstützung überhaupt in der Lage sein, ihr Apostolat weiterzuführen?" Um alle noch verbleibenden diesbezüglichen Zweifel zu vertreiben, machte ich einen Besuch in dem Kinderheim in Darjeeling, das von den Missionarinnen der Nächstenliebe unterhalten wird. Von dort hat man einen schönen Blick über die ganze Stadt, denn es liegt auf einem Berg, etwa 2000 Meter über dem Meeresspiegel. Als ich die letzten Stufen hinaufstieg, winkte ich den Kindern zu, die auf dem Dach spielten. Eines von ihnen eilte ins Haus, kam herunter und öffnete mir. Dann ging es die Schwester holen. Die Schwester führte mich herum.

„Dieses Haus ist ganz neu. Vor zwei Jahren hatten wir hier statt seiner einen Schuppen. Aber der ist durch einen heftigen Sturm zerstört worden. Daher haben wir diesen Teil der Anlage neu wieder aufgebaut. Die Bevölkerung hat uns dabei unterstützt, und die Bezirksverwaltung auch." Wir besichtigten die verschiedenen Räumlichkeiten, in denen insgesamt ungefähr 100 Heimkinder untergebracht waren.

„Alle Kinder hier leiden an Unterernährung. Wir versorgen sie mit Essen, geben ihnen die Vitamine und Arzneien, die sie brauchen, um wieder zu Kräften kommen zu können. Viele von ihnen haben Wunden. Dieses Mädchen zum Beispiel ist sechzehn Jahre alt. Als sie zu uns kam, hatte sie ein großes Ödem am Bein. Inzwischen hat sich die Wunde geschlossen und fängt an zu heilen. Schuld daran war die Unterernährung. Dieses Mädchen hier hat einen verkrüppelten Arm, und die da drüben ist geistig zurückgeblieben. Wir versorgen auch zehn Waisenknaben. Ich habe sie in die Pedong High School ins Internat geschickt. Pro Kopf kostet uns das achtzig Rupien im Monat. In der Bethany-Schule und in der Schwesternschule St. Teresa lernen zwanzig Mädchen von uns, die auch Waisenkinder sind. Sie kommen am Abend hierher zurück. Diese alte Frau hier wird bald sterben."

Die Frau, die keine Christin war, erkannte in mir den Priester und bat um meinen Segen. Ich segnete sie. Auch das restliche Dutzend Insassen erbat meinen Segen. Da sprachen wir gemeinsam ein kurzes Gebet, und ich gab den Segen.

„Erst kürzlich starb einer unserer Pflegebefohlenen", sagte die Schwester, und dann fuhr sie fort: „Ach, kommen Sie doch hier herüber, da sind noch mehr Kinder. Eine ganze Reihe von ihnen sind Vollwaisen, bei den übrigen lebt wenigstens noch ein Elternteil. Dann muß der Vater entweder arbeiten und kann sich daher nicht um die Kleinen kümmern, oder die Mutter lebt noch und ist zu arm, sie durchzubringen. Von einer Frau sind gleich vier Kinder hier. Sie ist Witwe und bekommt für ihre Arbeit ein ganz spärliches Entgelt, daher konnte sie die Kinder beim besten Willen nicht bei sich behalten. Sie alle litten an Tuberkulose und an Unterernährung. Aber jetzt werden sie schon wieder. Dieser Junge hier scheint total schwachsinnig zu sein, er ist überhaupt nicht ansprechbar. Jetzt müssen wir herausfinden, ob er tatsächlich einen Hirnschaden hat oder ob es andere Gründe dafür gibt. Es kann sein, daß es sich bessert, wenn er besser ernährt wird. Viele Fälle hier kommen aus den umliegenden Dörfern. Mit unserem Lieferwagen machen wir allwöchentlich die Tour talabwärts und versorgen die Kranken an Ort und Stelle. Eine Reihe von Kindern, die ganz schlimm dran waren, haben wir hierhergebracht."

Beim Eintritt in die Kapelle sagte sie: „Darüber wissen Sie ja Bescheid. Sie selbst haben uns vor zwei Jahren beraten."

„Ja, ich erinnere mich daran. Lassen Sie uns ein Gebet sprechen für diese lieben armen Menschen und für die Schwestern, die sich ihrer annehmen."

Inmitten all dieses Elends, mitten unter den Armen des Herrn ist diese Kapelle eine Oase des Trostes und eine Quelle der Kraft. Ein Besucher, der nur eine Stunde oder so hier ist, lächelt den Kindern zu, spricht freundlich mit ihnen, streichelt sie, gibt ihnen seinen Segen und findet das alles sehr schön. Aber für die Schwestern selbst ist das hartes Tagwerk, dauert vom frühen Morgen bis zum späten Abend. Oft bis spät in die Nacht müssen sie Tag für Tag die kranken Kinder betreuen und die Sterbenden versorgen, um die sich sonst keiner kümmert. Und das nicht bloß für ein, zwei Jahre, sondern ein Leben lang, ohne Pause, in einem fort. Für sie ist daher die Hauskapelle der einzige Ort, an dem sie für sich sein können und wo ihnen ein Lichtblick, so etwas wie Schönheit, widerfährt. Es ist dort so schön, wie es nur sein kann für sie, denn dort wohnt ihr Herr. Zwei Vasen stehen da mit wunderschönen weißen Lilien, Blumen für den im Tabernakel gegenwärtigen Jesus, für den Herrn, der auch in den leidenden Brüdern und Schwestern gegenwärtig ist. An der Wand steht ein großes Kruzifix. Darüber stehen die Worte Christi „Mich dürstet". So werden die Schwestern täglich an diesen

Schrei Jesu erinnert, der sie hierhergerufen hat. Beim Verlassen der Kapelle stellte ich der Schwester jene Frage, deretwegen ich eigentlich diesen Besuch gemacht hatte:

„Kommt Mutter Teresa oft hierher?“

„Nein. Sie war schon ganz lange nicht mehr in Darjeeling.“

„Schreibt sie Ihnen denn oft?“

„Nein, sie schreibt sehr selten. Sie hat viel zuviel zu tun.“

„Werden Sie von Kalkutta aus irgendwie unterstützt?“

„Wir erhalten ab und zu Hilfsgüter von katholischen Hilfsorganisationen, wie andere wohltätige Einrichtungen auch. Einmal im Jahr fahre ich nach Kalkutta, um einen Arzneivorrat zu besorgen.“

„Erbitten Sie Unterstützung vom Bischof?“

„Nein. Finanzielle Hilfe erwarten wir von ihm nicht. Aber er schickt uns einen Priester aus seinem Kapitel, der mit uns jeden Tag die Heilige Messe feiert.“

„Nun, daß er sich um Ihr geistliches Wohl zu kümmern hat, versteht sich doch von selbst. Haben Sie denn irgendwelche Schulden machen müssen für diesen Neubau?“

„Nein. Wir haben keine Schulden. Wir kamen so durch und sind in der Lage, selbst für uns zu sorgen.“

„Sogar sehr gut, wie ich sehen kann.“

Ich verabschiedete mich von ihr. Auf dem Heimweg sang ich vor mich hin. Denn jetzt wußte ich die Antwort auf jene Frage, die so viele bewegt, was denn sein werde, wenn Mutter Teresa einmal nicht mehr sei. Diese Antwort war höchst einfach: Nach Mutter Teresa wird es die Missionarinnen der Nächstenliebe immer noch geben. Sowohl dieses Haus als auch viele andere wurden schon jetzt gut und problemlos geführt, ohne daß Mutter Teresa ständig hätte eingreifen oder helfen müssen. Die Gründerin des Ordens hatte ihre wichtigste Aufgabe bestens gelöst:

die bestens ausgebildeten Schwestern vermochten auf eigenen Füßen zu stehen und selbständig die anfallenden Aufgaben wahrzunehmen.

Aber es fehlte noch die Antwort auf die Frage: Wer kommt nach Mutter Teresa? Wer wird das Steuer übernehmen und über die Entwicklung des Ordens wachen? Die Antwort darauf steht in der Ordensregel, durch die bestimmt wird, wie der Orden geleitet werden soll. Im Einklang mit den kirchlichen Vorschriften für das Ordensleben hatten Mutter Teresa und Pater van Exem ihr Modell für die Leitung der Gemeinschaft entwickelt und entworfen.

1975 war Mutter Teresa auf der Generalversammlung des Ordens für die Dauer von sechs Jahren zur Generaloberin bestellt worden. Mit Ausnahme eines einzigen trugen alle Stimmzettel den Namen Mutter Teresas. Sie war gewählt worden und sollte nach allgemeinem Willen für die nächsten sechs Jahre dem Orden vorstehen. Pater van Exem, der Wahlleiter, hat den einzigen Stimmzettel, auf dem ein anderer Name stand, vernichtet. Daher bleibt er der einzige, der weiß, für wen Mutter Teresa gestimmt hatte. Sollte Mutter Teresa nicht mehr fähig oder nicht mehr willens sein, ihre Aufgabe als Generaloberin wahrzunehmen, dann werden die Schwestern gemäß den in der Regel festgehaltenen Vorschriften eine neue Generaloberin wählen. Diese wird sicherlich nicht die persönlichen Charismen der Ordensstifterin erben können. Aber Gott wird ihr die Gnade schenken, die sie braucht, um ihren Pflichten als Generaloberin des Ordens der Missionarinnen der Nächstenliebe nachkommen zu können.

15 *Vor dreißig Jahren*

September 1976

„Wie hat es Ihnen auf dem Eucharistischen Weltkongreß in Philadelphia gefallen, Mutter Teresa?"

„Es war sehr, sehr schön."

„Haben Sie oft sprechen müssen?"

„Ja. Ich mußte einfach überall, bei jeder Gelegenheit reden. Dabei wurde ich ständig von acht Polizisten abgeschirmt, weil die Leute mich sonst einfach erdrückt hätten ... Ich bin doch so klein. Aber für mich war das die schlimmste Strafe, daß man mich ständig so abgeschirmt hat."

„War der Kongreß sehr prunkvoll oder hatten Sie den Eindruck, daß eine religiöse Atmosphäre herrschte?"

„Es war keine Prachtentfaltung, kein Prunk. Es war einfacher als seinerzeit in Melbourne. Die große Prozession mit über 400 000 Teilnehmern war ein wirkliches religiöses Erlebnis. Kardinal Knox kniete hinter der Monstranz mit dem Allerheiligsten auf einem Festwagen. Die Amerikaner sind sehr fromm. Es gab eine ganze Reihe von Gruppen anderer ... wie nennt man die doch gleich?"

„Denominationen sagt man heute dafür."

„Ja, Denominationen. Also, solche Gruppen waren bei der einen oder anderen feierlichen Zeremonie zugegen. Wir wuschen einander die Füße, gaben uns den Friedenskuß, brachen das Brot und aßen es miteinander. Aber bei der Eucharistiefeier steckten sie zurück. Das war sehr schmerzlich. Sie wollten nicht an der Meßfeier teilnehmen. Da, wo wir teilhaben am Leib und Blut unseres Herrn Jesus Christus, waren sie nicht dabei. Das tat weh."

„Freilich. Denn die Eucharistie ist ja Zeichen und Prüfstein der Einheit. Wenn wir uns um den Altar versammeln, auf dem unser Herr sakramental gegenwärtig wird, dann sind wir wirklich eins. Wir müssen beten für die Einheit, für die vollkommene Einheit, damit wir in Wahrheit den einen Leib Christi bilden."

„Ihr Ordensgeneral hat eine sehr schöne Ansprache auf dem Kongreß gehalten. Ich muß einiges daraus zitieren, wenn ich mit manchen von euch Jesuiten zusammentreffe", lachte sie verschmitzt, „und ihnen sagen, daß sie ärmer leben und zu den Armen gehen sollen."

Aber sie kam schnell auf ihr Hauptanliegen zurück: „Wir müssen für Seele und Herz der Menschen arbeiten. Allen Ernstes, auf sie kommt es wirklich an. Ich fühle mich immer glücklich, wenn ich für Menschenseelen Gutes tun kann."

Schon vor dreißig Jahren hatte sie dies in ihren vertraulichen Briefen an Fräulein Jacqueline de Decker geschrieben. Ihr Seeleneifer hatte nicht nachgelassen im Laufe der Jahre, sondern war noch größer geworden.

„Ich bin sicher, daß es den Schwestern genauso geht. Auch sie fühlen sich glücklich, wenn sie für Menschenseelen Gutes tun können. Schließlich haben wir aus diesem Grund angefangen, uns um die Sterbenden zu kümmern. Wir möchten ihnen helfen, in ihrem letzten Stündlein ihre Gedanken auf Gott zu richten und vor ihrem Ende einen Akt der Gottesliebe zu vollbringen. Wir möchten, daß sie in Gott sterben. Ich nehme an", sagte sie vorsichtig, „auch die Schwestern sehen die Seele in den geschundenen

Leibern der Menschen und freuen sich, wenn sie eine geistliche Wohltat erweisen können.“

„Die Arbeit lenkt mich nicht ab von Gott“, fuhr sie fort. „Ich ging nach Mexiko. Wir haben dort ein Haus eingerichtet. Wenn die Schwestern ihre Runde machen, dann werden sie von den Armen nicht um Kleider gebeten und nicht um Brot. Vielmehr bitten sie: ‚Lehrt uns das Wort Gottes.‘ “

„Dann wollen die Menschen also das Wort Gottes hören?“

„Nein. Sie verlangen nicht danach, es bloß zu hören. Sie bitten die Schwester, es sie zu lehren!

Der Präsident höchstpersönlich, nicht bloß seine Regierung, hat alles Erforderliche für unser Haus dort arrangiert. Es ist bestens ausgestattet. Mexico City ist eine ungeheuer große Stadt. In den Außenbezirken, wo alle Abfälle gelagert werden, die von der städtischen Müllabfuhr abgefahren werden, wohnen einige fünfhundert Familien, die davon leben, daß sie in den Abfällen herumstochern und das noch Brauchbare einsammeln. Ich sagte dem Präsidenten ausdrücklich, man solle sie weitermachen lassen. Denn das ist ein Geschäft, auf das sie sich verstehen. Man soll die Lebensumstände insgesamt verbessern und die Wohnverhältnisse menschenwürdiger gestalten, ihnen aber ansonsten diese Beschäftigung lassen. Die Schwestern haben bei den Kindern dort schon mit dem Kommunionunterricht begonnen.

Wir werden fünfhundert Ausgaben des Neuen Testaments kaufen und sie an diese Familien verteilen. Vollständige Bibeln wären zu teuer. Sie wären damit auch überfordert. Aber ist es nicht überhaupt wundervoll, daß diese Menschen nach dem Wort Gottes hungern? Natürlich hat man früher in Mexiko die Katholiken verfolgt. Daran mag es liegen. Sogar heute noch ist es den Priestern und Ordensleuten nicht gestattet, ihr geistliches Gewand oder das Ordenskleid zu tragen. Doch unsere Schwestern gehen in ihrer Tracht aus – denn niemand weiß, was der Sari eigentlich ist. Sie tragen aber auch ihr Kreuz."

„Es ist doch wirklich ein Jammer, Mutter Teresa. An so vielen Orten, in so vielen Ländern hungern die Kinder Gottes nach geistlicher Speise. Und doch findet sich keiner, der sie ihnen auch gibt."

„In Mexiko läßt sich alles viel besser an als in Südamerika."

„Geht es dort nicht so gut voran?"

„Bisher gab es nur zwei Berufungen. Lima in Peru verspricht etwas mehr als Venezuela. Die Armen verlangt es nach geistlicher Speise. Warum engagieren sich so viele Priester und Ordensfrauen in der Politik, wenn doch ihre wichtigste Aufgabe darin besteht, im Glauben zu unterweisen? Überall fordern uns die Menschen auf, wir sollen über Jesus zu ihnen sprechen."

„Haben Sie nicht eine neue Kongregation gegründet? In den Zeitungen war davon zu lesen."

„Ja, die Schwestern vom Wort. Sie sind der kontemplative Zweig unseres Ordens. Sie beten drei Stunden täglich im Konvent und eine Stunde in der Kirche. Ferner gehen sie zwei Stunden am Tag hinaus zu den Menschen und erzählen ihnen von Jesus. Sie halten keine Reden auf öffentlichen Plätzen oder an Straßenecken, sondern sie sprechen einfach über Jesus zu denen, die ihnen zuhören wollen. Und die Menschen hören in der Tat begierig denen zu, die von unserem Herrn sprechen. Am liebsten würde ich mich selbst zurückziehen und zusammen mit diesen Schwestern ein beschauliches Leben führen, einfach mit Jesus sein."

„Dazu ist es noch nicht Zeit, Mutter Teresa. Auf Sie wartet noch viel Arbeit. Warum haben Sie diesen Zweig des Ordens eigentlich in den USA gegründet und nicht hier?"

„Weil sie dort dazu bereit sind. Die Leitung liegt in den Händen von Schwester Nirmala. Sie wird das sehr gut machen. Es sind bereits sieben Kandidatinnen bei ihr."

„Besteht eines der Ziele dieses Ordenszweiges auch darin, Ordensfrauen aufzunehmen, die ihren Orden verlassen hatten und jetzt zurückkehren möchten?"

„Das mag manchmal der Fall sein. Dann handelt es sich um solche, die Buße tun wollen und sich unserem Orden anschließen möchten."

„Ich möchte annehmen, daß die Kongregation sich durch den göttlichen Ruf des Heiligen Geistes gut entwickeln und wachsen wird."

„Das glaube ich auch. Übrigens, da wir gerade vom Ruf Gottes sprechen: heute ist der „Tag der göttlichen Berufung", der 10. September. Heute vor dreißig Jahren, im Zug nach Darjeeling, vernahm ich den Ruf Gottes."

„Den Ruf unseres Herrn Jesus Christus. Er rief Sie zu den Ärmsten der Armen. Und Sie sind seinem Ruf gefolgt. Wann kamen Sie eigentlich in dieses Haus hier?"

„Ich kann mich nicht erinnern."

„War es im Februar 1954?"

„Ja, so ungefähr."

„Haben Sie in der Fatimakapelle um dieses Haus gebetet?"

„Ja, ich habe die Schwestern immer wieder begleitet, wenn sie im Gebet dorthin zogen. – Ich hatte erst von einem anderen Haus gehört, das uns aber 85 000 Rupien gekostet hätte. Da ich das Geld nicht hatte, beschloß ich, Unserer Lieben Frau dieselbe Anzahl ‚Memorare' anzubieten. So fingen wir alle an, das Memorare des hl. Bernhard von Clairvaux zu beten: ‚Gedenke, gütige Jungfrau Maria, es ist noch nie gehört worden, daß jemand, der zu dir seine Zuflucht nahm, deine Hilfe anrief und um deine Fürbitte flehte, jemals sei verlassen worden ... ' Auf jede Schwester kamen tausend Memorare. Ich selbst habe das

Gebet mehrere tausendmal gebetet. Das Haus bekamen wir nicht. Aber dafür kam jemand zu mir und sagte: ‚Da ist ein Herr, der ein Haus hat, das für Sie geeignet ist. Ich bringe Sie zu ihm.' So geschah es. Man stellte mich vor. Dann war ich mit dem Hauseigentümer allein. Der wunderte sich nicht schlecht. ‚Ich kenne diesen Mann überhaupt nicht. Ich habe auch noch zu keinem Menschen gesagt, daß ich das Haus verkaufen wolle. Allerdings habe ich schon mit dem Gedanken gespielt.' Das Haus kam auf 125 000 Rupien. Monsignore Barber brachte die Summe aus Mitteln der Diözese auf."

„Und sie haben das dann nach und nach zurückbezahlt?"

„Ja. In Beträgen zu zwei- oder dreihundert Rupien. Ich bezahlte Unsere Liebe Frau nicht noch einmal mit ‚Memorare'; das habe ich einmal getan."

„Und inzwischen ist es zu klein geworden. Sie sollten sehen, daß sie für ein zusätzliches Noviziat ein neues Haus finden. Hier ist es einfach zu eng."

„Nein", sagte sie.

„Aber dann werden Sie Kandidatinnen zurückweisen müssen. Der Zustrom hält doch an, und hier können Sie beim besten Willen nicht noch mehr Leute unterbringen."

„Warum denn nicht? Die Schwestern können doch auf dem Boden schlafen. Die Armen müssen das auch."

„Aber Sie brauchen wirklich mehr Platz. So wie es jetzt ist, können Sie sie nicht ordentlich ausbilden."

„Ich werde die Postulantinnen, die hier sind, in die Park Street verlegen. Und fürs erste können die Kandidatinnen in verschiedenen unserer Häuser aufgenommen werden. Dann können sie unser Leben und unsere Arbeit unmittelbar kennenlernen."

„Das würde hier einiges erleichtern. Aber mir scheint, Sie müßten trotzdem noch ein zweites Noviziat in Indien errichten."

„Nein. Ich will, daß sie alle nach Kalkutta kommen."

Sie war offenbar der Meinung, daß sie nur im historischen Mutterhaus den echten Geist der Kongregation in sich würden aufnehmen können.

„Auf den Philippinen sollten Sie auf jeden Fall ein Noviziat einrichten“, schlug ich vor. „Verlegen Sie doch das von Melbourne dorthin. Von den Philippinen aus können Sie sich weiter in den Fernen Osten ausdehnen, nach Hongkong zum Beispiel, wenn Sie dort an ein Haus oder ein Grundstück kommen, oder nach Taiwan, Indonesien, Korea und Japan. Das ist ein weites und unerschöpfliches Betätigungsfeld. Vielleicht kommt auch noch China eines Tages dazu.“

„Ich denke in der Tat, daß die Philippinen besser geeignet sind als Australien. Von dort sind bislang nur zwei Mädchen zu uns gekommen, und es sieht nicht so aus, als würden es je besonders viele sein.“

„Auf den Philippinen werden Sie eine Menge Kandidatinnen finden. Im übrigen ist Australien wohl kaum der Ort, an dem man die Schwestern zur Armut anhalten und für die Arbeit unter den Ärmsten der Armen ausbilden kann. Das Land ist einfach zu reich.“

„Da sollten Sie einmal unsere Arbeit bei den Eingeborenen kennenlernen. Diese Menschen sind furchtbar verschüchtert. Sie machen sich keine Vorstellung, in welchen Verhältnissen die dort leben müssen.“

„Aber auf den Philippinen werden die Novizinnen einen Lebensstil vorfinden, der dem des Ostens und des Fernen Ostens weit näher liegt, wenn man einmal von Japan, das inzwischen ebenfalls sehr reich geworden ist, absieht. Allerdings erforderte dies den guten Willen und die Unterstützung der philippinischen Bischöfe.“

„Nun, ich denke schon, daß wir im Laufe der Zeit ein Noviziat auf den Philippinen errichten können. Und natürlich auch eines in Afrika.“

„Wie war es in Rom, Mutter Teresa?“

„Ach, das war wundervoll. Der Papst hat mich in Privataudienz empfangen."

„Ich habe Ihnen doch gleich gesagt, er werde Sie zu sich rufen lassen."

„Ich war ganz allein bei ihm. So konnte ich mit ihm sprechen wie jetzt mit Ihnen, von Angesicht zu Angesicht und ganz unkompliziert."

„Hat er sich nach Ihrer Arbeit erkundigt?"

„Das weiß er alles schon. Ich erzählte ihm von unserer neuen Kongregation, den Schwestern vom Wort. Er sendet allen Missionarinnen der Nächstenliebe, allen Mitarbeitern seinen apostolischen Segen, und er gab mir seinen besonderen Segen mit für die Schwestern vom Wort."

„In Deutschland war ein Treffen der Mitarbeiter?" „Ja. Und das war ganz wundervoll. Es gibt inzwischen achtzigtausend Mitarbeiter. Allein in den USA haben wir 12 000."

„Haben Sie auch Fräulein Jacqueline de Decker treffen können? Hat sie nach Deutschland kommen können?"

„Ja. Sie leitet ja die Gruppe unserer Kranken und Leidenden. Von ihnen konnte ich nur den nationalen Vorsitzenden sprechen. Denn sie mußten die Reisekosten selber tragen. Ihre Organisation hat nichts für sie bezahlt. Ich hatte vorgeschlagen, sie sollten sich das Geld im Laufe eines Jahres zusammensparen, damit die Haushaltskasse durch die Kosten nicht zu sehr belastet würde. Die Deutschen waren so liebenswürdig. Niemand brauchte in einem Hotel zu wohnen. Alle wurden von Familien aufgenommen. Als wir uns trafen, bestanden sie darauf, daß wir beteten. Jede Woche, oder wenigstens alle drei, vier Wochen sollten Betstunden stattfinden. Ich hielt sie an, die Nächstenliebe erst einmal daheim zu üben, dann gegenüber den Nachbarn und in der engeren Umgebung, schließlich in ihrem Heimatland und endlich gegenüber aller Welt. Aber erst soll jeder für ein Heim sorgen, in dem Liebe und Verständnis herrschen. Denn durch die Liebe zwischen den Angehörigen einer Familie entsteht Glück."

Das Angelusläuten drang vom Konvent herüber. Wir beteten zusammen den Engel des Herrn. Danach sagte Mutter Teresa:

„An vielen Orten sind die Armen ganz glücklich, wenn sie das Angelusläuten hören. In New York haben sie sich sogar bei den Schwestern beschwert: ‚Warum hören wir denn das Angelusläuten nicht mehr? Wir waren glücklich und beteten zu Unserer Lieben Frau, wenn wir den Ton der Glocke hörten, der die frohe Botschaft vom Kommen unseres Erlösers ankündigt.' Die Schwestern fragten den Pfarrer. Der meinte, er habe nicht genug Zeit, um dreimal täglich die Glocke zu läuten, und die Pfarrei könne es sich nicht leisten, extra dafür jemanden anzustellen. Daher übernahmen die Schwestern diese Aufgabe. ‚Wir werden kommen und läuten, Herr Pfarrer', sagten sie zu ihm. Jetzt freuen sich die Armen in diesem sehr schwierigen Stadtteil, daß sie wieder den Engel des Herrn beten können. Die Armen hungern nach Gott. Sie möchten von unserem Herrn hören. Das Materielle bekümmert sie gar nicht so arg. Sie wollen hören und erfahren, daß sie einen Vater haben im Himmel, der sie liebt."

„Was Ihr Buch angeht, so will ich Ihnen eines sagen: Bringen Sie nichts Persönliches, nehmen Sie keine Rücksicht auf Personen, und sprechen Sie kein persönliches Lob aus. Er allein hat alles getan. Es ist einzig sein Werk."

„Ja, ich weiß. Sie wollen kein Lob. Alles Lob ist Gott vorbehalten. Aber mit Unserer Lieben Frau und den Worten des Magnificat könnten auch Sie sagen: ‚Großes hat an mir getan, der mächtig und dessen Name heilig ist.' Was die Jungfrau Maria hier sagt, das dürfen Sie auch sagen."

Sie hatte ja recht. Sie selbst traf in dieser Sache kein

anderes Verdienst, als daß sie Gott erlaubt hatte, durch sie zu wirken. Demut ist Wahrheit, sagte die hl. Teresa von Avila. Alles Gute kommt von Gott. Aber wenn sie sich an den Augenblick ihrer Berufung zurückerinnert auf der Straße nach Damaskus oder, besser, auf dem Weg nach Darjeeling, dann kann sie mit dem hl. Paulus sagen: „Ich habe den guten Kampf gekämpft, den Lauf vollendet, den Glauben bewahrt" (2 Tim 4, 7). Und dann hat Gott Großes getan durch seine schwache Dienerin.

„Wir sind nicht einfach Kanäle", fügte ich hinzu, „sondern Werkzeuge. Ein Kanal hat nichts eigenes, das Wasser läuft einfach durch ihn hindurch. Aber wir sind in unserem Tun und Handeln Werkzeuge in Gottes Hand."

„Ja", stimmte sie zu, „dieser Vergleich gefällt mir gut. Ich fühle mich als eine Art Bleistift in der Hand Gottes."

Sie suchte nach einem Bleistiftstummel auf ihrem Schreibtisch, fand aber keinen. So machte sie einfach eine Handbewegung, die verdeutlichen sollte, was sie empfand: „Gott schreibt durch uns, und wie unvollkommen wir auch sein mögen als seine Werkzeuge, er schreibt schön. Zwei Eigenschaften sind es", fuhr sie fort, „die ich in Gott so sehr bewundere und verehre: seine Güte und seine Demut. Seine Liebe und seine Demut sind überwältigend. Gott ist wahrhaft demütig. Er läßt sich herab, von so schwachen und unvollkommenen Werkzeugen, wie wir es sind, Gebrauch zu machen. Er läßt sich herab und wirkt durch uns. Ist das nicht staunenswert?"

„Ja. Und im Gedanken der Inkarnation nimmt dies alles seinen Anfang. Der Sohn Gottes hat unsere Menschennatur angenommen. Er ist mitten unter uns und arbeitet mit uns. Er ist sogar bereit, am Kreuz zu sterben, um für die Sünden der Menschen zu sühnen."

Ich wußte genau, daß Mutter Teresa keinerlei Lob wollte. Daher habe ich mit größtmöglicher Objektivität aufgezeichnet, was ich selbst in den Jahren mit ihr und ihren Schwestern gesehen, gehört und empfunden habe. Den Schlüssel dafür gab mir der hl. Johannes, der an die zweite oder dritte Christengeneration schrieb: „Was von Anfang an gewesen war, was wir gehört, was wir mit eigenen Augen gesehen, was wir geschaut und unsere Hände berührt haben, das künden wir vom Wort des Lebens“ (1 Joh 1,1). Ja, nehmt alle teil an unserer Erfahrung, und freut euch des Kommens des Herrn. Freut euch seiner Botschaft, freut euch der Zeichen, der wunderbaren Werke, die er vollbracht hat und immer noch tut zu unserem geistlichen Wohl, zu unserer Rettung und Heiligung.

Ich war meinen Lesern verantwortlich, die wissen wollten, wie diese Seite der Kirchengeschichte hatte geschrieben werden können. Sie wollten wissen, wie diese geistliche Erzählung, diese wunderbare Geschichte begonnen hatte und wie sie weiterging unter der Leitung des Heiligen Geistes. Eine der Schwestern der ersten Stunde hatte mich gedrängt: „Bitte, Pater, schildern Sie vor allem die Anfänge. Berichten Sie, wie es begonnen hat mit den Missionarinnen der Nächstenliebe. Geben Sie uns ein Buch in die Hand, das unsere jüngeren Mitglieder und unsere zukünftigen Novizinnen, die diese Anfangszeit nicht mehr selbst kennen, zu inspirieren vermag.“

„Ja, Schwester. Sie meinen diese heroischen Jahre reinen Glaubens. Alle, die einmal dem Orden beitreten werden, haben ein Recht darauf zu erfahren, wie alles begonnen hat. Pater van Exem bewahrt noch zwei Kisten voller Dokumente auf. Vielleicht wird man sie beim nächsten Jubiläum öffnen. Dann werden zahlreiche Details bekannt werden über das juridische Vorgehen, man wird Einsicht bekommen in die Korrespondenz, die über die Ordensgründung, die Satzungen und die Regeln der Missionarinnen der Nächstenliebe geführt worden ist. Das ist dann für die Historiker. Sie werden das ganze Material sichten und prüfen, wenn alle, die selbst mit der Gründung zu tun hatten, an den Ort der Belohnung gegangen sein werden."

Auf Mutter Teresas Bitte hatte ich für all jene geschrieben, die die einfache und schöne Wahrheit über Ursprung und Ziel der Missionarinnen der Nächstenliebe hören wollten. Ich habe mich beim Schreiben bemüht, nüchtern und kritisch zu bleiben und mich an den Tatsachen zu orientieren. Aber als langjähriger Spiritual und Beichtvater im Mutterhaus hatte ich genügend Gelegenheit gehabt zu spüren, wie der Geist Gottes den jungen Orden leitete und beschützte. Ich hatte mit Mutter Teresa über geistliche Dinge gesprochen und viele Aspekte der Arbeit und der Neugründungen mit ihr diskutiert.

Zu guter Letzt wird meine Arbeit gekrönt durch die Güte unseres Herrn. Bei der dreißigsten Wiederkehr des „Tages der göttlichen Berufung", jenes Tages, an dem Jesus Mutter Teresa zu einer noch engeren Verbindung mit ihm berufen hat, haben wir anderthalb Stunden lang die verschiedenen Phasen in der Entwicklung des Ordens durchgegangen und ein Kapitel dieses Buches ums andere noch einmal miteinander besprochen. Mutter Teresa ist die Vorlage durchgegangen und hat bestätigt, was geschrieben worden war. In der Verfolgung ihres Zieles hat sie immer nur eines im Sinn gehabt. Dieses eine hat sich in den ganzen dreißig Jahren weder in seiner Substanz noch in der Akzentuierung verändert. Gott war gut zu ihr, er war es auch zu mir.

Die Glocke rief zum gemeinsamen Abendessen. Ich stand auf und verabschiedete mich von Mutter Teresa. Sie geleitete mich an die Tür. Zum Abschied falteten wir beide nach indischer Sitte die Hände. Dann verbeugte sie sich ganz tief, aus Ehrfurcht vor dem Priester, durch dessen Tun Christus auf dem Altar gegenwärtig wird. Mutter Teresa lebt aus dem Glauben. „Passen Sie auf", sagte sie sanft, als sie mir die Tür auf die enge Straße hinaus öffnete und daran dachte, daß ich halb blind bin, „es hat zwei Stufen."